当代隐喻学理论流派新发展研究

孙 毅 著

科 学 出 版 社

北 京

内 容 简 介

自莱考夫和约翰逊推出《我们赖以生存的隐喻》以来,全球学术界掀起了一波又一波隐喻研究的狂潮。广大学人逐渐意识到:隐喻不再仅是具有装饰作用的日常修辞手段,而是人类概念化外部宇宙世界和内心情感世界的不二路径和强大武器。

笔者不揣冒昧,在尝试性地钩沉当代隐喻学理论基础并搭建其跨语言求索的双象限支撑的前提下,对隐喻所涉及的一揽子理论脉络进行回溯和盘整,探讨主流理论的优缺点及其内在联系,在总结当代隐喻学所取得的成就和进步的同时,反思目前存在的不足和缺陷,并对其接下来的发展方向予以前瞻和预测。

不难想见,本书将为来自认知语言学、语用学、语言哲学、对比语言学等学科领域的研究人员、高校教师、研究生和本科生提供理论借鉴和学理参照。

图书在版编目(CIP)数据

当代隐喻学理论流派新发展研究 / 孙毅著. —北京:科学出版社,2023.5
ISBN 978-7-03-074616-0

Ⅰ.①当… Ⅱ.①孙… Ⅲ.①隐喻–流派–研究 Ⅳ.①H05

中国版本图书馆 CIP 数据核字(2022)第 255443 号

责任编辑:杨 英 宋 丽/责任校对:贾伟娟
责任印制:李 彤/封面设计:蓝正设计

科学出版社 出版
北京东黄城根北街 16 号
邮政编码:100717
http://www.sciencep.com

北京建宏印刷有限公司 印刷
科学出版社发行 各地新华书店经销
*
2023 年 5 月第 一 版 开本:720×1000 1/16
2023 年 5 月第一次印刷 印张:14
字数:300 000
定价:98.00 元

谨以此书向尊敬的胡壮麟老师九十华诞献礼！

序

　　继《认知隐喻学多维跨域研究》（北京大学出版社，2013）和《汉英认知辞格当代隐喻学一体化研究》（科学出版社，2021）两书问世后，广东外语外贸大学云山杰出学者孙毅教授的新著《当代隐喻学理论流派新发展研究》现已脱稿，将再次由国家级出版社——科学出版社出版。谨在此表示衷心祝贺，并感谢作者让我这个九十岁老汉仍有机会拜读全书，了解当代隐喻学研究的方方面面和最新进展。

一

　　作者在第二部著作中已经提到过"当代隐喻学"，但当时未能引起我的关注，即 1980 年乔治·莱考夫（George Lakoff）和马克·约翰逊（Mark Johnson）首次发表《我们赖以生存的隐喻》（*Metaphors We Live By*）算起，至今已 40 余年，反映了隐喻研究的"当代"特色，特别是安德鲁·奥托尼（Andrew Ortony）于 1993 年主编的《隐喻与思维》（*Metaphor and Thought*）第二版推出了莱考夫所撰写的《隐喻的当代理论》（"The Contemporary Theory of Metaphor"）一文后，概念隐喻理论从此跨入当代隐喻理论的新时代。

　　我们过去习惯于从修辞学的视角理解"隐喻"，我们不仅研究"词汇隐喻"，也研究"语法隐喻"和"语音隐喻"，总体上仍未脱离"语言学"的领域，令人大开眼界的是，当代的"隐喻"概念已经扩展至也能表达意义和进行人际交流的意象、音乐、动作等模态。只有这样，我们才能正确理解当代隐喻学中"隐喻"的概念。

　　为此，莱考夫的隐喻当代理论的研究门类、领域和队伍，已成为平行于语音学、音位学、形态学、词汇学、语义学、语用学、语篇学、话语分析、计算语言学、神经语言学、应用语言学等传统学科分支的新兴语言认知科学。这体现了

"隐喻"从"论"到"学"的演进。孙毅教授还从国内研究成果的数量上加以论证,《隐喻的当代理论》发表以后 20 年（1994—2013 年）,以"隐喻"为关键词的论文已达到 405 篇（孙毅,2015）,2014—2018 年的 5 年内又刊载了论文226 篇（孙毅,2020b）。发文数量的增长和研究队伍的壮大表明,"隐喻"已可冠称为"学"。

二

　　由于当代隐喻学涉及多种理论和视角,孙毅教授首先抓住了三大理论支柱,即"概念隐喻理论"（第 2 章）、从静态走向多变的"概念整合理论"（第 3 章）、强调交际和认知语境的"词汇语用理论"（第 4 章）。孙毅教授的归纳应该肯定的,也是我们阅读该书应当掌握的,那就是随后各章都与这三个理论有关,尤其是概念隐喻理论几乎每章都有涉及。

　　首先,在介绍最早出现的概念隐喻理论时,孙毅教授指出它是一种能够解释与隐喻有关的各种问题的隐喻理论,例如:为何人们可以使用一个经验域的语言去系统地谈论另一个经验域?为什么词库的多义词性会遵循一定的模式?为什么有些词的意义会从具体扩展为抽象?为什么儿童会按照顺序习得隐喻?为什么词汇的意义在历时上按照特定的顺序出现?为什么有些概念隐喻具有普遍性或潜在普遍性,而许多其他概念隐喻在跨文化语境中是可变的?为什么许多概念隐喻在不同的表达方式中是共通的（如语言表达和视觉表达之间的互通）?为什么某一特定主题的民间观点和专家理论有着相同的概念隐喻?为什么日常语言和文学性语言（以及其他形式的非日常语言）之间共享了如此多的概念隐喻?为什么新颖的隐喻会不断地出现?它们是如何涌现的?

　　其次,尽管如此,对于概念整合理论,孙毅教授不同意把它与概念隐喻看作两个完全不同的框架,并论证了它对概念理论的延续性,如隐喻既是一种概念现象,也是一种语言现象。它涉及语言、意象和推理结构在域之间的系统映射。接着,作者论证了概念整合理论的创新之处,即它旨在捕捉自发的、在线的隐喻生成,由此产生短暂而新颖的概念。这样,概念整合理论弥补了概念隐喻理论的致命弱点,即将整个隐喻认知过程仅仅视为源域向靶域的单一定向映射。与此相反,概念整合理论把隐喻看作心智层面上人的心理空间的相互映射,而不是简单地由源域向靶域的映射。作者又进一步介绍了概念整合网络的四个基本要素:两个输入空间、一个类属空间和一个整合空间。作者还发现概念整合理论之所以突破了传统的隐喻解释的限制，原因在于它结合人脑神经学、语言学等诸多领域的研究，对人类语言反映人类思维，尤其是实时隐喻构造做出了大胆的推理诠释。概念整合理论在对各种由规约性隐喻发展而来的新颖、独特且复杂的理论进行解构时，突出地体现了语言的多空间、多层次以及受社会文化背景所影响等特点。这使得概念整合理论在揭示当下越来越变幻莫测的隐喻表达时，较之概念隐喻理论，更为适恰。

最后，第三个影响力较大的理论为"词汇语用理论"，这本书主要把词汇语用理论的核心理论——关联理论应用于研究隐喻机制。与概念隐喻理论强调"认知"不同，词汇语用理论强调"交际"，即听话人如何理解和掌握说话人的意图。鉴于认知语言学和关联理论遵循的是迥然不同的研究目标和方法论假设，学术界罕有学者通过比较这两种理论来厘清差异的方式和缘由。但孙毅教授认为概念跨域映射滋生于语言使用中，理所应当借助语用学理论予以阐释。为此，作者在系统介绍了各项关联性原则后，总结了两条启示：对话语者意义的理解不是解码的过程，而是非指示性的推理过程；理解任何的话语，无论是字面的、随意的或者是隐喻的，都是显性内容、语境和认知效果相互适应、以最省力路径识破意图性关联的过程。由此可见，关联理论的核心概念是"语境"与"认知语境"，前者偏重对客观世界的认识，后者着重说明交际的获取是通过改变认知语境而成。这有待读者在阅读该书的过程中进一步掌握其异同。词汇语用理论对语义产生了重大影响，这表现为隐喻的创造性特异新颖概念导致了语义的扩展与紧缩。此外，隐喻含义的双层性导致词语具有明示义和隐含义。总之，隐喻有两大特征：①听话人有效地提取含义要求话语具有字面的真实性；②隐喻要比更直白、更直接对应的话语更具信息量。

<h2 style="text-align:center">三</h2>

除上述三种理论外，孙毅教授也讨论了"基本隐喻理论"（第 5 章）、"涌现隐喻理论"（第 6 章）、"感知与语境限制模拟器理论"（第 7 章）、"语义下行理论"（第 8 章）、"多模态隐喻理论"（第 9 章）和"扩展概念隐喻理论"（第 10 章）。

"基本隐喻理论"实际上是概念隐喻理论和概念整合理论的结合，前者旨在说明概念隐喻的产生和性质往往建立在更多的经验隐喻模式的基础上，从而体现了我们在体验中的反复关联性；后者强调在最原始的经验之中，两个相关域在大脑中同时被激活，然后通过神经元一起发射，建立神经连接。为此，我们应当把基本隐喻看作很可能出现的但不一定会成为整合过程可以借鉴的模式。基本隐喻模式是一种认知资源，虽然适用于不同语言的使用者，但这并不意味着适用于所有语言的使用者。

考虑到生成学派强调语言所表达的句子和意义的数量是不可预估的，范例理论认为，对于单个语言使用者来说，隐喻不再是寻常接触的使用标签（隐喻语言表达），而是系统的概念结构（概念图式）。孙毅教授注意到国内认知语言学界尚未关注这一前沿动态，特地讨论了原型理论和范例理论的区别，以及感知的范畴化和核心要素（如频率、关键原则、模式频率的能产性）。鉴于研究者把范例理论视为研究频率效应对隐喻产生的影响的最佳模型，一些学者开始系统探索"涌现隐喻理论"，对隐喻的存储和处理做出了一些更为具体的预测。孙毅教授进一步介绍了隐喻图式的涌现模型，内容包括隐喻的自主性和特异性、隐喻的词语强度、隐喻的生涯假设、隐喻的自治性、隐喻的家族性、隐喻加工与年龄等。最后，作者也注意到了涌现隐喻理论基于使用的隐喻研究路径，介绍了语料库方法和定时调查法。

"感知与语境限制模拟器理论"的兴起在于传统隐喻理论体现了命题逻辑和计算机编程的影响。在这些模型中，认知加工与感知和行为相互分离，而情感则和推理相对立。实际上，语言本身是感觉、认知和运动控制过程的一部分，换言之，人类思维具有"体认"特征。这说明认知语言学接受了体认哲学的观点。为此，许多学者接受了"感知模拟器理论"。具体来说，认知在本质上是感知的，依赖于"感知符号"，激活的神经簇分布在大脑的感觉和运动区域。感知模拟方式可以解释概念隐喻理论中的"主题"，体验能成为"载体"的缘由。从本体隐喻、结构隐喻、方位隐喻的分类上可区分拟人化、情感和内省模拟方式、感知运动模拟方式等。在该书中，孙毅教授先后研讨了"语境限制模拟器理论"与概念隐喻理论的关系和对比，特别是有关这一理论的要素，如文化模式与感知模拟、神经网络与情感模拟器、语境限制模拟器理论中的隐喻图式。

"语义下行理论"探讨基于对象的认知研究新范式，人们过去熟悉的是元语言学的"语义上行"说，即对一个主谓表述首先考虑其真假值，但在隐喻研究中，应当将词语对象的底层向下移动到一种非词语对象的"基础层"，具体涉及事物、动作、事件、事态、事实等。这就是说，首先，隐喻关注的不是"属性"，而是"相似性"；其次，隐喻中的原型谓词（包含对象）传递的是信息，而非语词本身，因为说话人是用对象而非语词来传达信息的；再次，隐喻具有透明度，使说话者、听话者和所有其他参与者在对对象意义共同认识的基础上达成理性空间中思想和行为的调谐；最后，孙毅教授指出该理论若能结合心理学视角加以解释，将更加有助于人们理解隐喻。

多模态话语时代推动了"多模态隐喻理论"，因为它体现了人类基于身体和经验、利用视觉、听觉、触觉等多种感官系统，从而产生对世界多模态的感知与认识。与此同时，多模态隐喻理论强调隐喻认知背后所体现的文化、意识形态等等。对此，孙毅教授认为值得我们研究的模态有：①图形意象；②书写文字；③口头语言；④手语身势；⑤声响音乐；⑥视频融媒；⑦气味介质；⑧口感味蕾；⑨触动抚摸。总而言之，模态是不同社会文化语境下人们沟通交流与具身实践的符号资源和意义系统。孙毅教授还介绍了识解多模态隐喻的三个条件：①构建相似性所涉及的两个概念必须属于不同的范畴；②这两个概念应呈现靶域和源域，唤起"A 是 B"的范式，但应该在一种或多种组合方式中具有可识别性；③这两个概念属于不同的符号系统和（或）感觉模式，如语言、视觉、声音、镜头的某种蒙太奇和相机角度等。因此，一个完备的（认知）隐喻理论必须系统地研究非语言隐喻和多模态隐喻。除此以外，作者认为多模态语篇的分析方法继承了系统功能语言学中三大元功能理论，把概念功能、人际功能和语篇功能的意义构建推向一个更高、更广的符号学层面，如视觉意象、展览艺术、动作行为、电影、音乐。多模态隐喻理论的主要贡献表现在四个方面：①语言隐喻与非语言隐喻的区别；②模态的概念界定和多模态隐喻识别条件；③多模态隐喻的特征和表征方式；④多模态隐喻的理解过程。

如前所述，孙毅教授曾归纳过概念隐喻理论有待解决的问题，这推动了"扩展概念隐喻理论"的研究。它主要回答两个问题：说话者为什么在给定的语境中会无意识地选择这些特定的隐喻？说话者是如何创造（听众是如何理解）文中隐喻的特定意义的？这需要建立一个图式层级作为心理空间表达意义到意象图式层级的概念途径。具体说，扩展概念隐喻理论建立在意义、概念结构、记忆、本体层面和语境的区别之上。这意味着我们要区别三种不同的意义：意义、去语境化意义和语境意义。这里的语境又包含情景语境、话语语境、身体语境和概念认知语境。在这个基础上，我们可以区分三种类型的概念路径：意象图式层级路径、特殊路径和共享意象图式路径。这些不同路径的应用产生了不同类型的概念隐喻：系统隐喻（基于意象层级路径）、非系统隐喻（基于特殊路径）和系统相似隐喻（基于共享意象图式路径）。

四

值得赞许的是孙毅教授在讨论当代隐喻学的各种理论的过程中，既能指出各种理论的创新概念和实用性，也能发现其中存在的问题，有待未来进一步解决和改进。因此，本书的第 11 章"当代隐喻学巡礼：回眸与沉思"能明确告示我们在当代隐喻学研究中应注意的漏洞与弊端，也能激励我们找到正确的前进方向，学以致用。孙毅教授主要归纳了以下七点不足：①理论体系整合有待完善，框架搭建还未稳固；②隐喻甄别程序和隐喻理解的认知神经过程仍未解锁；③多模态隐喻理论领域缺乏普适性证据；④众多辞格的认知属性有待关照；⑤隐喻话语类型远未实现全景式覆盖和囊括；⑥隐喻尚缺少跨语言的系统对比研究；⑦隐喻能力尚未与语言教学紧密衔接。

我很高兴地看到，孙毅教授在这本书参考的 300 多篇文献中，除大量国外学者的文献外，还有 20 多名国内学者的相关文献，其中不乏国内著名学者。可以相信，未来在国际化和本土化相结合的基础上，当代隐喻学作为一门新兴学科将取得更大发展。

2023 年 1 月 9 日

前　言

隐喻绝非不朽诗人的独创和专利，而是人类思维的共享特征，普遍涤荡于全世界各种语言之中。隐喻不仅是一种修辞装饰品，还是可用于人类认知世界的强大武器。本书尝试性地梳理当今世界各路主体隐喻研究脉络，尤其是对以认知为驱动和导向的各派隐喻研究予以回溯、盘整、规划和提升，试图使其各归所属、各就其位，找到自己在当代隐喻学整个理论框架中的合适身份，为当代隐喻学接下来向纵深方向持续发展贡献一己之力，也为早日构建起一套广为承认的当代隐喻学学科体系尽自己的绵薄之力。

第1章"当代隐喻学的理论范式构念"在扼要介绍当代隐喻学萌芽起步阶段的"概念隐喻理论"、升级和优化后的"概念整合理论"的新进路、根植于词汇基本单元的"词汇语用理论"的基础上，简明勾勒出体验哲学和文化意蕴的跨语言考究两翼维度，进而搭建起当代隐喻学的学科框架。当代隐喻学的跃世而生标志着曾作为一种貌不惊人的辞格之隐喻已彻底摆脱了传统修辞学的窠臼，在真正意义上从屈居于附属地位的辞格跨越式地升格为独立的认知科学门类。国内学者应试图找出属于中国人自己的独特的当代隐喻学视角和见解，并将西方先进理论与中国实际结合起来，中西合璧，加大汉外对比的力度，在理论建构和实践验证两方面留下国人深深的足迹。

第2章"概念隐喻理论"通过梳理概念隐喻理论的基本概念、核心框架，回顾其发展概况，分析目前概念隐喻研究的实例——连锁隐喻层级系统，得出以下几点结论：首先，隐喻性思维并不是孤立存在的，而是存在于各种不同的、相互联系的层次结构中。不同的层次结构之间产生联系时便会产生隐喻，这种层次结构间的映射是双向的，即高层次并非仅作为靶域，低层次也并非仅作为源域。两者间的隐喻性映射不仅能够用于认识现实，甚至有时会创造现实。其次，概念隐喻自出现之日起便不断经历理论革新，现已日臻成熟，但还存在两个亟待解决的问题，即自然语言中的隐喻数据如何统一且科学地被识别出来，以及隐喻映射过程中被映射的具体属性的识别。因此，本章认为概念隐喻理论的研究应立足于现实生活中的真实数据，其发展中应融入认知神经科学、心理学、文化、社会、语用等多学科视角，为现存的理论问题提出解决方案。概念隐喻理论过去、目前、未来都将在认知语言学以及其他学科的发展中扮演重要的角色。

第 3 章 "概念整合理论" 提出，自隐喻研究发生认知转向以来，"概念隐喻" 和 "概念整合" 因常被用来解释隐喻的概念化过程而为学界所熟知。然而，诸多语言分析者与初学者通常难以分清这两个术语及其理论体系的具体区别和适切条件。鉴于此，本章通过详细地概述这两种模型的工作机制及特点，对其进行区分辨别，展现概念整合理论相较于概念隐喻理论的明显优势，并从中挖掘隐喻的创造性。

第 4 章 "词汇语用理论" 指出词汇语用理论作为语用学发展的新动向，将词汇语义的嬗变过程确立为研究目标，正日益受到学界的瞩目。词汇语用理论对隐喻有四大新研判：①听话人有效提取意义，要求话语具有字面的真实性，这使得隐喻成为一种谈话；②权宜性新概念可直接按照寻绎关联性的规律性线索回溯到既符合说话人意图又适应听话人能力与喜好的阐释项；③临时概念较之于编码概念涉及适度的语义扩大、缩小或两者兼备；④隐喻包蕴的显性含义与隐性含义契合一处，更具信息量，共同传递弱交际意图。该阐释路向更具推导性，条分缕析，是隐喻研究的重大突破，对目前认知语言学的统治性局面颇具借鉴价值。

第 5 章 "基本隐喻理论" 认为 "基本隐喻" 是认知语言学中一个至关重要的概念，学界对此的研究颇多。对于一些相关复杂的语言现象，认知语言学做出了更为系统的描述和解读。针对现有研究视角的局限性，如对相关语言现象的理解缺乏认识和解释、对相关现象的交际功能存在误解等等，本章在概念整合理论的指导下，基于语言形式与关联方式之间内在关联性的假定，从认知语言学的视角出发，论证了动态语境中基本隐喻的实证性和可信性，并指出了概念隐喻的不足之处。基本隐喻理论和概念整合理论的弥合与契合是一种获取最佳关联的认知语用的独特方式，认知语境效果最佳。

第 6 章 "涌现隐喻理论" 认为新兴的涌现隐喻理论以概念隐喻理论和范例理论为基点，为困扰认知语言学界已久的、主流的概念隐喻理论和概念整合理论所不能解决的隐喻特征涌现问题提供了救赎出路和可信方案。本章在引述范例理论视域下的语义建构观、涌现隐喻理论和厘清相关概念范畴间关系的基础上，探讨基于使用的隐喻研究新范式。根据涌现隐喻理论的核心要义，隐喻的认知结构在所使用的语言隐喻实例之中涌现，而这些实例又在隐喻涌现的认知结构基础之上产生并得以被判断和加工。本章通过语料库研究、定时调查研究等基于使用的隐喻研究路径，聚焦隐喻使用的类型频率、标签频率与隐喻能产性之间的相关性，对使用中的隐喻认知图式的普遍性和特殊性做出充分的阐释，以弥补以往隐喻研究对其用法及共现研究的不足。

第 7 章"感知与语境限制模拟器理论"阐述了劳伦斯·巴萨卢（Lawrence Barsalou）的感知模拟器理论开创性地纳入了人际关系和文化等社会互动语境因素。根据感知模拟器理论，语言驱动的感知模拟器受认知背景、先前激活的框架和图式的共同制约。基于感知模拟器的基本假设，享誉国际的认知隐喻专家大卫·瑞奇（David Ritchie）在一系列著作中重新审视了概念隐喻并建构了语境限制模拟器理论，妥善解决了概念隐喻理论缺乏关注语境维度之不足等遗留问题。通过系统比较，可以发现语境限制模拟器理论和传统概念隐喻理论之间最明显的差异是如何看待隐喻表达族群与其潜在概念隐喻的关系，这是隐喻认知研究的最新成果和前沿热点。

第 8 章"语义下行理论"认为语义下行说为隐喻解读提供了新视角。本章在着力介绍和引述语义下行说的基础上，尝试探讨基于对象的隐喻研究新范式。根据语义下行说的核心要义，隐喻蕴含一种从语词到对象的转移，该对象充当谓词功能对所涉主体进行限定。这种对象式限定是一种参与语义建构的方式，有望取代概念隐喻、属性共享和相似性等传统范式的解释，为调解不可协商的真值提供切实途径。

第 9 章"多模态隐喻理论"通过梳理多模态隐喻研究的轨迹，指出多模态隐喻是概念隐喻纵向延伸和多模态话语分析横向扩展的产物，接着评述其显著的特征、表征方式、言语化挑战及识解过程。此外，本章提出应加强对多模态隐喻的批评话语分析，挖掘隐喻背后的深层含义和意识形态，这一综合分析视角将为多模态隐喻研究开启新的研究转向。

第 10 章"概念隐喻理论的新发展——扩展概念隐喻理论"着力介绍了由国际当代隐喻学领军人物佐尔坦·科维西斯（Zoltán Kövecses）开创的扩展概念隐喻理论。本章首先盘点了传统概念隐喻的成就与缺憾，勾勒出扩展概念理论的概貌，具体区分了三种不同类型的隐喻意义，扼要介绍并评述了扩展概念隐喻理论的核心内容——概念隐喻多层级观，分析了概念隐喻的四个系统性层级结构（意象图式层级、域层级、框架层级和心理空间层级），解释了概念隐喻的四种语境，最后概述了扩展概念隐喻与传统概念隐喻之间的区别，以及前者对后者的继承式发展，为未来新奇隐喻的探索提供了一套全新的可行方案。

第 11 章"当代隐喻学巡礼：回眸与沉思"指出，隐喻早在 2500 年前便已步入东西方学术研究的视野，更在人文社科研究的历史长河当中一直被奉为骄子而备受关注。本章以标志隐喻研究实现认知转向的《我们赖以生存的隐喻》一书付梓 43 周年为历史节点，充分梳理和评价已有的代表性文献，拟从理论和方法两个角度将"当代隐喻理论"提升为"当代隐喻学"，为其提出一个较为完整的、全方位的定义，并从理论构建、研究方法、模态扩展、辞格归一、话语拓宽、语际对比和语言教学等七个方面沉淀和总结该学科目前的漏洞与弊端，以期为隐喻研究的持续、深入发展提供借鉴和参考。

　　皇皇十一章的书稿整整齐齐地摆放在书桌前，不禁让人浮想联翩。这样一本有分量的专著绝非一个人短时间内可以一挥而就的，是集体智慧的结晶和共同力量的体现。我们于 2019 年 5 月 27 日在广东外语外贸大学中组建了阵容豪华的"当代隐喻学"研究团队，包括魏在江、卢植、赵晨等国内领军学者，还有戴桂玉、胡春雨、陈朗等中青年著名学者，以及杜寅寅、陈淑君、谢谦等青年学人。我们自建立起研究团队以来，分别采取了专家讲座、论坛交流、博士沙龙等形式，共同推动了国内当代隐喻学的发展和进步。特别值得一提的是，我亲爱的访问学者、博士后、博士生、硕士生、本科生，都对本书的研究显示出浓厚的学术兴趣，积极主动地与我联系，共同筹划并产出了一系列具有标志性的学术作品。尤其在本书的撰写过程中，胡洪江、李丹阳、李学、翟鹤、郭艳红、唐萍等老师和同学都倾情投入，参与了初稿的起草和打磨，使当代隐喻学的最新成果得以呈现在广大读者面前，功莫大焉！本书作为国家社会科学基金项目的阶段性成果，还受到广东外语外贸大学"卓越学者"人才计划的鼎力支持，一并致谢！

孙　毅

2023 年 2 月 20 日

于白云山麓

目　　录

第1章　当代隐喻学的理论范式构念

1.1　引言

隐喻是一种在现实中灿若繁星般的客观存在，人们无论承认与否，都无时无刻不在有意无意地使用隐喻，隐喻的身影不仅彰显于文学作品中，也随时随地蕴藏于政治、科技、宗教的各个角落。作为一种人类特殊的概念方式和认知工具，隐喻是观察世界的新途径、看待事物的新视角，是从已知向未知过渡，从而结识、了悟未知的桥梁和媒介。

"隐喻"的英文语汇 metaphor 的词源是希腊语 metaphora。该词由两个义素构成，首义素 meta 意为 across，尾义素是 pherein，意为 carry，因此 metaphor 本质上即是 carrying across，含"由此及彼"之意。西方最初的隐喻研究脱胎于古典修辞学的母体。学界公认的对隐喻进行比较系统深入的考量的开山鼻祖是公元前 4 世纪古希腊大思想家、哲学家、教育家亚里士多德（Aristotle）。在经典名著《诗学》和《修辞学》中，亚里士多德多次提及隐喻的工作定义、构成方式和修辞功用，为其后 2000 多年西方修辞学对该语言现象的阐释奠定了总体的"基调"。亚里士多德认为，隐喻是一个词替代另一个词以表达同一意义的语言修饰手段，两者隶属于一种比照关系，因此隐喻的主要功能是将未知的东西转换成人们的已知术语来表达与传播，间接地通过某一事项来理解或把握另一事项。

对隐喻的研讨并非西方学者的专属领地。隐喻研究的历史在我国同样悠久异常，隐喻（亦称暗喻）一直是汉语学界应用范围最广的辞格之一；但令人遗憾的是，我们在中国古代典籍中尚未找到像古先哲亚里士多德提出的那样精确的隐喻定义。直到 20 世纪 80 年代，中国学界还先入为主地认为隐喻是比喻（或譬喻）的一个辖项，亦即一个没有修辞标记语的明喻，很少把隐喻专门辟出讨论，都是置于"比喻"这个总纲下与明喻等平行地予以关照。20 世纪 90 年代以降，随着我国一些学者对国外隐喻认知理论的引进与介绍，中国的隐喻研究开始朝着现代科学的方向蜕变和发展，从传统的辞格研究大踏步迈入一个崭新阶段，即当代隐喻学研究。这些文献介绍了西方一些主流的隐喻理论及其研究方法，引领我国学者了解西方隐喻研究的发展状况和动向，为进一步发展我国本土的隐喻研究奠定了初步的理论基石。这些文献的讨论范围之广之深彻底颠覆了人们将隐喻仅视为一种辞格的传统旧观念，引导人们逐步将其与思维方式、认知活动等联系起来。

我们预期在深入探索相关理论的基础上尝试性地构建当代隐喻学的学科框架，指出方兴未艾的当代隐喻学是横跨语言学、认知科学、哲学、文化学等诸多学科的新兴"显学"，在探讨语言与认知之间的关系方面成效显著。当代隐喻学的一大突出学术贡献即在于通过汉英对比，进行横亘东西方语言的隐喻对比研究，以确凿地印证隐喻并不仅仅是一种语言现象或修辞手段，同时也是一种人类共有的认知方式，具有基础且重要的认知作用。关于跨语言隐喻机制的同与异，可借助体验哲学和文化意蕴的双维度予以较为圆满而周全的诠释。

1.2   当代隐喻学的理论基础

自莱考夫和约翰逊的合著《我们赖以生存的隐喻》问世以来，国内外学术界，尤其是语言学界，刮起了一阵又一阵的"隐喻旋风"。有关隐喻学，尤其是当代隐喻学方面的文章和论著层出不穷。但是，在承认国内当代隐喻学研究取得长足进步的同时，我们也应当清醒地认识到，我国学者的创新思维有待提升，应产出更多具有标志性的学术成果，推动国际学术界的发展，进而形成一整套具有中国特色的当代隐喻学理论。其中一个重要原因在于基础理论知识不够扎实，地基没有打牢，这样即使建起了摩天大楼，也必然有随时倾覆的可能，由此而生的要么是低水平的重复性劳动，要么是不切实际、好高骛远的泛泛空谈。

1.2.1   概念隐喻理论

莱考夫和约翰逊于 1980 年首次构建起"概念隐喻理论"（Conceptual Metaphor Theory）的框架，从而引发了学界对隐喻机制热烈而成果累累的大讨论。该理论认为隐喻不仅是语言的表述手段，更是一种独具魅力、以某一事物描写另一相关事物的思维途径。两位学者（Lakoff & Johnson，1980：3）提出："隐喻贯穿于人类的日常生活，不但渗透到语言里，更体现在思维和活动中。我

们诉诸思维和行动的普通概念系统在本质上是隐喻式的。"①概念隐喻理论这一
与传统观点相悖的崭新理论一经问世，便一石激起千层浪，立即激起了学术界的
"大地震"，引发了一轮又一轮的隐喻狂潮（metaphormania）。概念隐喻理论
将人类的认知活动作为探究焦距，正式宣告隐喻研究已从传统的辞格范畴跨入了
一个崭新的认知领域，大大加速了人们全面了解语言、思维与现实世界的相互关
系的进程。

　　概念隐喻被界定为包括源域（source domain）、靶域（target domain）及其映
射（mapping）、理想认知模式（idealized cognitive model）和意象图式（image
schema）在内的认知机制。源域指隐喻表达式发端的概念域，靶域指隐喻表达式
应用的概念域。隐喻将喻源的认知图（cognitive map）映射到靶域（本体）上，
从而使喻体通过喻源置于空间物质的经验中。概念隐喻理论认为，隐喻是从一个
人们比较熟悉、易于理解的源域到一个人们不甚熟悉、较难理解的靶域的系统映
射，在源域和靶域间有一系列本体的或认识上的对应关系（correspondences）或
映射。在分析概念隐喻的过程中，"对应"和"映射"两个术语可以辅助源域与
靶域在概念层次的各个方面、特征或角色上搭建起桥梁。在映射过程中，属于某
一领域的相关概念和结构被转移到另一领域，最终形成一种经过并置析取的新概
念结构，即隐喻意义（图 1.1）。

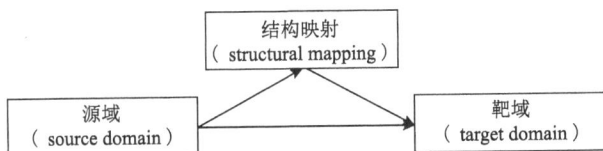

图 1.1　概念隐喻理论中隐喻的映射过程

1.2.2　概念整合理论

　　承上，概念隐喻理论旨在破解"隐喻不是语言问题，而是思维问题"这一根
本性命题，是人类认知视域的一次历史性飞跃。概念隐喻理论的结构简洁明晰，
对于剖析句式层面的隐喻表述和规约（entrenched）概念成效卓著。此外，概念
隐喻理论框架中的学术成果和原则还被极富成效地应用于心理语言学和人类学等
相关学科中，影响深远。该理论中的"源域"、"靶域"、"恒定原则"（invariance

---

① 本书当中的外国文献引用，如无特别指出，均为笔者自己遵照原文所译。特此说明。

principle)、"结构映射"(structural mapping)等将隐喻界定为认知现象的理论术语已成为认知科学、语言学和文艺批评理论等学科的必用语。与此同时,概念隐喻理论认定隐喻是两个认知域之间的一种固定的系统性关系,隐喻意义的发生具有从源域到靶域的单向性和不可逆性(图1.1),认知结构的基本单位是认知域,因此也不可避免地存在对新显意义的阐释力不足、程序任意性偏大、缺乏实证语料数据等理论基础和研究方法等方面的痼疾。

概念整合理论(Conceptual Integration Theory)是在吸纳概念隐喻理论的优势、克服该理论之不足的基础上提出的,试图向人们解释隐喻精细加工的全过程,包括如何通过一个复杂、动态的模型做出衍推。构建概念整合网络,必须历经建立心理空间、跨空间匹配、向整合空间选择性映射、确立共享结构、重新映射回各自的输入空间等步骤,从而将原始概念重组整合而构建起新显意义。

概念整合理论起源于20世纪80年代末在心理空间理论(Mental Space Theory)的基础之上发展起来的当代隐喻学理论新阶段,其奠基者是吉尔斯·福康涅(Gilles Fauconnier)和马克·特纳(Mark Turner)。福康涅于1997年在其著作《思维和语言的映射》(*Mappings in Thought and Language*)中创造出一套迥异的"概念整合"(conceptual blending)理论,并同特纳一道在随后的论著《概念整合的网络》("Conceptual Integration Network")(Fauconnier & Turner,1998)和《我们思维的方式:概念整合与心智潜藏的复杂性》(*The Way We Think: Conceptual Blending and the Mind's Hidden Complexities*)(Fauconnier & Turner,2002)中发展和完善了该理论框架。福康涅和特纳(Fauconnier & Turner,2002)验证得出,儿童在先前没有任何与整合相关的知识背景下,同样能不费吹灰之力地进行简单整合的构建与理解。这说明运用概念整合对特定情景下的言语进行分析和应答是人所具备的最根本的认知推理能力之一。概念整合理论是人们进行思维和活动,特别是创造性思维活动时司空见惯的一种认知机制。

概念整合是基于类比、递归、心理模式化、概念包、知识框架等心理活动之上的、由心理空间及其节点构成的、具有连续性的网络结构,基本元素包括:①与概念隐喻理论中源域和靶域相关的两个输入空间,即输入空间1(Input 1)和输入空间2(Input 2),两个输入空间之间形成了跨域映射,连接其中的元素;②表征两个输入空间共有概念结构的类属空间(Generic Space),类属空间反映了输入空间共享的一些抽象结构和组织,它定义了关键的跨空间映射;③输入空间中元素组合、交互的整合空间(Blend Space)(图1.2)。

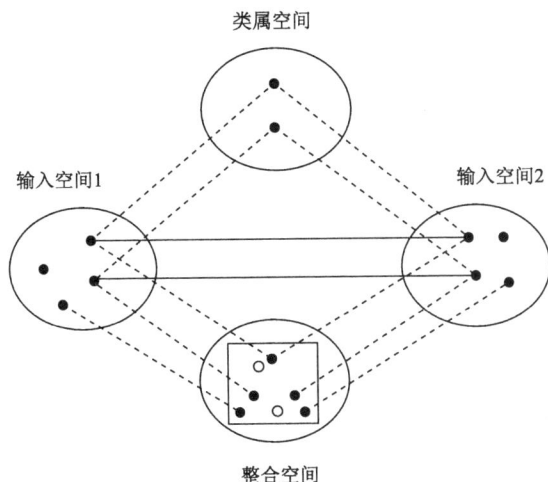

图 1.2　概念整合理论中四个空间的映射模型（Fauconnier & Turner，1998：143）

这四个心理空间通过映射链彼此串联起来并织就了一张概念整合网络（conceptual integration network）。概念整合理论主张概念整合是一种人类进行思维和活动，尤其是创造性思维和活动的基本心理认知机制，机制中的一系列基本组构控制运作法则，掌控着包括隐喻在内的一切认知活动。概念整合中的两个输入空间发生整合时，必须满足以下四个条件（Fauconnier & Turner，1998：12）。①跨空间映射：两个输入空间之间须存有部分映射。②类属空间：该空间反映了两个输入空间共同的、通常是较抽象的角色、结构和图式并规定了输入空间之间的核要跨空间映射。③整合：输入空间 1 和输入空间 2 被部分地映射到整合空间。④层创结构：跨空间的映射均利用类属空间内输入空间共有的图式结构对输入空间的映射得以实现，两个输入空间部分映射至整合空间，并生成两个输入空间所没有的层创结构。从认知角度来讲，概念整合就是将来自不同认知域的一系列认知活动框限起来，把两个输入心理空间（input mental space）通过跨空间的部分映现匹配起来，将两个输入空间有选择地映射至第三个空间，即一个能够得到动态解释的整合空间，并最终生成新的、非两个输入空间简单叠加的概念范畴。

概念整合的阐释的先进性在于四个空间的模型操作令我们能够将两个心理空间契合为一处，创造出第三个与前两个空间貌似联系松散的、具有自身特色的层创结构，从而能够充分地阐释双语域模型无法明晰剖解的认知现象。概念整合理论聚焦于新鲜的概念化过程，观测并读解非规约性跨语域关系的层创性个案。概念整合发生于至少由四个心理空间结成的心理空间网络之中，两个或更多输入空间彼此共享某种抽象结构，互相存在部分映射关系。类属空间把握输入空间共有的抽象结构并决定跨空间映射的核心内容，整合空间通过排列、配置、拓展等手段提取输入空间的部分结构，融合为全新的层创结构。层创结构的形成遵循自身独特的逻辑，同时不断接受固有知识、认知及文化模式的影响，因而并不直接反映输入空间的内容，而烘托出一种崭新的整合意义。层创结构中新生出原先的输入空间并不具备的概念或关系，发挥认知效果，且独立参与运演。

1.2.3　词汇语用理论

词汇语用理论（Lexical Pragmatics Theory）构建于关联性概念以及认知和交际两大原则之上。关联性是认知过程中输入内容的重要特性，以"消耗—获益"为描写特征。消耗是指达到认知效果所需付出的加工努力，而获益指积极的认知效果，即真实的语境含义、意义强化（strengthenings）或已有假设的修正。这两者的关系是所需付出的加工努力越小，所获的积极的认知效果越大，输入内容与加工信息的关联性越强。

根据认知原则，人类认知以输入内容的关联性最大化为目标来分配自身的注意力和加工资源（processing resources）。面对不停提升认知效率的压力，人类的认知机制具有搜寻潜在相关输入内容的自动倾向性。记忆机制会自动提取潜在的与语境相关的假设，推理系统也会自发地以最高效的途径加工这些输入信息，因此说话人有能力预测出听话人最可能选择哪些言语刺激信号、在加工信息时最可能采用哪些语境假设以及最可能得出何种结论。依照交际原则，话语会激发听话人对关联性的假设或期待。听话人有权预计话语的关联度和值得付出的加工努力，此外最具关联性的话语还要与听话人的能力和倾向性（preference）相协调。听话人遵循一条最省力路径，在显性层次（explicit level）上充实语义，并进一步在隐性层次（implicit level）上填充语义，直至阐释满足自身对话语关联性的期待，话语加工也就此结束。话语理解双原则有两条重要启示：首先，不存在字面性的阐述假设，词汇的语言编码意义不过是话语意义的一条线索而已，话语意义的理解不是解码的过程，而是非指示性（non-demonstrative）的推理过程；其次，理解任何话语都是显性内容、语境和认知效果相互适应、以最省力路径识破意图性关联的过程。

传统语用学把语境视为事先预置的常项，把关联性视为按话语合作原则的第三条准则进行含义推导后确定的变项，也就是说话语理解是始终围绕关联性并随语境的变化而不断选择的结果。丹·斯珀伯（Dan Sperber）和迪尔德丽·威尔逊（Deirdre Wilson）将"语境"界定为："语境指用于阐释话语的假设集合——听话人有关世界假设的一个亚集合。在该意义上的语境不再局限于有关当下物理环境或即时前置话语的信息。新近预期、科学假设或宗教信仰、轶事记忆、普通文化假设、有关说话人心理状态的信念等，在阐释时均可能起作用。"（Sperber & Wilson，1995：15）瑞奇（Ritchie，2004b：266-274）指出，"斯珀伯和威尔逊区分了交际的编码模型和推论模型，前者假设话语传递可辨的、可编码的特定意义，后者假设话语往往是模糊而非精确的，需要依据语境进行衍推。在该模型中，推导基于交际性关联，即以最小的加工努力换取最大的认知效果的语境搜索"。斯珀伯和威尔逊（Sperber & Wilson，1995）坚持不必将认知效果或心理努力数量化，大脑只需将语境中的潜在效果和所需能力与其他语境进行比较，从而遴选出以低努力换取高效果、最具关联性的语境。特定交际行为的相关度表现为其以某种变更、重构等方式对语境产生某种效果。相反，关联度与加工假设（找寻相关语境和实现语境效果）所需认知效果成反比。

斯珀伯和威尔逊（Sperber & Wilson，1995）认为，交际的获取是通过改变认知语境而达成的。他们将"认知语境"定义为对个体显明而凸现的意念、图式、总体知识等所有事实之集合，亦即个体可通过心理表征的所有事实。认知语境对个体互明的程度在于每个人都假设该环境对交际事件的所有牵涉方均显著。认知语境的不同可导致背景知识和信念方面的差异或参与者意识到的知识和信念方面的分歧。说话人的话语生成或听话人的阐释均依存于话语对认知语境中的关联预期。话语意义可据其交际语境中的关联性得以理解，即在说话人和听话人心中即时激活的共同认知语境之上的效果（Ritchie，2011：72）。换言之，认知语境囊括世界在言语交际中体现为交际双方在某时、某地、关于某事所说或所做的一切。由于人们可从任何现象衍推的可能性是开放的，几近无穷，因此听话人需辨识说话人意图传递的假设必定有制约条件。该条件受关联性原则钳制，涵盖双重假设：说话人意图传递的假设集合对于听话人而言应充分相关，而产生的刺激信号应避免给听话人带来过度负荷。

传统学界认为，语言受字面性规约的掌控，交际中的语言功能在于允许说话人编码意义，而让听话人解码，因此摒弃人类交际的语码模型观是摆正隐喻位置的第一步。根据赫伯特·保罗·格莱斯（Herbert Paul Grice）的会话含义理论，隐喻内容并非像直白内容一样直接传递，直白性阐释会导致非适切性。隐喻理解须经一条"直白式处理—处理失败—非直白式处理"的"三步走"过程。罗宾·卡斯顿（Robyn Carston）指出，"虽然格莱斯和塞尔（Grice & Searle）与斯珀伯和威尔逊的阐释方案有本质区别，尤其是两者在索回说话人意图意义时的阐释程序显著不同，但两者共同假设字面性表达的命题只是载体而已，经由特定交际假设引导来索回隐含的说话人意义。两套方案也都承认隐喻阐释丰富的开放性、说话人意图的非确定性以及可能索回的说话人意图的非确定性"（Carston，2010b：299）。

隐喻虽亦发生在短语、小句、句式、段落甚至篇章当中，但其根本仍凝聚在词汇层面，否则隐喻就沦落为一种虚无缥缈的"幻象"。在词汇语用理论中，隐喻阐释被视为一个推论过程，而由编码概念和记忆中获取的假设集合只是衍推的起点而已。艾德里安·皮尔金顿（Adrian Pilkington）提出，"在规约隐喻中，加工努力几乎可以忽略不计，其假设的元表征集合是浑圆的整体。不过在获取令人满意的诗性隐喻阐释时，尤其在首轮次，则需更多的时间和加工努力"（Pilkington，2000：111）。听话人的任务是协调隐喻使用的事实和最佳关联指向间的矛盾，由隐喻引发的额外加工努力须由隐喻产生的语境效果得以补偿，隐喻只是一种在言语交际中优化关联性的途径而已。伊拉·诺威克（Ira Noveck）等认为，"许多研究都认定隐喻居于心理活动之核心，无须花费额外的认知加工努力。我们不认为隐喻对人类的认知是自然而然的，隐喻相对的使用简便性不应与不付出额外努力的预期混淆。较之于非修辞性用法，隐喻常花费更多的加工努力和时间。当然，与适切性隐喻相伴的额外消耗也会带来补偿"（Noveck et al.，2001：109-113）。隐喻的充分理解至少包含两个成分：隐喻的所指和说话人的交际意图。适切性隐喻的消耗与额外收获成正比。精挑细选的隐喻加工是费力的，存在加工消耗，但亦具有获益的潜质。

换言之，传统的概念隐喻框架是静态的，而人们的语言运用则是灵活多变的。概念整合理论的一个核心宣称是源域和靶域对整合过程中最终意义的落定均具有积极的建构意义，概念整合的发生全过程具有动态性和交互性。概念整合理论弥补了概念隐喻观对新生意义的阐释不充分的理论局限，主要处理将熟悉的概念化过程融合为新的表义元素，聚焦于个体实例的特异性表征，为分析复杂而新鲜的实时隐喻表达开辟了一条更加深刻隽永、踏实可行的道路。21 世纪以来，威尔逊和卡斯顿等学者指出，概念隐喻理论和概念整合理论虽然解决了许多传统学界无法企及的问题，但部分隐喻的阐释与源域和靶域、两个输入空间并无直接而必然的联系，具备独有的涌现性，而两套理论就此问题要么语焉不详，要么程序性差、可操作性弱。有学者认为隐喻应被阐释为一个语用推导过程，传递特定的交际意图，而由编码概念和记忆中获取的假设集合只是衍推的线索（Wilson &

Carston，2006；Rubio-Fernández et al.，2015）。词汇语用理论坚持以词汇为本源，隐喻萌生离不开词义范畴在语境中的扩大或缩小，或曰语用调整。

以概念隐喻理论、概念整合理论和词汇语用理论为代表的隐喻流派研究成果丰硕，一呼百应，研究队伍蔚为壮观，为集成随后的当代隐喻学之创立奠定了坚实的基础。

1.3　当代隐喻学跨语言求索的双象限支撑

虽然国内外很多学者对许多隐喻现象进行了考察，尤其是近年来运用概念方法对隐喻现象的研究活动蔚然成风，但围绕当代隐喻学进行的汉英对比研究仍比较松散零碎，深入系统的研究更是凤毛麟角。英语的隐喻研究业已积累起雄厚的基础，既扎实又透彻。莱考夫及其学术团队已就英语隐喻的诸多范式及其具体表征进行了令人信服的剖析，具有深刻而有益的参考价值。学界理应对英语以外的语言的隐喻系统做大量的跨语言基础性研究，以求证不仅在英语中，而且在其他语言中，抽象思维也是通过隐喻来实现的。

同中有异、异中有同是事物两种最基本的关系和存在状态，两者共同决定了人类认识世界的两个核心维度，即对事物的相似和相异的判断。人类在认识发展史上对所有问题的解决方案，无不沿着从观察认识事物的相似性和差异性关系两条脉络展开。许余龙（2002：1）曾言："比较是人类认识事物、研究事物的一种基本方法，也是语言学研究的一种基本方法。"可见比较在语言研究中的重要地位。要认识汉语的特点，就必须采用对比的方法，因为"语法研究的历史告诉我们，对比研究是促进本族语研究的一条重要途径"（潘文国，1997：8）。跨语言隐喻比较所彰显出的共性与个性是合理的，普遍性意味着事物之间的联系，体现出体验哲学对不同语言中隐喻的共性普遍影响；而个性则标志着事物之间的区别，不同语言背后的文化蕴意差异导致了隐喻的独特与个性。总体而言，世间万事万物都是两者交织与碰撞的统一体。

1.3.1　体验哲学象限

莱考夫和约翰逊在 1999 年再度联袂出版了另一部学术力作《体验哲学——体验心智及其对西方思想的挑战》（*Philosophy in the Flesh: The Embodied Mind and Its Challenge to Western Thought*），集数十年研究之大成，在书中率先采纳并全面阐发了"体验哲学"的理念框架（Lakoff & Johnson，1999）。

莱考夫和约翰逊将"体验哲学"设定为一种非客观主义，亦称"新经验主义"（experientialism），与被其归结为客观主义（objectivism）的经验主义和理性主义针锋相对。经验主义诞生自古希腊时期，属于一种认识论，其根本思想是：人类的一切知识都源自外部的、感官的印象及大脑对这些印象所展开的抽象和概括，亦即人类知识发端于感觉，并以感觉的领悟为前提。经验主义和理性主义认识论均认为人类可经由直接的经验性感官或间接的推理来获取关于世界的绝对的、无条件的真理。体验哲学是在严厉批判西方客观主义传统哲学和乔姆斯基转换生成语法的基础上建筑起来的一种全新的非客观主义哲学思潮，对全世界学术界，特别是哲学界产生了重大影响和轰动效应。不同于客观主义哲学思潮，体验哲学认为人类知识源自体验，强调身体经验和主客互动对认知加工和语言表达的基础性价值，人类的范畴、概念、推理和心智是基于身体经验形成的，其最基本的形式主要仰仗于对身体部位的感知而逐步聚成。

第二代认知科学以确定心智的身体基础、身体在认知和社会活动中的首要作用为标尺，哲学地和经验地表明身体是人类接触、介入、认识和拥有世界的终端枢纽，是心智表现的最初样式。学界逐渐意识到，将人的认知活动单纯归结为反思意识的符号思维水平是极端片面的，人的认知活动需从更为基本的身体能力和具身经验中觅见源头。第二代认知科学正是在系统地扭转这种二元论的身体观的基础上建构起来的，旨在探究知觉、行为图式、记忆、学习、情绪、情感、思维是如何基于、体现于并实现于身体的。体验哲学的核心思想为：人类的范畴、概念、推理和语言均源自人们与客观外界的互动体验和认知加工，它们具有切实的体验性。莱考夫和约翰逊（Lakoff & Johnson，2002：245，249）多次反复强调了这一原则："从最根本的意义上说，心智是基于身体经验的，意义是基于身体经验的，思维也是基于身体经验的。这是经验主义现实论的核心。"我们完全可将心智、意义、思维统称为"认知"，从而得出"认知来自身体经验"的结论，即"认知具有体验性"。人类的认知（包括概念体系）以身体为基石、起点和边界。在此基础上，莱考夫和约翰逊提出抽象原理亦源于身体，用于推理（reasoning）的身体运动的概念和衍推（inferential）系统可能由神经模式（neural model）所预制（preformed）。

理性是体验的，"理性并非如传统所持的那样是祛身的（disembodied），而是一种植根于人类大脑、身体和具身经验之上的特质。人类需要一个身体来开展推理，而这不是平淡无奇和显而易见的宣称，毋宁说，理性的结构本身正是来自我们体验的细节。允许人类进行知觉和四处移动的神经和认知机制，同样也创造着我们的概念系统和理性模式。因此，要理解理性，我们必须理解自身的视觉系统、运动系统及一般的神经绑定（binding）机制的点滴（specifics）。总之，理性无论如何也不是这个宇宙或非体验心灵的先置特征，而完全是由我们身体的特性和大脑神经结构的非凡细节以及我们在世界中发挥作用的日常点滴所汇流的"（Lakoff & Johnson，1999：4）。

体验哲学的创世不仅是认知科学 30 年来突飞猛进发展推动的结果，而且对认知科学发展的进程和方向有着重大的反拨作用。体验哲学在人工智能、神经心理等领域的兴起使得认知科学突破了狭隘的符号表征认知观，重新审视以神经为物质基础的心智的运作方式和进化的生物原理，促成了认知科学范式的华丽转身。科学技术的发展使得认知科学对心智的研究手段也从原来的推测、假设、间接的求证到径直诉诸科学仪器实时直接观察大脑在运作时的动态状况，确凿而可信。

承莱考夫和约翰逊（Lakoff & Johnson，1999：497）所言："概念是通过身体、大脑及在世界上的体验而形成的，且唯有通过此才能为人洞悉。概念是通过体验，特别是通过感知和肌肉运动获取的。"人同此心，心同此理，人的体验认知不但古今相仿，更是中外相通。中西方民族均拥有相同的感知器官，对事物有着相同或相似的体验。这种人类体验上的共通性不仅奠定了不同民族之间交往的基础，也同样树立了我们理解不同语言中隐喻的一块标志性界碑。由于隐喻以人类的经验为基础，而基本体验又是所有正常的、健康的人所分享的，在体验中很多方面是趋近或相似的，因此在不同语言中必定会滋生诸多相同或类似的隐喻。由于人类具有相同的身体构造和感知器官，具备相同的感知、察觉能力，因此在面对相同的物质世界时能获得相似的概念结构，这就使隐喻的认知方面存在着明显的跨语言共性。汉英隐喻在设喻类型和遣字用词方面存在惊人的相似。

1.3.2　文化意蕴象限

尽管我们的身体感觉赐予了我们体验这个社会的起点，但我们对这个世界的感知却由于个体文化的差异而不同（Allan，1995）。语言承载着丰厚的文化信息，任何文化的变迁与发展都会在语言系统中留下深深的足印。隐喻既根植于语言、思维，又扎根于文化，隐喻是一个语言社团的文化和经验的积淀，是文化在语言中的集中体现。隐喻本身便是文化的组件，是一个民族文化浓缩的精华，能够折射出文化的方方面面。隐喻作为一种重要的语言现象，与民族文化息息相关，自然包含丰富而生动的文化意义，每则隐喻背后都承载着浓厚的文化信息，都蕴含着强烈的文化特质，是文化的发展和变化中最敏感而脆弱的部分。隐喻是特定文化的沉淀，是反映认知方式和展现文化背景的重要语言工具，任何社会都具有特殊的文化背景和隐喻认知结构，相当部分的文化都通过隐喻表现出来并储存在人的记忆中。隐喻反过来又对文化世界施加影响，将其中所饱蘸的文化因素映射回文化世界中，影响人们对文化世界的理解。

方汉文（2006：10）将文化概括为：文化是人类社会具有独立特征的综合体系，它主要包括社会生产与生活方式、社会组织形态和精神意识形态三大层次。三个层次环环相扣，相互关联，共同组构了人类的行为与精神活动的总体。文化是多层次结构的有机系统，涵盖人类有史以来的人文历史遗产，囊括整个不断演化和创造中的文化系统，若干个层次共同构架起这一系统。文化作为民族集体的智慧和结晶以及民族经验的积累和留存，影响着语言各个层次的塑形与发展，彰显于语言的各个侧面。隐喻是折射出厚重而深刻的民族文化传统的一面镜子，浸润了文化色彩，处处穿透着文化观念，时时散发着文化气息。隐喻的运用受相应文化背景制约，不能独立于文化环境而自行发酵，各个文化要件都会直接或间接地影响隐喻的筛选和择用。

操母语者因长期生活在本族文化氛围之中，耳濡目染、潜移默化地习得了本民族的文化。作为一种普遍语言现象的隐喻，折射出以该语言为母语者的思维方式及文化特征。隐喻的使用者和接受者之所以能共同达到交际的初衷，正是由于他们共存于同一文化社区之内，拥有共同的文化基底，话语双方能迅速地在同一坐标系中锁定位置，达成共识。在同一文化中，同一概念隐喻自成一脉，不断发展，衍生出子子孙孙的分散隐喻。不同的子隐喻强调和偏重事物的不同侧面，互相补充，共存于同一文化的概念体系中，成为人们本能的思维方式。文化的许多内容通过隐喻这种特殊形式代代相传，从而对人的思维方式和行为方式施加影响并随文化的变化而孵化、诞生、发展和消亡。隐喻是在一定文化范畴之内产生和拓展的，隐喻的产生载体和接受载体都是文化的继承者和发扬者。

归根结底，隐喻是人对客观世界的一种认知方式，是语言中普遍存在的本源，是人以体悟性的方式对世界进行知觉、通晓的必然产物，大多文化现象都以隐喻的方式串接起来。隐喻是一种文化行为，文化是隐喻的灵魂，不考虑文化因素的介入，便无法解释两个不同事物如何在人的观念之中协调起来，也无法管窥人们理解隐喻的深层机制。隐喻之"隐"在很大程度上要归因于其背后藏匿着的丰富庞杂、百花齐放、异彩纷呈的文化背景。

任何一个语言使用者都属于某个特定的言语社团，每个言语社团都有长期形成的历史、文化、风俗、人情、习语和价值标准。这些必然反映于该言语社团的共同语中（胡壮麟等，1992：186）。"语言本身就是一种文化力量和文化模式，人们自幼习得了这种语言，也就把其中包含一切文化观念、文化价值、文化准则、文化习俗的文化符号深深地溶进了自己的思想行为之中。"（戴昭铭，1996：26）　"文化就是语言社团编织历史的隐喻丝线。文化本身就是一个综合隐喻。隐喻决定了我们人生观中的'文化'，它是唯一能融合'文化冲突'使世界走向崭新共同未来的方式。"（Wu，2001：2）根植于不同文化土壤的隐喻是文化的有机组成部分，与文化密不可分，能够在很大程度上反映文化的内容、信念、态度、行为方式等，盖有另类而浓艳的文化印记。莱考夫（Lakoff，1993：203）声称："隐喻映射在普遍性上存有差异；有些似乎是普遍的，有些似乎分布很广，有些似乎只属于特定的文化。"由于操不同语言的人在地理疆域、宗教信仰、生活习惯、民俗心理、审美情趣和历史沿革等方面均相去甚远，分别反映了各自本土的文化现实及状态，也因此形成了各自独特的思维方式、行为惯性及语言表达方式。每个民族将自己对文化现实的认识和理解映射到语言上，使隐喻系统彰显出五彩斑斓、争奇斗艳的民族特点和趋向，这就促生了隐喻的个性。

在详尽回顾和介绍概念隐喻理论、概念整合理论和词汇语用理论的基本核要及跨语言隐喻研究的体验－文化两个基本象限的基础上，笔者权益性地将"当代隐喻学"界定为：当代隐喻学是一门蓬勃兴起的以体验哲学为哲学依据的新兴认知科学，充分考虑诸多民族文化因素，主要以概念隐喻理论、概念整合理论、词汇语用理论等理源为支撑工具，并试图为我们赖以生存的各个隐喻范畴制定统一而具有强大阐释力和说服力方案。

1.4　结语

随着 20 世纪六七十年代以来认知心理学的迅猛发展和 80 年代末"隐喻革命"的风起云涌，学界前仆后继地试图从真正意义上去"解释"语言，寻觅语言现象与人类认知之间的确凿联系。与传统的语言观相左，当代隐喻学认为语言不是独立于人的认知能力之外的形式系统，而是在人类的认知活动与客观世界的相互作用中脱胎的。诚然，方兴未艾的当代隐喻学研究只是人们有意识地探索规约思维与行动的隐喻机制之"万里长征的第一步"。相关研究在有机契合概念隐喻理论、概念整合理论和词汇语用理论等源流、体验哲学和文化诸元素的基础上权益性地界定了当代隐喻学，尝试性地厘清了学科疆域。这只是初步的学界划分，当代隐喻学与认知语言学、认知心理学、认知文体学、认知诗学等边缘认知科学的边界远非泾渭分明、一清二楚，混淆杂糅之处在所难免。当代隐喻学作为一门新兴的认知科学，尚不具备固定稳健的理论框架，尚未被广大学界同人所认同，还有漫长的路要走。相关科学领域日新月异的发展必将有益于当代隐喻学的健康快速成长，促发其成为一门更加被学人广泛认可的认知"显学"。

学界尚未就当代隐喻学所涵盖的多个维度进行系统深入的跨语言对比研究，也未分门别类地剖解各个隐喻项目的相同点和差异点。人类有着共同的生理特征和相似的具身经验，因此人类在构建隐喻时会根据认知模式里存在的对应性激活近似的联想，从而不谋而合地产生相仿甚至完全一致的隐喻表征。同时，由于自然条件、社会环境、历史传统的分野，不同民族的隐喻在孕育的始源上便伴生有分歧。不同民族文化背景下的人在进行心理联想时，由于诸多文化因素的浸入，势必会派生出部分相异或甚至截然有别的隐喻样貌。

隐喻绝非不朽诗人的独创和专利，而是人类思维的共享特征，普遍存在于全世界的各种语言之中。隐喻不仅是一种用于修辞的语言现象，更是一种人类认知世界的强大武器。本章在扼要介绍作为当代隐喻学萌芽起步阶段的概念隐喻理论、概念整合理论和近来热烈讨论的词汇语用理论的新进路的基础上，以较全面地勾勒出体验哲学的基本构件和文化意蕴两翼跨语言考究维度为契机，搭建起当代隐喻学的学科框架。当代隐喻学的跃世而生标志着曾作为一种貌不惊人的辞格之隐喻已彻底摆脱了传统修辞学的窠臼，在真正意义上从屈居于附属地位的辞格跨越式地升格为独立的认知科学门类。国内学者应试图找出属于中国人自己的独特的当代隐喻学视角和见解，将西方先进理论与中国实际结合起来，中西合璧，加大汉外对比的力度，在理论建构和实践验证两方面留下国人深深的足迹。

第 2 章　概念隐喻理论

2.1　引言

概念隐喻理论始于莱考夫和约翰逊的巨著《我们赖以生存的隐喻》（1980）。他们认为隐喻不仅是一种修辞手段，还是一种思维方式，是一种从源域到靶域的单向系统映射。这种映射是紧密结构化的，存在着本体论上的对应关系，靶域中的抽象概念系统地对应于源域中的实体概念，而且这种映射被用来重构甚至创造现实。概念隐喻理论认为隐喻的实质是通过一类事物来理解和体验另一类事物（Lakoff & Johnson，1980），隐喻在我们的日常生活中无处不在，它不仅存在于语言中，而且体现在思想和行为中。

概念隐喻（conceptual metaphor）的一个标准定义是：概念隐喻是用一个经验域（domain of experience）（通常是具体的）来理解另一个经验域（通常是抽象的）。这一定义将概念隐喻既看作一个过程（process），又视为一项结果（product）。理解一个域的认知过程就是隐喻的"过程"，而由此产生的概念模式则是隐喻的"结果"。莱考夫和约翰逊（Lakoff & Johnson，1980）认为构成隐喻的不是某些特定的词汇，而是不同概念域（即源域和靶域）间的本体映射。隐喻涉及的不仅是语言，更是人的思维和推理过程。语言是次要的，概念之间的映射才是主要的。映射本质上就是指我们运用源域概念对靶域概念进行推理的过程，是能够使我们对事物进行概念化的概念系统的一个重要组成部分。莱考夫（Lakoff，1993）讨论了隐喻的三大特性：语言对应关系的系统性、推理概念间关系并调控推理进程的能力、基于规约性对应关系来理解新型扩展关系的可能性。

自莱考夫和约翰逊（Lakoff & Johnson，1980）发表其著作以来，大量的隐喻研究开始井喷式爆发，这些研究证实、补充并修正了两位学者的观点（如Gibbs，2008a，2008b，2008c；Kövecses，2002 等）。因此，我们今天所熟知的概念隐喻理论显然不同于《我们赖以生存的隐喻》中提出的隐喻理论版本。下面将对概念隐喻理论的主要概念和发展情况进行梳理，以展现该理论现今研究的焦点和缺憾，以及未来研究的发展方向。

2.2 概念隐喻理论的主要概念及发展概况

不同研究者会强调概念隐喻理论的不同性质。因此，本章将选择大多数概念隐喻理论研究者已经达成共识的主要特性进行梳理和探讨。

2.2.1 概念隐喻的普遍存在

在《我们赖以生存的隐喻》中，莱考夫和约翰逊（Lakoff & Johnson，1980）认为隐喻不仅普遍存在于某些试图创造某种艺术效果的体裁中（如文学），而且也普遍存在于最中性的语言形式中，即最不刻意使用的语言形式中。莱考夫（Lakoff，1993）指出，不仅像爱、愤怒等这样的情感表达需要用隐喻来概念化，我们日常使用的许多最基本的概念也是通过隐喻来理解的，比如时间、数量、状态、变化、原因、目的、手段等概念。特别是在概念隐喻研究的早期阶段，概念隐喻理论的研究人员从各种不同的渠道收集了语言隐喻（linguistic metaphor）示例，诸如从电视和广播、词典、报纸和杂志、对话、研究者本人和其他一些人的语言表达中发现了大量的隐喻性例子，如"为争论辩护"（defending an argument）、"怒火中烧"（exploding with anger）、"建立理论"（building a theory）、"眼中之火"（fire in someone's eyes）、"断绝关系"（foundering relationship）、"冷漠的人格"（a cold personality）、"一步一步的过程"（a step-by-step process）、"消化一个想法"（digesting an idea）、"人过世"（people passing away）、"漫无目的地在生活中徘徊"（wandering aimlessly in life）等等。即使不能悉数尽收，大多数这些语言隐喻表达也都是母语者心理词库（mental lexicon）的一部分。它们源于最基本的词义，反映了心理词库高度的多义性和习语性。这种多义和习语现象被认为是隐喻普遍存在的证据。基于这些例子，莱考夫和约翰逊（Lakoff & Johnson，1980）提出了"概念隐喻"。然而，概念隐喻理论并不认为我们在话语中发现的每个隐喻都属于某个特定的概念隐喻。概念隐喻不同于隐喻表达，当代隐喻理论家通常用"隐喻"一词指概念映射，而用"隐喻表达"一词指某个映射关系涵盖下所有可能的个体语言表达。

　　然而随着研究的深入发展，有些研究者发现，隐喻在真实话语中并非普遍存在。正如雷蒙德·吉布斯（Raymond Gibbs）所指出的，不同方法会产生不同的隐喻频率统计结果（Gibbs，2009）。也有研究者认为，大多数学者经常提出一种理论并且试图用一种理论去解释所有语言中的隐喻和隐喻在语境中的运用的这种方式是不可取的，因为隐喻的复杂注定了真正全面揭示隐喻的理解过程需要多种理论通力合作（孙毅，2020a）。还有些研究者提出，有些隐喻映射关系根植于转喻（Taylor，2002），转喻其实和隐喻一样普遍，甚至比隐喻更为基础（Dirven，2002；Panther & Radden，1999）。这些观点都对隐喻的泛在性提出了质疑，需要探求更多证据来证明隐喻的"无处不在"。

2.2.2 概念隐喻的系统映射

　　前面提到的概念隐喻的标准定义可用专业术语重新表述如下：概念隐喻是两个经验域之间一组系统的对应关系，即"用一个认知域来理解另一个认知域"。除了 correspondence（对应关系）一词之外，文献中也常用 mapping（映射）一词来表述源域和靶域之间的关系，因为通常在概念隐喻中，源域中的元素（及元素之间的关系）会映射到靶域中的元素（及元素之间的关系）上。下面不妨来看一下对应关系或映射是如何在概念隐喻"愤怒是火"（ANGER IS FIRE）[①]中运作的。在介绍构成隐喻的系统概念映射之前，我们不妨先来考察一些通过词汇方法衍生出来的语言隐喻，以下是英语中一些隐喻表达的例子：

　　（1）That *kindled* my fire.（那激起了我的怒火。）

　　（2）Those were *inflammatory* remarks.（那些是煽动性的言论。）

　　（3）*Smoke* was *coming out* of his ears.（怒气从他耳朵里冒出来。）

　　（4）She was *burning* with anger.（她的怒火燃烧起来。）

　　（5）He was *spitting fire*.（他在喷火。）

　　（6）The incident *set* the people *ablaze* with anger.（这件事使人们怒火中烧。）

　　这些例子均体现出以下一组对应关系或映射（图 2.1）。

---

　　① 概念隐喻属概念表述的抽象概括，同一概念隐喻可以体现为不同的隐喻表述，本书中的概念隐喻均用大写英文字母表示。

起火的原因 - - - - - - - → 愤怒的原因

起火 - - - - - - - → 变得愤怒

火 —————————→ 愤怒

火的强度 - - - - - - - → 愤怒的强度

起火对象 - - - - - - - → 愤怒者

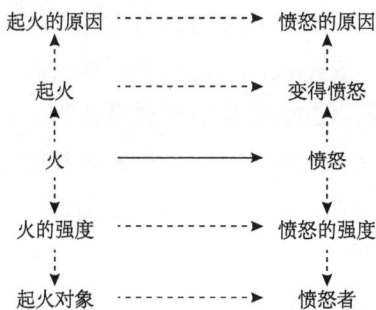

图 2.1 "火"与"愤怒"两个概念域之间的系统映射

根据这些映射关系，我们可以解释上列隐喻表达何以存现。例如，为何 kindle 和 inflammatory 意味着引起愤怒？为何 burn、spit fire 和 ablaze with anger 表示高度愤怒？当然，它们之间的强度具有细微的区别。这组映射是系统性的，因为其在"愤怒"上清晰地捕捉到了一系列与"火"一致的特点：某个事件的发生引起火灾，使得火焰燃烧，且燃烧强度因火灾大小有所差异。愤怒亦是如此：某件事情引起某人生气，此人因而处于愤怒状态，且愤怒程度随事情的发展产生变化。映射使"火域"（源域）中的元素间的关系与"愤怒域"（靶域）中的元素间的关系保持一致。事实上，从某种意义上说，来自"火域"的映射实际上产生或创造了一个特定的"愤怒"概念，这一概念与"火"的一系列特点相关。这意味着特定源域被用于概念化特定靶域。

然而，在许多情况下，双域映射并不能解释隐喻概念化（metaphorical conceptualization）的过程，还必须依赖于四个心智空间的模型来解释。如果给定一个域中隐喻性使用的元素集，我们可以进一步了解这些元素，并将这些额外知识映射到靶域上。这种额外的源域知识常被称为"隐喻推论"（metaphorical inference）或"隐喻蕴含"（metaphorical entailment）。例如，与上述的隐喻一致，在有些正式表达和古英语中，我们可以找到像"他复仇了，这平息了他的愤怒"（He took revenge, and that *quenched* his anger）这样的句子。平息愤怒可以看作一种基于"愤怒是火"的隐喻蕴含。如果把愤怒隐喻成火，那么我们可以通过"火可以熄灭"的这一常识进一步推导出"平息愤怒"这一隐喻。概念隐喻理论便为这种概念隐喻的扩展提供了一套合适的解释。

在这一点上，可能会产生一个要害问题：所有一切都能从一个域映射到另一个域吗？事实上，如果给定一个特定的概念隐喻，有很多东西是无法从源域映射到靶域的。例如，在"理论是建筑物"这一隐喻中，房间的数量、建筑物是否有地窖或者阁楼等信息均未得到映射。关于如何界定从源域向靶域转移的映射量，目前学界已有若干种解释。其中之一是莱考夫（Lakoff，1990）提出的"恒定假设"（Invariance Hypothesis）。该假设认为，隐喻映射保留了源域的认知拓扑结构（cognitive topology），即意象-图式结构（image-schematic structure），该结构与靶域的内部结构一致。恒定原则主张，对于容器模型而言，源域的内部对应于靶域的内部，源域的外部对应于靶域的外部；对于路径模型而言，源域的目标映射到靶域的目标，源域的轨迹映射到靶域的轨迹；等等。但恒定原则绝非主张我们采用算法一样的过程去理解隐喻，将映射简单理解为选取目标然后进行复制的过程。

恒定原则提供了这样一种可能性，即大量抽象推理实际上是空间推理的隐喻版本，这些空间推理是意象图式拓扑结构中所固有的。例如，人们常用空间来概念化时间。时间被隐喻性地概念化为运动、实体、位置，这符合我们的生物学知识。但时间和空间之间不仅只有一种映射关系，不同的映射情况存在多种解读，因此不能简单地说用空间表达式来谈论时间。

恒定原则的另一大重要贡献在于其允许一个隐喻表达式中蕴含多个隐喻映射关系，即隐喻的二元性（duality）。例如，短语 within the coming weeks 中用到了关于时间的两个不同的隐喻，即 within 将时间看成一个有边界、有内部空间的静止实体，而 coming 则将时间看成一个相对于观察者来说会运动的整体概念。因此，恒定原则可以实现同时映射（simultaneous mapping），反映出靶域的不同特征。第二个假设是约瑟夫·格雷迪（Joseph Grady）提出的，他认为，在本质上，源域中的那些可以映射的部分都基于"基本隐喻"（primary metaphor）（Grady，1997a，1997b）。所谓基本隐喻，是指与我们人类生息繁衍、衣食住行最贴切、最息息相关的方面相贴合并派生出的隐喻类型。在将这些隐喻视为根基的前提下，基本隐喻之间相互交织、碰撞，烘托并逐渐升级出一系列更加高级的复杂隐喻（complex metaphor）。基本隐喻的形成动因属于物质层面，而在复杂隐喻的构建过程中，文化因素起着重要的作用（孙毅、李学，2021：5）。第三个假设由科维西斯（Kövecses，2000，2002）提出，该假设认为隐喻映射的是源域概念中的意义焦点（meaning focus or foci），即对于每一个靶域的源域，无论是积极性还是消极性，抑或某种性质的具体方面，都是需要予以精确化确认的。究竟最终敲定哪一个焦点，对于确定隐喻最终的意义都具有细微但重要的价值。

由以上分析可以看出，这三个假设在预测隐喻映射的内容时侧重的是隐喻理论的不同部分。第一个主要依赖于靶域，第二个则依赖于源域和靶域之间的连接，第三个依赖于源域的属性。这就导致这些假设都不能完全令人满意。因此，后续研究需要构建更加全面系统的隐喻系统映射的假设和模型。

2.2.3　概念隐喻的单向映射

承上所示，概念隐喻理论区分了"源域"和"靶域"。源域是一个具体域，而靶域是一个抽象域。比如，在概念隐喻"生命是一场旅行"（LIFE IS A JOURNEY）中，"旅行"比"生命"更具体，因此，"旅行"是源域，"生命"是靶域。概念隐喻理论提出，就像在隐喻"生命是一场旅行"中一样，偏实体性的域（more-physical domain）通常作为更具体的源域。

这一观察是基于迄今为止在文献中发现和分析的数百个概念隐喻的研究之上的（例如"生命是一场旅行""愤怒是火""理论是建筑物"）。大多数概念隐喻都将更实体化的域作为源域，将更抽象的域作为靶域，这一假设颇具直觉意义。例如，生命的概念很难确定，因其极为复杂；愤怒是一种隐藏在内心深处的感觉；理论是一种复杂的心理结构；等等。在所有这些概念中，一个不那么有形因而不太容易接近的目标被概念化为一个更有形且更易接近的源概念。

在我们努力理解世界的过程中，按照隐喻的这个方向对概念进行理解意义非凡：也就是说，将认知上不太容易接近的域概念化为更容易接近的域。但当我们试图将旅行隐喻为生命，将火隐喻为愤怒，将建筑物隐喻为理论时，是非常怪异和反直觉的。我们认为这种理解旅行、火或建筑物的方式并无太多帮助或启示，尽管我们对具体概念的了解要比对生命、愤怒和理论等抽象概念的了解多得多，但这并不意味着逆向的概念化过程永远不会发生。当其发生时，总是伴有一些特殊的目的或效果，诸如诗意、文体、美学等等。隐喻概念化从有形到无形的默认方向适用于日常和无标记的情况。

2.2.4　概念隐喻与思维的联系

概念隐喻理论认为隐喻不仅存在于语言中，还存在于思维中。我们使用隐喻不但是为了谈论世界的某些方面，而且是为了思考它们。如上所述，概念隐喻理论区分了语言隐喻（即隐喻性使用的语言表达）和概念隐喻（即我们在日常生活中思考世界的某些方面所依赖的某些概念模式）。例如，像"生命是一场旅行"（LIFE IS A JOURNEY）这样的隐喻实际上可以支配我们对生命的思考方式：我们可以设定自己想要达到的目标，然后尽最大努力达到这些目标；我们可以为旅行制订周密的计划，为一路上遇到的障碍提前做好准备；我们可以通过选择各种不同的途径来制定可供选择的方案，我们可以选择某些路径而非其他路径；等等。当接受这样或类似的想法时，我们实际上已经构建起"生命是一场旅行"的这一概念隐喻。因此，我们可以用与旅行相关的言语来谈论生命的概念。

我们用一个概念域来看待另一个概念域的想法实际上具有不同的内涵。在某种意义上，人们在理解某一概念域的时候可能会被一个特定的概念隐喻所引导，如上述的"生命"。在另一种情况下，当给定一个概念隐喻时，我们可以将其所依赖的某个特定域（如旅行）的一些含义应用到推导另一个域（如生活）中的概念含义的过程中。最后，这一想法意味着在对语言隐喻的产生和理解进行在线加工时，隐喻激活了源概念和目标概念。

隐喻本质上是概念性的，即我们以隐喻的方式来构思某些事物。这一观点的一个主要结果是，由于我们的概念系统支配着我们的行为方式，因此我们的日常行为方式也常常是隐喻的。

当我们根据一个有形的域（tangible domain）把一个无形的或不那么有形的域（intangible or less tangible domain）概念化时，我们就创造了一个特定的隐喻现实（metaphorical reality）。倘若把生命看作一场旅行，我们以一种方式想象它；倘若将其看作一场戏剧，我们则以另一种方式想象它，正如威廉·莎士比亚（William Shakespeare）的名句"全世界都是一个舞台/所有的男男女女不过是一些演员罢了"（All the world's a stage / And all the men and women merely players）所反映的一般。这两个源域会导致人们对生活有不同的看法，从这个意义上说，它们创造了截然不同的现实。

每当一个新的源域应用到一个特定靶域时，我们看到的靶域就和以前不同。有一种极端情况是一个特定的靶域根本不存在，但通过应用一个（或多个）源域，靶域就被创造出来。抽象概念的词源通常反映了这种早期概念化现象。例如，理解（comprehension）显然是一个抽象概念。"理解是掌握"这一概念隐喻便创造了特定的靶域（掌握），比如"我没有理解他说的话"（I did not *grasp* what he said），"他理解得很慢"（He is slow on the *uptake*）。英语单词comprehend（理解）便源自拉丁语中的 grasp（掌握）。

这种"现实建构"（reality construction）在广告中也屡见不鲜。在广告中，人们通常会创造出有趣的隐喻现实案例。比如，当某香体剂的广告承诺"24 小时保护"时，它让我们把香体剂看作我们在与敌人作战时的助手或盟友，而敌人正是我们自己的体味。因此，如果我们从未将体味视为敌人，这种广告便很容易让我们将其看作敌人。通过这种方式,广告和其他地方使用的隐喻可以为我们创造新的现实。当然,这种真实性是通过隐喻来定义的,但这并不意味着它们对于我们的生活方式可有可无。假如我们认为体味是我们需要对抗的东西而购买香体剂用来战胜体味,那么这显然是按照一个隐喻定义的现实来思考和行动的。这一例子又充分表明了某个特定靶域的源域的内涵是如何使用的。

最后,如果隐喻是概念系统的一部分,那么概念隐喻也会出现在该系统的其他表达模态中。研究表明,语言中的概念隐喻也存在于手势、视觉表征(如卡通)、视觉艺术(如绘画)等方面。这并不意味着这些表达方式中的隐喻与日常语言和思维中的隐喻完全相同,但其中有大量是共同的(参见 Forceville,2008;Cienki & Müller,2008)。

2.2.5 概念隐喻的理据溯源

为何特定的源域与特定的靶域要进行配对?关于这个问题最传统的回答是两个事物或事件之间有相似之处。以往的文献提出了几种不同类型的相似性:客观真实的相似性(objectively real similarity)、感知的相似性(perceived similarity)和类属层次结构的相似性(similarity in generic-level structure)。客观真实的相似性是指作为源域和靶域的两个物体在客观上的某些属性类似,比如"玫瑰般的脸颊"(as roses on one's cheeks)。感知的相似性的一个例子是,生活中的某些行为及其后果被视为赌博游戏,含有输赢的结果,如隐喻"生活是一场赌博游戏"(LIFE IS A GAMBLING GAME)。对于类属层次结构的相似性,不妨以概念隐喻"人类的生命周期就是植物的生命周期"(HUMAN LIFE CYCLE IS THE LIFE CYCLE OF A PLANT)为例。该隐喻中的两个域共享一个通用的类属层次结构:在这两个域中,都有一个实体存在(人类、植物);当其生长或发展到一个最高点时便开始衰退直至最后消失。基于这种共享结构,植物域可以作为人类域的源域。换言之,相似性解释了这个特定的源域和这个特定目标的配对;换言之,隐喻是建立在这种非常抽象的相似性基础上的。

然而,在许多其他情况下,源域和靶域之间均无任何相似之处,因此这种解释很明显是有限的。概念隐喻理论也为这些隐喻的出现提供了另一种解释。例如我们之前提到的概念系统中的一个概念隐喻:"强度就是热量"(INTENSITY IS HEAT)。这个隐喻是一些概念隐喻的通用版本,比如"愤怒是火"(ANGER IS FIRE)、"热情是火"(ENTHUSIASM IS FIRE)、"冲突是火"(CONFLICT IS

FIRE）等等。"愤怒""热情""冲突"等具体的概念共享一个强度维度，这个维度被隐喻概念化为热。然而，热量的概念与强度的概念之间没有任何相似之处。热量是我们用身体体验到的事物的物理属性，而强度是一个高度抽象的主观概念（与目的、困难或相似性一样）。那么，为何热量可以作为强度的源域呢？概念隐喻理论假设隐喻理解过程中会激活与靶域相关的所有认知图式（孙毅、翟鹤，2022：44），因此我们对强度和热量的经验感知之间存在相关性。通常，当我们从事高强度的活动时（无论是身体上的还是情感上的），我们的体温就会升高。从这个意义上说，强度与热量便存在关联性，这就为将热量作为源域、将强度作为靶域提供了解释依据。因此，我们可以认为，这些概念隐喻建立在感觉运动经验和抽象的主观经验之间的关联之上。莱考夫和约翰逊（Lakoff & Johnson，1999）借用格雷迪（Grady，1997a，1997b）的术语，将这类概念隐喻称为"基本隐喻"。格雷迪在其论文（Grady，1997a）中提出了许多这样的隐喻，包括"相似即接近"（SIMILARITY IS CLOSENESS）和"持久性就是保持笔直"（PERSISTENCE IS BEING ERECT），并按照同样的思路重新分析了莱考夫和约翰逊（Lakoff & Johnson，1980）早期工作中的一些概念隐喻，例如："更多是向上"（MORE IS UP），"目标是目的地"（GOAL IS DESTINATION）。他进一步提出，可以将几个基本隐喻组合在一起，形成"复杂隐喻"。例如，多重隐喻"有目的的生活是一段旅程"是基本隐喻"目标是目的地"以及"困难是障碍"等等的组合。概念隐喻的产生和本质被认为是基于更多基本隐喻的经验模式（experiential patterns），这种模式可以统一，从而产生复杂隐喻（孙毅、李学，2021：7）。

许多概念隐喻（无论是相似性隐喻还是基本隐喻）都是基于意象图式的。意象图式是从我们对世界不断重复再现的经验中涌现出的抽象前概念结构（M. Johnson，1987；Lakoff，1987）。这些具有骨架结构的前概念结构包括容器、"源-路径-目标"、力量、垂直度等。例如，"状态是容器"（STATES ARE CONTAINERS）的基本隐喻源于容器意象图式，"生命是一场旅行"的基本隐喻来自"源-路径-目标"的意象图式，"情感是力量"（EMOTION IS FORCE）的基本隐喻源自力量意象图式等等。

对基本隐喻的探索促进了隐喻机制如何在大脑中运作的研究。莱考夫（Lakoff，2008a）提出了"神经隐喻理论"（Neural Theory of Metaphor）。该理论指出，大脑中的单个神经元形成的神经元群，称为"节点"。节点之间可能形成不同类型的神经回路。在隐喻的映射回路中，有两组节点分别对应于源域和靶域。这两组节点之间的神经回路对应于隐喻的映射过程或源域和靶域之间的联系。在基本隐喻中，一组节点代表大脑中的感觉运动体验，而另一组节点则代表抽象的主观体验。

2.2.6 概念隐喻的源域之源

由于人类共享基本的生理结构、功能和经历，因此我们对身体非常熟悉（孙毅、王媛，2021：136），基于它们的隐喻结构也是最普遍的。这就解释了为何在大量彼此并不相联系的语言中可以发现许多相同的概念隐喻，如"知道即看见"（KNOWING IS SEEING）。然而，这并不意味着所有基于基本隐喻的概念隐喻在不同语言或文化中都是吻合的。人们很早就认识到，隐喻发展所处的特定文化在塑造不同语言或文化中的概念隐喻形式方面与普遍的身体经验本身一样重要（参见 Taylor & MacLaury，1995；Yu，1998，2002；Musolff，2004）。隐喻、身体和文化之间的关系极其复杂，其彼此交织而又互相渗透，相辅相成。普遍的身体经历与多样的文化体验之间的关系决定了一些概念隐喻的普遍性、广泛性或者文化特异性的程度（孙毅、王媛，2021：139）。此外，一些研究者指出，隐喻的变异也能发生在相同的语言或文化中（参见 Kövecses，2005）。

最新研究表明，文化在塑造隐喻方面发挥着重要作用。越来越多的研究者考虑到我们认知活动中的隐喻与影响隐喻出现的各种语境因素之间的紧密联系（参见 Cameron，2003；Semino，2008；Goatly，2007；Gibbs & Cameron，2008；Kövecses，2002），语境决定着我们的思维如何被隐喻地建构（孙毅，2021b：39），因此人们对隐喻进行了更加丰富的解释。首先，我们已有可能解释那些存在于日常语境中，但又不属于任何规约性隐喻的新奇隐喻（参见 Musolff，2004；Semino，2008）。其次，考虑到语境的作用，我们现在比以前更能全面了解隐喻的创造性。事实上，可以认为语境因素实际上可以创造新隐喻，学界将之称为"语境诱导"（context-induced）隐喻（Kövecses，2002，2015）。最后，这些由语境诱导的隐喻并不局限于经验中构成基本隐喻基础的基本关系。因此存在一系列的隐喻，从普遍的基本隐喻到非普遍的语境诱导隐喻。换言之，隐喻可以来源于身体、文化特质以及更广泛的语境。

2.2.7 规约隐喻和新奇隐喻

常见的规约隐喻（conventional metaphor）往往在话语中实现。在个人经历或社会现实中，很多事情都是通过规约隐喻来构建和理解的。隐喻的经验基础和隐喻的实现就如同一枚硬币的两面：它们都是真实体验中的概念关联，与隐喻中的关联具有相同的结构。不同的是，经验基础先于隐喻映射，规约隐喻映射搭建基础并产生意义，然后才是隐喻的实现。一个隐喻的实现可能是下一个隐喻的构成基础，规约隐喻可以催生出一系列新奇隐喻。

实际上新奇隐喻也非常普遍，既体现在人们日常生活的话语中，也体现在人们对一些常见概念的理解中，诸如时间、状态、变化、原因、目的等等，并在人类的日常交际中大量使用。但目前的研究似乎忽略了规约隐喻系统在新奇隐喻的产生和理解中发挥的重要作用。莱考夫和特纳（Lakoff & Turner，1989）认为，有三种最基本的机制可以用来解释新奇隐喻：规约隐喻的延伸、类属水平隐喻和意象隐喻。未来研究应该深入探索这些解释的运作机制和现实性。

2.3 连锁隐喻的层级系统

如上所述，概念隐喻的源域由一系列连贯的、系统性的经验组织构成，而源域到靶域的映射也将这样一个有组织的系统带到靶域中。但问题是，这些系统性的源域-靶域的映射之间是否存在联系。归根结底，它们可能属于更大的、层次更分明的隐喻系统。

这些隐喻系统的组成具有以下几种不同的类型：①隐喻在一个简单的层次结构中成型，其源概念和目标概念都是更高级别概念的具体实例；②某个泛型概念的不同方面可以通过概念隐喻来进行概念化，加以区分；③在一些情况下，许多不同抽象概念的同一个方面可以将大量从属的特定层次的概念隐喻组织成一个层级结构；④概念隐喻之所以能形成一个系统，是因为其靶域是独立存在的概念层次的一部分；⑤特定层次的目标概念是一系列不同的更高层次概念的特例，这些高层次概念具有各自的概念隐喻特征，这使得众多概念隐喻连接起来并形成一个系统。隐喻系统的形成可能还有其他途径，但就目前而言，只考虑这五种可能性并对其进行简要描述即可。

2.3.1 简单层次结构

在这种情况下，源域和靶域都是通用层次概念隐喻（generic-level conceptual metaphor）的特定层级概念。这是最简单和最直接的层次结构类型，它涉及大量实例。例如众所周知的"愤怒是容器里的热流体"隐喻，它是通用层级概念隐喻"情感是力量"的一个具体实例。实际上，我们可以进一步指定热流体源，例如沸水可以作为一种可能的源域。具体可以表示如下：

（1）情感是力量。（他难以自控。）

（EMOTION IS FORCE.）（He cannot control himself.）

（2）愤怒是容器里的热流体。（他怒不可遏。）

（ANGER IS HOT FLUID IN A CONTAINER.）（He is *boiling* with anger.）

（3）愤怒是沸腾的汤。（他很烦恼。）

（ANGER IS BOILED SOUP.）（He is *boiled up*.）

我们可以找到同样的关于爱的例子：

（1）情感是力量。

（EMOTION IS FORCE.）

（2）爱是一种自然的力量。（我被爱征服了。）

（LOVE IS A NATURAL FORCE.）（I am *conquered* by love.）

（3）爱是风。（这是旋风式的浪漫。）

（LOVE IS WIND.）（This romance is *swirling*.）

2.3.2 单个通用概念的不同方面

概念隐喻可以对单个通用概念（泛型概念）的不同方面进行扩充。例如，事件结构隐喻（Event Structure Metaphor）系统呈现了一个更为复杂的情况（参见Lakoff，1993）。一般来说，事件（即事件的一般级别概念）可以是动作类事件，多涉及状态、原因和变化。行动，尤其是长期活动，多伴随其进展情况。行动的特点是有目的、存在潜在的执行困难以及一定的执行方式。进度指某事件发展的阶段及顺序。总之，事件的这些不同方面以不同方式进行概念化。

事件：事件就是运动。（EVENT IS MOTION.）（这里发生了什么？）（What has happened here?）

动作：动作是自我推动的行为。（ACTION IS SELF-PROPULSION.）（下一步是什么？）（What's next?/what comes next?）

原因：原因就是力量。（CAUSE IS FORCE.）（你快把我逼疯了。）（You drive me crazy.）

状态：状态是位置/边界区域。（STATUS IS LOCATION/BOUNDARY.）（她恋爱了。）（She is in love.）

变化：变化就是运动。（CHANGE IS MOTION.）（从一个地方到另一个地方）（我差点疯了。）（I almost lost myself.）

目的：目标就是目的地。（GOAL IS DESTINATION.）（我想达到我的目标。）（I want to reach my destination.）

困难：困难是（运动的）障碍。（DIFFICULTY IS OBSTACLE.）（让我们绕过这个问题。）（Let's bypass the problem.）

方式：方式是（运动的）路径。（MANNER IS PATH.）（我们用另一种方式。）（We go another way.）

活动：长期有目的的活动是旅行。（LONG-TERM AND PURPOSEFUL ACTIVITIES ARE JOURNEYS.）（我们还有很长的路要走。）（We have a long way to go.）

进度：预期的进度是一个旅行计划。（EXPECTED PROGRESS IS A TRAVEL SCHEDULE.）（我远远落后于计划。）（I lag behind my plan.）

正如我们所见，这些最高层次的隐喻与事件的总体范畴有关：事件是运动。事件有许多种形式，也有各种不同的方面。反过来，事件的各种形式和方面又被隐喻地视为运动、位置和力量的源域。当然，这些可以在更具体的概念层次上进一步阐述。

2.3.3　若干不同的特定层次概念的单一方面

若干概念隐喻可能属于一个更高级别的概念结构，共享一个特定方面，并可通过同一个源域隐喻概念化。应用同一源域的所有这些靶域是"源域的范围"（scope of a source domain）（Kövecses，2000，2002）。因此，源域的范围可宽可窄。考虑以下概念隐喻：

（1）愤怒是火。（ANGER IS FIRE.）（他怒火中烧。）（He is burned with anger.）

（2）爱是火。（LOVE IS FIRE.）（火从他们的关系中熄灭了。）（The fire dies out in them.）

（3）欲望是火。（DESIRE IS FIRE.）（成为一名律师的愿望在他心里熊熊燃烧。）（The ambition of becoming a lawyer burns him.）

（4）想象是火。（IMAGINATIION IS FIRE.）（这一幕点燃了他的想象。）（This ignites his imagination.）

（5）热情是火。（PASSION IS FIRE.）（他的热情熄灭了。）（He is burned out.）

（6）冲突是火。（CONFLICT IS FIRE.）（战争之火在欧洲的历史进程中燃烧过好几次。）（There were several war fires in the history of Europe.）

所有这些靶域都通过应用单一源域（火的热量）来共享"火焰燃烧强度"这一属性。我们可以认为火这一源域具有强度的"主要意义焦点"（main meaning focus）（Kövecses，2000，2002）。因此可以根据火的热量来隐喻性地理解强度。这就产生了一个普遍的隐喻"强度是热"。因此，上面的具体隐喻就是这种一般隐喻的实例。这是概念隐喻形成等级系统的另一种方式。事实上，基本隐喻可以被看作以一种自然的方式形成的系统，因为其靶域代表了几个不同概念的共同方面（如强度）。

2.3.4　单个特定层次概念的若干不同方面

一个特定层次的抽象概念可能从几个不同的一般层次的隐喻系统中继承概念隐喻，因其原型认知文化模型是由属于不同隐喻系统的元素构成的。我们可以用友谊的特定层次的抽象概念（Kövecses，1995a）来举例说明这一点。友谊模型在概念上包含了许多不同的隐喻系统，因为根据友谊的认知文化模型，这是两个人相互归属的一种状态。这种状态包括朋友之间的交流，即互动。互动就会形成一个复杂的系统，并伴随着感情的流露，还有其他的一些方面。因此，友谊的概念隐喻包括以下几方面。

（1）状态隐喻系统：

状态是对象。（STATUS IS OBJECT.）

属性状态是拥有的物体。（ATTRIBUTED STATES ARE POSSESSED OBJECTS.）（Lakoff，1993）

（2）沟通隐喻系统：

思想是一个容器。（THOUGHT IS A CONTAINER.）

语言表达是容器。（EXPRESSION IS A CONTAINER.）

意义是对象。（MEANING IS OBJECT.）

通信是在发送。（COMMUNICATION IS SENDING.）（Reddy，1979）

（3）互动隐喻系统：

互动是经济交流。（INTERACTION IS ECONOMIC EXCHANGE.）（Kövecses，1995a）

（4）复杂系统隐喻系统：

抽象复杂系统是复杂的实体系统。（ABSTRACT COMPLEX SYSTEM IS COMPLEX ENTITY SYSTEM.）（Kövecses，1995a，2002）

（5）情感隐喻系统：

情感是距离。（EMOTION IS DISTANCE.）

情感是温度。（EMOTION IS WARMTH.）（Kövecses，1990，2000）

友谊的概念隐喻是从这些不同的隐喻系统中产生的。具体来说，我们在对友谊的描述中发现了如下隐喻。

（1）状态隐喻系统：

友谊是拥有的物品。（FRIENDSHIP IS POSSESSED OBJECTS.）（我和她之间的友谊没有维持多久。）（Our friendship lasts for a short time.）

（2）沟通隐喻系统：

分享（交流）经验就是分享实物。[SHARING (COMMUINICATING) EXPERIENCE IS SHARING OBJECTS.]（我们分享彼此的秘密。）（We share secrets.）

这个隐喻之所以出现，是因为朋友之间的交流往往涉及共享想法和感受。

（3）互动隐喻系统：

友谊中的交往是经济上的交流。（INTERACTION IN FRIENDSHIP IS ECONOMIC EXCHANGE.）（我们的友谊中总是常来常往。）（There is a lot of give and take in our friendship.）

这种互动被概念化为"经济"交流，因为人们在友谊互动中经常提到"给予和接受"的基础，这不仅仅是实物交换。

（4）复杂系统隐喻系统：

友谊是一个复杂的实体系统（如建筑物、机器、工厂）。（FRIENDSHIP IS A COMPLEX PHYSICAL SYSTEM.）（我们多年来建立了牢固的友谊。）（We build a solid friendship in these years.）

（5）情感隐喻系统：

感情关系是一种距离。（AN EMOTIONAL RELATIONSHIP IS A DISTANCE.）（他们有着亲密的友谊。）（They have a close friendship.）

情感就是温度。（EMOTION IS TEMPERATURE.）（他们有着温暖的友谊。）（They have a warm friendship.）

最后两个概念隐喻与"亲密"的概念有关，这一概念包含了多种情绪，产生了"亲密就是接近"（INTIMACY IS CLOSENESS）、"亲密就是温暖"（INTIMACY IS WARMTH）的隐喻（这两则隐喻均为基本隐喻）。

由此可见，"友谊"这一特定层次的抽象概念是由其他几个一般层次的隐喻系统中的概念隐喻组成的。友谊的各个方面同样也构成了这些隐喻系统的一部分，因此，友谊的概念将与其共享特定的隐喻。

2.3.5 靶域概念形成了一个层次化的概念系统

这种隐喻系统的一个典型例子就是所谓的存在大链条（Great Chain of Being）（Lakoff & Turner，1989）。这一系统中的概念与世界上的物体和实体相对应，如人、动物、建筑物等。该层次结构的扩展版本包括以下内容（Lakoff & Turner，1989；Kövecses，2002）：上帝/神/上苍/天、复杂系统（宇宙、社会、思想、理论、公司、友谊等）、人类、动物、植物、复杂实体对象、无生命物体。

当某一层次上的事物被概念化为另一个层次上的事物时，层次结构就变成了一个隐喻系统。值得注意的是，这种过程是双向的。较低层次的概念可以作为源域，而较高层次的概念作为靶域（如人是动物），但较高层次的概念也可以作为较低层次概念（靶域）的源域（如动物是人）。此外，人类、动物和植物类别往往是内部分级的——这种概念化可能导致种族主义语言（如"低等种族"）。总之，概念隐喻并不是思维中孤立的概念模式，而是聚集在一起并形成各种相互关联的层级关系。

2.4 对概念隐喻理论的争鸣与批判

通过 2.2 节对概念隐喻理论发展情况的梳理可见，概念隐喻理论正面临着以下窘境：尽管其取得了许多不可否认的成就，在多个学科中有着明显的实用性和普及性，但在过去 40 多年中，其每个方面均饱受诟病。一些学者对概念隐喻是否真的存在表示怀疑（参见 Cameron & Maslen，2010）。可事实上，这些批评大多数只基于莱考夫和约翰逊（Lakoff & Johnson，1980）的研究，这只代表了概念隐喻理论的初始阶段，而忽略了后期概念隐喻理论的大部分研究。

相关学者对概念隐喻理论进行指责的第二个焦点是其依靠"概念域"（concept of domain）产生作用（或者说概念隐喻必须涉及两个概念域）。只有通过"概念域"理解的概念才被称为"隐喻"，而那些不是通过"概念域"理解的概念则被称为字面概念。但"概念域"本身不是一个定义明确的概念，并且可能根本无法进行精确定义。但是，事实上，概念隐喻理论对域有一个相当清晰的定义，这个定义可以追溯到查尔斯·菲尔莫（Charles Fillmore）对框架的定义：域或框架是人类经验的一个连贯的组织。这个定义在大多数情况下都适用。

还有一种批评认为概念隐喻理论是基于循环推理的。学者们认为，概念隐喻理论一方面利用语言隐喻来识别概念隐喻，另一方面又认为语言隐喻的存在是因为概念隐喻已经存在。我们不能把概念隐喻的存在建立在语言隐喻的基础上，同时又用概念隐喻来解释语言隐喻的存在。然而，在一些不涉及语言或语言隐喻的实验（从 20 世纪 90 年代初吉布斯的工作开始）明确证实了概念隐喻的存在之后，这种批评就不再有效了。如果概念隐喻已被心理语言学实验证明具有心理现实性，语言学家就不应再否认其存在；他们应该研究隐喻是如何出现的及其在语言（或其他模态）中的作用（有关这些实验的总结，参见 Gibbs，1994b，2006；Gibbs & Colston，2012）。

但是，最常见和表达最强烈的批评是涉及方法论的问题，即如何识别话语中的隐喻，以及隐喻研究应如何基于真实数据（而不仅仅是词汇或直觉数据）等等（参见 Deignan，2005；Pragglejaz Group，2007）。如上所述，我们现在应该将这些发展作为概念隐喻理论的一个组成部分。然而，使用真实数据进行隐喻分析的需要暴露了概念隐喻理论的一个明显弱点：概念隐喻理论研究者对隐喻在真实语境中的语篇和社会语用功能关注不够。这一点听起来颇具道理。然而，概念隐喻理论的任务并不仅是收集隐喻表达，在这些表达的基础上建立概念隐喻，列出构成这些概念隐喻的映射，以及探究特定的概念隐喻如何形成更大的系统群。概念隐喻理论的另一大更重要的任务是描述真实数据中隐喻的特殊句法、话语、社会、语用、修辞、审美等行为和功能。目前已有许多研究人员开展了这方面的研究（如 Low et al.，2010）。但是，这些研究人员并没有试图推翻最初的概念隐喻理论；相反，他们正在研究以往概念隐喻理论学者忽视的一方面。增加这一方面的研究是必要的，而且定会受到语言学界的欢迎。与概念隐喻理论的其他方面一样，这也将会成为概念隐喻理论的一个重要部分。换言之，以往的概念隐喻理论学者并不是真正地忽视隐喻的其他方面功能，只不过是由于之前的概念隐喻理论学者从认知的角度研究隐喻，导致对隐喻的句法、语用等特征缺乏足够的关注，而这种认知观也是较新颖的研究方法。概念隐喻理论研究者应与其他方向研究隐喻的学者加强合作、增进沟通，更加关注基于真实数据的隐喻表达，探究其体现的社会、语用、文化等特性，唯有如此，才能达成对隐喻全面透彻的认识。

2.5 结语

综上所述，概念隐喻理论是一个复杂而连贯的隐喻理论。正如上面的梳理所揭示的，概念隐喻理论是一种能够解释与隐喻有关的各种问题的隐喻理论，尤其是擅长解释以下问题。

（1）为何我们能系统地使用一个经验域的语言来谈论另一个经验域？

（2）为何词汇中的一词多义遵循概念隐喻的模式？

（3）为何词义从具体的方向延伸到抽象的方向？

（4）为何词语的含义是按其目前的顺序出现的？

（5）为何许多概念隐喻接近普遍性或具有潜在普遍性？

（6）为何许多其他概念隐喻在文化间和文化内是可变的？

（7）为何许多概念隐喻以各种不同的表达方式（如口头和视觉）共享？

（8）为何无论是大众还是专家对某一特定主题的理论往往都基于相同的概念隐喻？

（9）为何日常语言和文学（以及其他形式的非日常语言使用）之间有许多相同的概念隐喻？

（10）为何新奇隐喻不断涌现，它们是如何出现的？

除了概念隐喻理论外，没有其他隐喻理论能够解释所有这些问题。然而，这并不意味着概念隐喻理论已经达到了"完美的状态"，没有进一步发展的空间。概念隐喻理论学者还需要做更多工作来解释现实中存在的几个问题。其中一个问题是使用不同的方法来定义隐喻，而在确定隐喻在语篇中的频率时便会产生差异。另一个问题是，究竟哪些概念是从一个认知域转移到另一个认知域仍不确定。这些尚未解决的问题有待在未来的研究中得到解答。

积极利好的一面是，新的研究方向不断出现，促使我们对隐喻的理解越发深刻。莱考夫及其同事们在隐喻的神经理论方面的工作就是其中之一（参见Lakoff, 2008a）。他们开创了隐喻神经理论，这一理论可以更好地解释语言和思维的关系及工作机制，以及隐喻性思维如何从视觉文本等多模态文本中激活。该理论明确并拓宽了隐喻分析的任务，如隐喻理解是如何基于人们日常经验中的基本概念隐喻获得的，以及概念隐喻如何促进语言以及其他非语言符号的理解等等。隐喻本身极其复杂，而使隐喻的神经方面的研究更加繁复的是，隐喻的使用是在各种不同的语境中进行的。在隐喻概念化的过程中，大脑不断监控着这些语境。这些语境因素可被视为实际启动了特定语言隐喻的使用，关于这些隐喻属于传统的基本隐喻还是复杂概念隐喻尚无定论（参见 Kövecses，2015）。这是一项异常复杂的研究，需要来自神经科学、隐喻理论和语用学等不同学科研究人员的通力合作。

最后，概念隐喻并不是孤立存在的，而是存在于各种不同的、相互联系的层次结构中。这给研究人员带来了些许挑战。第一，这种隐喻层次是如何在社会认知中出现的？更具体地说，它们在大脑中是如何表现的？第二，隐喻的使用者是如何在话语中选择恰当的隐喻形式的？第三，"语境诱导"隐喻如何整合到这样的层级系统中？或曰是否应该设想一个更大的系统来容纳基于身体的隐喻和非基于身体的隐喻？这些只是隐喻层次结构研究的一部分。

更普遍地讲，鉴于概念隐喻理论在语言描述的各个层面上广泛存在及其在身体与思想、语言与文化、身体与文化、语言与大脑之间建立联系时做出了杰出贡献，因此我们坚信，概念隐喻理论将在认知语言学的发展以及与语言学之外的其他学科的并肩前行中继续扮演须臾难离的重大角色。

第3章 概念整合理论

3.1 引言

长期以来，修辞性语言（figurative language）一直受到文体学家、文学学者和语言学家等的关注。过去 40 余年来，学界对修辞语言的研究兴趣明显增加，尤以对修辞（figuration）背后的概念化（conceptualization）过程研究最具代表性。其中，修辞手段之一隐喻（metaphor）为热点关注话题之首。与文学中将隐喻视为一种特殊语言现象的观点不同，认知语言学家莱考夫和约翰逊（Lakoff & Johnson，1980）、伊芙·斯威彻尔（Eve Sweetser）（Sweetser，1990）和特纳（Turner，1991）认为隐喻是日常语言中普遍存在的现象，代表着人类的认知过程，通过这个过程我们可以借助一个域去理解另一个域。因此，隐喻语言是对由"跨域映射"而形成的概念结构的体现：从一个域到另一个域，导入框架或认知模型后所产生的两个域或概念范畴之间的一组系统的对应关系，即为概念隐喻。

概念整合/混合（conceptual integration/blending）是隐喻概念化过程的另一种解释模型。如果说概念隐喻理论是对人们在文化、社会等因素的长期影响下形成的具有特定具身性（embodiment）隐喻的静态解读，那么概念整合理论在此基础上则更加聚焦于新奇的（novel）、动态的（dynamic）隐喻认知过程。这两个概念目前已经被用于语言意义及其他语言方面的研究中，并且在视觉人工制品（visual artifacts）、语篇体裁（discourse genres）以及非语言学科（non-linguistic disciplines）的认知讨论中十分流行。现存的文献大多没有明确区分这两种理论框架，因此导致语言分析者与初学者通常不确定这两个概念的异同。在下文中，笔者将概述概念隐喻理论和概念整合理论的一些主要特征，进行比较分析，并进一步探索其创造性能力。

3.2　概念整合理论发端

概念隐喻理论认为，隐喻是一种跨域映射。一个域是根据另一个域中的元素及其内部关系进行概念化的。域，即是在某种抽象层次上进行观察和描述的连贯活动范围。它可能非常抽象，比如爱情、生命或论证域；也可能很具体，比如一场旅行、一种游戏、一次战争等等。一个域是一个连贯的活动范围，由组成这个域的各类元素和关系来反映其特征。这些特征可能是功能性的、结构性的，也可能是情感性的、心理性的、社会性的等等。隐喻映射可以定义为两个概念域（源域和靶域）之间的关系，即在这两个域的结构的特定元素之间建立映射。

传统的方法倾向于在个案的基础上考虑词汇和短语的隐喻用法，而概念隐喻理论则认为，隐喻表达是潜在概念知识的语言表现形式。例如，在例句（1）到（4）中，这些隐喻表达背后反映的都是"视觉"这一域中的相关概念。真正的讨论话题"理解"（understanding）被称为"主题域"或"目标域"，而与该域特征上相关联的词汇比如"看"（seeing）被称为"载体域"或"源域"。

（1）The truth is *clear*.

（事实很清楚。）

（2）He was *blinded* by love.

（他被爱情蒙蔽了双眼。）

（3）His writing is *opaque*.

（他的文字晦涩难懂。）

（4）I *see* what you mean.

（我明白了你的意思。）

"知道即看见"（KNOWING IS SEEING）等概念隐喻是语言和思维模式的普遍认知形态。许多这类概念隐喻，包括其映射，都是规约性的。对于隐喻的表达，除非涉及这些底层规约性映射模式的分析，否则单就词汇的隐喻分析是不完整的。

除了"知道即看见"这类常见隐喻之外，认知语言学家还发现了大量的规约性隐喻，如"欲望是饥饿"（DESIRE IS HUNGER）[性饥渴（sexual starvation）、性欲（sexual appetite）]、"希望是光明"（HOPE IS LIGHT）[暗淡的希望（dim hopes）、希望的光线（ray of hopes）]，或者"爱情是一段旅程"（LOVE IS A JOURNEY）[我们的情感之路很长（Our love has come a long

way）、他们的婚姻正在偏离轨道（Their marriage is *going off-track*）]（参见
Lakoff & Johnson，1980，1999）。也就是说，有许多关于欲望、希望和爱情的表
达，会分别从饥饿、光明和旅程等领域系统地使用词汇。源域和靶域中的元素之
间不断发生映射，并且源域的许多逻辑关系可以映射到靶域，由此构成一组完善
的概念隐喻映射。

概念隐喻理论所解释的大量语言数据也可以用概念整合理论来分析
（Fauconnier & Turner，2002）。概念整合框架假设了许多与概念隐喻理论相同的
观点，例如隐喻既是一种概念现象，也是一种语言现象，它涉及语言、意象和推
理结构在域之间的系统映射。然而，与概念隐喻理论强调传统隐喻不同，概念整
合理论旨在捕捉自发的、在线的隐喻生成，由此产生短暂而新颖的概念化。此
外，整合理论更细化了隐喻的认知基础。在继承了概念隐喻理论基础的同时，概
念整合理论弥补了其最致命的弱点，即将整个隐喻认知过程视作源域向靶域的单
一定向映射。这一假说对作为根基的认知模型的诠释力显然不尽如人意，而整
合理论修补完善了这一缺陷。通过构建一个个心理概念包从而形成更为复杂的概
念整合网络，整合理论得以展示出一个动态且更为全面的隐喻加工模型。下文将
对这一工作机制做出详细论述。

3.2.1 概念整合理论工作机制

概念整合理论把隐喻看作是心智层面上人的心理空间的相互映射，而不
是简单地由源域向靶域的映射。心理空间可以被认为是某一个领域信息的临
时容器，包含说话人感知、记忆、想象或以其他方式理解的特定情景中的元
素及相互关系。在心理空间理论中，使用一个空间的术语来指代另一个空间
的链接元素被称为"可及原则"（Access Principle），该原则描述的就是隐喻
的构建过程。

人们在隐喻的构建过程中，创造性地处理元素之间的关系、组织框架以及综
合的认知模型。这些会随着经验的特征以高度动态的方式改变。通过建立心理空
间、映射和可能构成其他输入类属的整合空间，认知过程可被看作一个动态概念
整合网络。

3.2.1.1 概念整合网络

如前文图 1.2 所示，概念整合理论认为概念整合网络包含四个基本要素：两

个输入空间、一个类属空间和一个整合空间。当所有映射在整合空间中混合后，会产生不同于任何输入空间中的元素的层创结构（emergent structure），这体现了整合网络最关键的层创性（emergence）。

整合产生层创结构的主要方法如下。

（1）排列（composition）：两个输入空间选择性地将其元素直接映射进整合空间。这些元素在整合空间中直接并置排列，构造出原本不存在于原输入空间的关系。比如隐喻"健康投资"即可看作将经济域中的元素直接与身体健康域中的元素并置，构造出新的层创结构，即"锻炼身体→取得收益"。

（2）配置（completion）：配置对于构造出完整的层创结构尤为关键。借助存在于我们背景知识中的认知、文化模式，我们将整合空间中所构造的层创结构进行了更进一步的完善。对于"健康投资"这个隐喻，我们脑海中有关投资的相关概念如"风投""亏本""收益"等，与身体健康域中的"激烈运动""伤病""增强体魄"等一一对应，将层创结构逐渐完善。

（3）细化（elaboration）：整合中的结构可以接着被拓展。福康涅和特纳（Fauconnier & Turner，2002）称之为"合成空间的运演"（running the blend）。整合有它自己的层创逻辑，对其的拓展会产生新的隐喻结构。依照"健康投资"这一隐喻，可以拓展出诸如"未来投资""人生投资"等隐喻。

3.2.1.2　案例分析

特纳（Turner，1996）和福康涅（Fauconnier，1997）曾引用以下问题来展示隐喻内部层创空间的生成：一个和尚黎明时开始上山，他随心所欲地走走停停，并在日落时到达了山顶。他在那里整夜冥想。第二天天亮时，他开始往回走，并在日落时到达山脚下。请证明这两次旅行中，他在同一天的同一个时刻经过了同一个地点。

解决这个问题的办法是想象这个和尚在同一天同时上山和下山。如果有两个和尚，他们肯定会相遇，显然这意味着他们将在同一时间出现在同一地点。输入空间为往返行程：一个空间是和尚上山，另一个空间是和尚下山。类属空间包含旅行事件、路径和旅行者（图3.1）。我们想象该和尚在整合空间里同时上山和下山。我们合并了来自两个输入空间的两条路径，但却保留了两个和尚（图3.2）。通过整合来自输入空间的选择性映射，我们创造出新的层创结构，从而解决了这个问题。

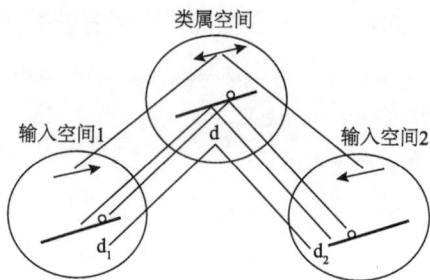

图 3.1 "和尚"类属空间

注：d 表示路径

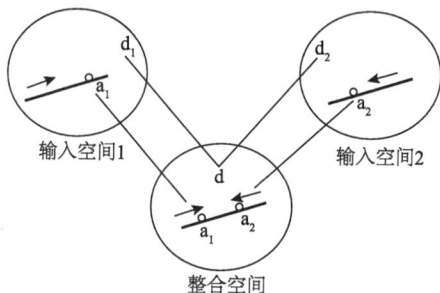

图 3.2 "和尚"整合空间

注：d 表示路径，a 表示和尚

当从输入中映射时，并不是所有的元素和关系都被选择，如本案例中，有一个重要的元素没有被映射出来：时间。很明显，如果我们需要两个和尚同时沿着同一条路径行进，那么必须从映射中删除和尚们出发和返回的原始日期和时间。向两个输入空间进行反向映射时也产生了一个有趣的现象，即整合空间构造出来的层创结构同时为两个输入空间提供了认知的框架。"整合是一种动态的认知过程，输入空间与整合空间以及类属空间始终相连，通过整合将部分结构从输入空间映射到整合空间，创造了一个富有想象力的整合空间，无论这种空间多么奇怪，它仍然与输入空间相连，并且可以完善这些输入。"（Turner，1996）

在整合中，来自输入空间的元素进行排列后构成了原始输入中不存在的关系。排列产生的两个旅行者在同一条道路上同时进行两次旅行，而每个输入中只有一个旅行者进行一次旅行。

运用配置原则，可填补整合中缺失的片段，以及推断整合中未明确阐明的关系。整合的过程需要我们将丰富的背景知识用于理解整合。在上面故事里，两个和尚（记住实际只有一个）在路上的配置是自动完成的。我们非常熟悉两个人互相接近的场景，所以我们用其来完成整合。

关于整合的层创结构，我们根据已经确立的原则，富有想象力地进行推演。我们运行整合来获得现实世界中不可能的东西：即和尚与他自己的相遇，从而解答谜团。层创的定义意味着这种结构不是直接从任何输入中映射出来的，而是从输入空间映射出来的元素的组合排列，通过基于熟悉的框架和场景的配置，以及拓展精化而产生。

有些人批评"整合"这个词，因为它暗示着所有东西都已经被混合在一起："整合是一杯果汁。"（The blend is a smoothie.）然而，这是对特纳和福康涅意图的误读，整合得以存在，是因为它压缩并保留了来自输入空间最重要的关系。概念整合理论的关键点就在于它的四空间模型机制。当我们选取两个输入空间中的元素并将其再投入新的整合空间时，我们即可更加自然地生成新的层创结构。这绝不仅仅是单一元素的"大杂烩"，或是如概念隐喻理论主张的由一个域到另一个域的单向叠加映射。

3.2.2　概念整合的类型

根据整合网络的整合方式和框架结构，概念整合理论提出了四种概念整合网络类型：单一网络、镜像网络、单作用域网络和双（多）作用域网络（Fauconnier，2002）。这四种不同类型的网络构成一个连续体，代表了越来越复杂的认知操作系统，具体如下所示。

（1）单一网络（simplex networks）。在单一网络中（图 3.3），往往会忽略心理空间的个数。以亲属称谓为例，父亲、母亲、儿子、女儿等可被组织成家庭的框架。家庭的概念是亲属关系的基础。因此，它给网络提供了一个心理空间或框架。框架中的称谓有开放的槽等待元素填充：X 是 Y 的父亲，W 是 Z 的女儿，依此类推。参与此空间的元素，即填充开放槽的元素，是特定的个体（如保罗和萨利）。由此我们可以说，网络中的另一个输入空间是一组没有形成框架的个体（尽管他们处于同一个空间）。这个无框架空间中的个体通过家庭域提供的值进行连接。这意味着网络有两个输入空间：家庭和个人。此外也有一个类属空间包含两类人：男人和女人。所有的家庭成员不是男性就是女性。最后，通过整合空间将两个输入空间连接在一起：保罗是萨利的父亲，萨利是保罗的女儿。

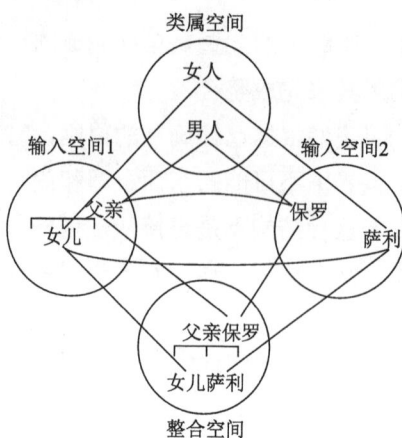

图 3.3　单一网络

　　（2）镜像网络（mirror networks）。在镜像网络中，有一个单独的组织框架来构造所有的空间（通常为两个输入空间、一个类属空间和一个整合空间）。这种组织框架不必在每个空间中都完全相同，但必须有足够的相似性。例如，假设你是一个篮球迷，想象一下，现在你最喜欢的球队正在和全明星球队比赛。如果你能想象到这一点，你的大脑中运行的就是一个基于镜像网络的混合。两个输入空间分别为两个篮球队，由于它们共享了同一个组织框架，因此元素之间很容易形成对应关系。将来自两个输入空间的元素有选择性地投入整合空间中，即可构造出基于镜像网络框架的层创结构。

　　（3）单作用域网络（single-scope networks）。单作用域网络的整合空间结构源自其中一个输入空间（通常为源域输入空间）。举一个例子，比如"默多克打倒亚科卡"（Murdoch knocks out Iacocca），这句话是基于隐喻"商业就是拳击"（BUSINESS IS BOXING）。该隐喻有两个输入空间（拳击域和商业域）、一个类属空间和一个整合空间。源输入元素和目标输入元素之间存在系统对应关系。因为拳击和商业都是两个人或两个组织相互竞争的形式，所以类属空间包含了"竞争者之间的竞争"的框架信息。最后，我们将拳击框架投入整合空间中，基于此框架，默多克在商界打倒亚科卡。重要的一点是，整合具有一个输入空间（拳击域）的框架，其中该框架的某些角色由另一个输入空间即商业域中的元素填充。默多克和亚科卡都是从靶域输入，而击倒某人的动作则是从源域输入。理解这句话是基于源域和目标域之间的一系列常规对应关系：拳击手对应商人，以及在拳击场上击倒某人对应在商界中打败某人。通过用目标框架中的元素填充或实例化源框架中的角色，可得出一个关于输入的新旧混合。它的新颖性源于目标群体中的个体（如默多克和亚科卡）以拳击手的身份与"旧"拳击框架相融合（图 3.4）。

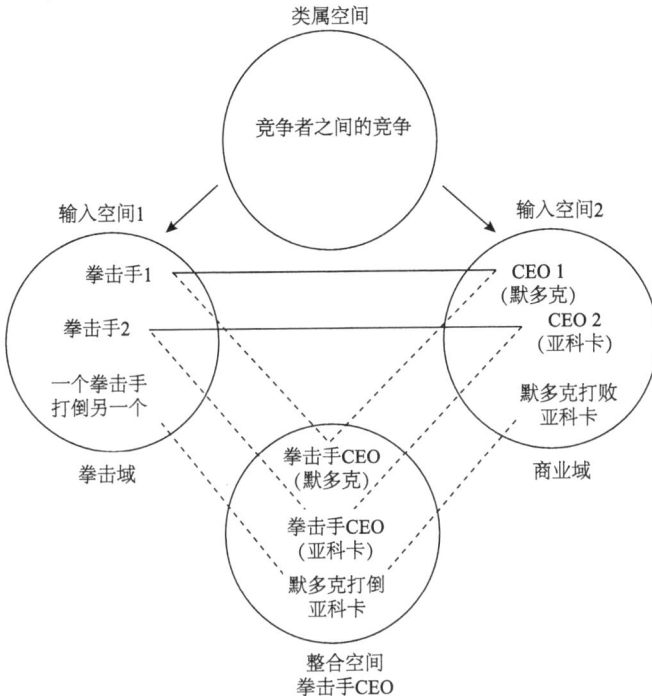

图 3.4　单作用域网络

（4）双（多）作用域网络（double-scope networks）。在双（多）作用域网络中，靶域对整合的框架结构同样起着重要的作用。源域和靶域两个输入空间拥有不同的组织框架，并都可被投入整合空间，对层创结构的生成产生作用。我们可以用一个例子来说明这一点：

God, he was so mad. I could see the smoke coming out of his ears.
（天啊，看他勃然大怒，七窍生烟。）

这是一个基于"愤怒是容器里的热流体"（ANGER IS HOT FLUID IN A CONTAINER）隐喻的新奇隐喻。源元素与目标元素进行了整合。该隐喻的源输入空间是容器域，目标输入空间是人体域。将"愤怒"和"烟雾"两个毫不相关的概念联系起来，源自这两个域在认知上的相似性。容器域中存在的框架是"加热容器中的液体会从容器口冒出烟雾"，而人体域中存在的框架是"生气使人体各处冒汗蒸气"。由此，我们可推导出这个隐喻的类属空间为"温度升高使器皿某部位产生气体"。"容器"与"个体","加热液体"与"生气","容器口"与"身体部位"，以及"冒烟"与"冒汗蒸气"均可产生一一对应的关系。经过选择性映射，可保存两个输入空间的框架结构，将"生气的个体"、"身体部位"与"烟雾"并置，并运用有关人体的背景知识，配置出与"容器口"相类似的身体部位"七窍"，从而得到"他勃然大怒，七窍生烟"的隐喻（图3.5）。

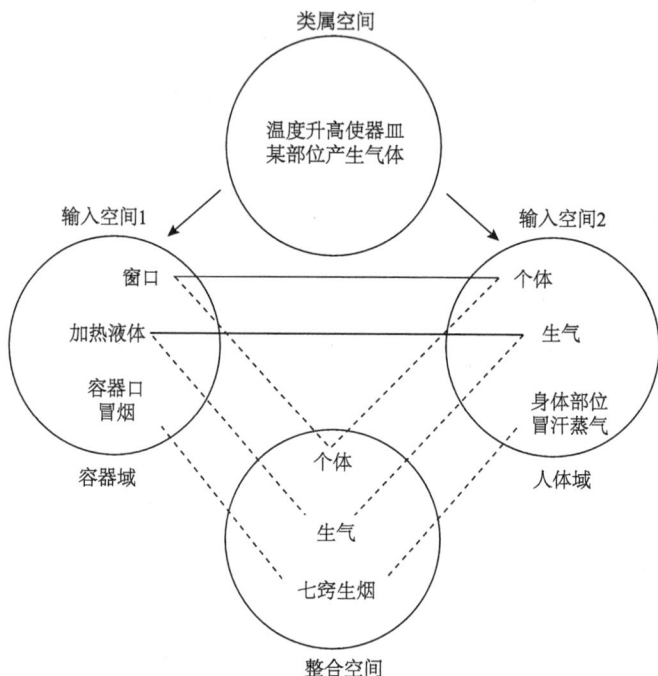

图 3.5 双（多）作用域网络

3.2.3 概念整合视域下的隐喻新解

概念整合理论考虑了映射更广泛的可能性，它也以不同的方式解释了映射的本质，这使得它在诠释新奇隐喻时更加得心应手。例如，西方媒体一直把退休老人人数的增加及其对经济的潜在影响称为"银海啸"（silver tsunami）。这个表达依赖于两个输入空间——"老年人域"（seniors）和"海啸域"（tsunami），但也涉及"经济域"（economy）。以下是对这个整合的简要描述。

这个概念依赖于主要基于因果模式的类属空间："随着时间的推移，不可避免的变化会带来灾难性的结果。"输入空间 1 是老年人域——年龄域（age）中的一个要素，其中包括"人们随着年龄的增长，生活方式也会改变"这一事实。输入空间 2 是海啸域——自然事件域（natural events）中的一个要素，包括海啸对人类产生的后果的相关知识。两个输入空间都包含许多元素，但是都与类属空间中的因果模式一致。在老年人域中，整合用老年人的灰色或银色头发（年龄的转喻）和他们共同的生活方式（不再就业）来指代他们；在海啸域中，整合选择了摧毁沿途万物的海浪的灾难性来指代海啸。

选择的重点是数量增加（老年人）与高度、重量和力量增加（海浪）的交叉映射。此外，随着时间的推移，老年人人数的变化被描述为一条与海浪前移轨迹对应的变化路径。当整合"运动"时，海浪的动态和力量被映射到老年人域的变化中，这种变化即被赋予了速度和特定的结果。

这个表达用"海啸"来表示灾难性的变化，但这种变化的结果通过经济的稳定性而得以体现。为了说明这一点，我们需要另一个输入空间 3，即经济域，它是为了展现该整合所造成的破坏性后果。

选定的元素被映射到整合空间。在整合中，我们有了一个新的概念配置，即老年人及其生活变化（来自输入空间 1）被描述为原因，经济变化（来自输入空间 3）被描述为结果；最后，这种变化的性质将被视为灾难性的（输入空间 2）。这种新的概念结构就是该整合的层创结构。

最后一个阶段是反向映射，即从整合空间返回到输入空间。将退休视为经济困难潜在原因的因果链被映射回老年人域，我们现在获得了老年人数量增长产生不良影响的具体观点。

整合的关键在于其所构建的观点仅在该整合中有效。在以上整合中，老年人数量增多被视为一种负面现象，因其对他人的潜在影响而不被欢迎。但在以上整合之外，退休可以被视为一种正常社会现象，辛苦工作了一辈子的人有机会放松一下。因此，"银海啸"的整个概念引起了很多争议，这并不奇怪——不是每个人都认为退休有害。

此外，该整合依赖于许多特定于输入的隐式概念化。例如，通过提及头发颜色来描述老年就是一种转喻。海浪的概念依赖于更简单的意象，即海浪的功率与其大小成正比（海浪越高，破坏力越大），海浪向前移动（从而清除阻碍其前进的障碍物），以及海浪的运动不可能停止等等，所有这些元素都会对整合意象产生影响。

上述过程相当复杂，所分析的整合结构属于双（多）作用域整合。将三个完全不同的域整合为一个新的概念，主要是通过"压缩"来实现的。三种输入的不同元素之间的差异被压缩成一个紧密且易于管理的整合结构。在这种整合中发生压缩的主要轴（在概念整合理论中，这种轴被称为重要关系）是因果关系和类比。

3.3 概念隐喻理论与概念整合理论对比阐释

行文至此，概念隐喻理论和概念整合理论一直被作为两个独立的框架，尚未涉及这两者之间的关系。事实上，这两种理论有许多共同特点：第一，它们都将隐喻看作概念现象，而非语言现象；第二，两个框架都涉及域间结构映射的概念；第三，它们都对域间映射提出了限制。

除了相同点之外，两者还有着明显区别：概念隐喻理论只关注源域与靶域的对应关系，而概念整合理论则构建出通常包含四个空间的整合网络，来解释动态的认知过程（图 3.6）。概念隐喻理论认为隐喻是从源域到靶域的定向映射，而整合理论则认为隐喻是任意两个心理空间之间的映射。概念隐喻理论通常分析规约性的概念关系（日常语言的隐喻），而概念整合理论则侧重于较新颖的概念化。概念隐喻理论通常只能对静态的语言符号做出解释，而忽略了语言在线生成过程。与之相对，概念整合理论更加关注意义的实时构建过程。通过探索心智空间之间的关联以及层创结构的生成，概念整合理论得以对更加复杂以及新奇的隐喻做出诠释。整合网络中的四个空间之间均可发生部分映射，形成动态交互式映射模型。因此，相较于概念隐喻理论主张的静态"物理"式变化，概念整合理论更趋近于一种动态的"化学反应式"变化。

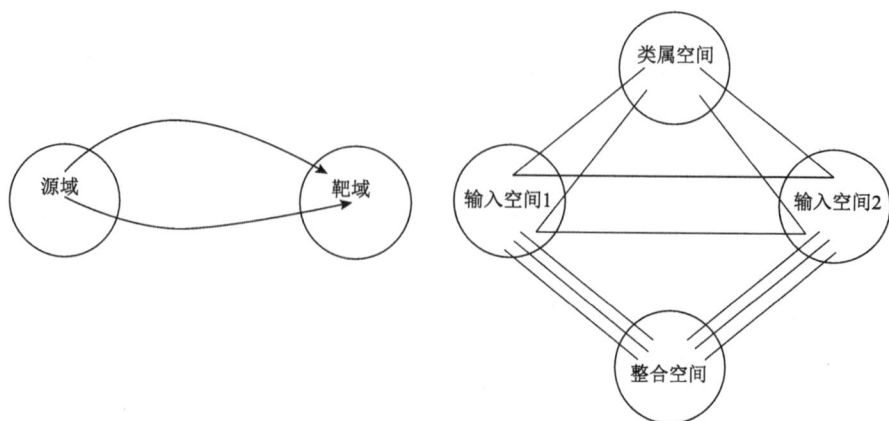

图 3.6 概念隐喻与概念整合的映射维度对比

想想那个众所周知的隐喻："这个外科医生是屠夫"（This surgeon is a butcher）。它的隐含意思是"这个外科医生不称职"。我们可以通过从屠宰源域到外科手术靶域映射一些结构来解释这个隐喻。但这种基于跨领域关系的分析本身并不能解释其中的一个关键因素：外科医生无能。由于屠宰源域包括专业屠夫、普通屠夫和不称职屠夫，因此外科手术靶域必须包含各种能力水平的外科医生。隐喻本身不能映射出源域中没有的东西：无能。

整合理论构造了一个整合空间，在这个空间中，每个输入的结构都可以被整合。在这个例子中，整合空间融合了外科医生的目标和屠夫的手段和方式（Grady et al., 1999）。当这些结构结合在一起创造出一个具有这两种特征的假说时，就产生了"外科医生无能"的推论。对于一个以屠宰动物为目标的屠夫来说，这种行为是完全合适的，但对于给患者做手术的外科医生来说，这种行为是骇人听闻的。表 3.1 显示了"这个外科医生是屠夫"的概念整合网络。事实上无能的推论并不起源于源域中的屠夫，因为屠夫在其他隐喻中并不具备无能这一特点。例如，将一名军事官员描述为"斯雷贝尼卡的屠夫"（the butcher of Srebenica），这种隐喻借用了屠宰域中的结构和意象，但并没有"无能"这一意象。在医学和军事领域中，"屠夫"隐喻的含义不同，因此很有必要解释其潜在的概念起源。

表 3.1　"这个外科医生是屠夫"的概念整合网络

类属空间	输入空间 1（屠宰）	输入空间 2（手术）	整合空间
施动者	屠夫	外科医生	外科医生/屠夫
受动者	动物	患者	患者/动物
切割工具	屠刀	手术刀	手术刀/屠刀
目标	杀死动物	治愈患者	切开创口[层创推论：无能（外科医生/屠夫）]

这是一个典型的例子，对于概念隐喻理论无法解释的东西，概念整合理论可通过整合空间中层创结构的推论轻易显示。我们从两个输入空间（屠宰和手术）中映射结构，但是新的结构"无能"是在第三个空间即整合空间中产生的。概念整合理论为隐喻解读开辟了一个全新的视角，使得隐喻的认知模型得以实现一个质的飞跃。

3.4　概念隐喻理论和概念整合理论视域下的隐喻创造性

3.4.1　概念隐喻的创造性

如果说隐喻是具身性的，而且在抽象域和物理经验域（或主观和感觉运动）中，我们大部分的具身性经验都类似，那么为什么我们的隐喻（跨文化、群体和个人）并没有大致相似？诗人又是如何创造性地使用他们的隐喻呢？

莱考夫和特纳（Lakoff & Turner，1989）认为，在一种文化中的人们，包括诗人，共享了大多数概念隐喻。他们证明了普通人和莎士比亚、艾米莉·狄金森（Emily Dickinson）等作家使用的大部分隐喻是相同的。以安妮·布拉德斯特里特（Anne Bradstreet）的诗《献给我亲爱的丈夫》（"To My Dear and Loving Husband"）为例：

If ever two were one, then surely we.

If man were loved by wife, then thee;

If ever wife was happy in a man,

Compare with me, ye women, if you can.

I prize thy love more than whole mines of gold

Or all the riches that the East doth hold.

My love is such that rivers cannot quench,

Nor ought but love from thee, give recompense.

Thy love is such I can no way repay.

The heavens reward thee manifold, I pray.

Then while we live, in love let's so persevere,

That when we live no more, we may live ever.

若有并蒂连理，定是我和你；

若有男人被妻珍爱，定是你；

若有女人徜徉于夫君的怀抱，

女人们，有没有人敢跟我比。

我珍爱你的爱胜过座座金山，
胜过东印度公司的全部财产。
我爱的火焰，江水无法熄灭，
我的驰骋只有你的爱能偿谢。

你对我的深爱，我无以回报，
我祈求上天，对你多多赏犒。
在世时，让我们如此爱一生，
在天时，生命才能获得永恒。

　　此诗语言新颖、原创性强，并易于理解。其原因之一正在于此诗基于以下熟悉的、传统的概念隐喻："爱是一个整体"（LOVE IS A UNITY）[如"她是我的另一半"（She is my *better half*）和"我们不可分割"（We're *inseparable*）]；"爱是一种经济交换"（LOVE IS AN ECONOMIC EXCHANGE）[如"我比你投入更多"（I'm *putting more* into this than you are）]；"爱是一种营养补给：食物或饮料"（LOVE IS A NUTRIENT: FOOD OR DRINK）[如"我靠爱支撑"（I'm *sustained* by love）]；"爱是火"（LOVE IS FIRE）[如"贝蒂曾经是我心中的火焰"（Betty was my old *flame*）]。所有这些概念隐喻都出现在该诗中：

If ever two were one, then surely we. — LOVE IS A UNITY.
Thy love is such I can no way repay. — LOVE IS AN ECONOMIC EXCHANGE.
My love is such that rivers cannot quench, — LOVE IS A NUTRIENT/FIRE.

若有并蒂连理，定是我和你，——爱是一个整体。
你对我的深爱，我无以回报，——爱是一种经济交换。
我爱的火焰，江水无法熄灭，——爱是一种营养补给/火。

　　那么诗人所使用的隐喻的创造性体现在哪里呢？创造性又是如何构成的呢？莱考夫和特纳提出了四种对基本隐喻进行创造性使用的方法：扩展（extension）、细化（elaboration）、质疑（questioning）和组合（combining）。以下结合实例，具体解释扩展和组合的使用方法。

扩展，即从传统概念隐喻中获取新的语言表达。当代美国著名诗人艾德里安娜·里奇（Adrienne Rich）的《愤怒现象学》（"The Phenomenology of Anger"）就以非比寻常的方式阐释了源域中的现有元素，获得了基于日常概念隐喻的新颖的语言表达：

Fantasies of murder: not enough:

to kill is to cut off from pain.

but the killer goes on hurting

Not enough. When I dream of meeting

the enemy, this is my dream:

white acetylene ripples from my body

effortlessly released

perfectly trained

on the true enemy

raking his body down

to the thread of existence

burning away his lie

leaving him in a new world

a changed man.

对谋杀的幻想：是不够的：
杀人就是切断痛苦。
但凶手会继续行凶。
这是不够的。当我梦见
敌人时，梦境如此：
白色的乙炔从我的身体
泛出层层涟漪
训练有素般地
毫不费力地找寻到真正的敌人
把他的身体
拽到存在的线索面前

烧掉他的谎言，

把他留在一个新世界；

一个改变了的人。

此诗是基于传统对愤怒的概念隐喻："愤怒是容器里的热流体"（ANGER IS HOT FLUID IN A CONTAINER）。诗人的隐喻创造性将传统的意象转化为了新颖的意象，如将热流体描述为乙炔，将乙炔的危险物质引向愤怒的目标，取代了爆炸的被动性。这个例子显示了如何通过扩展赋予传统隐喻新形式。

组合是一个产生复杂概念隐喻的过程。让我们再次来看"愤怒是容器里的热流体"这个隐喻。这是一个由许多更基本的概念隐喻组成的隐喻，包括"身体是情感的容器"（THE BODY IS A CONTAINER FOR THE EMOTIONS）、"情感是物质"（EMOTIONS ARE SUBSTANCES）、"强度（在情感中）是热"[INTENSITY (IN EMOTION) IS HEAT]（Kövecses，1986，1990，2000）。很明显，这些基本的隐喻会在情感领域内和情感领域外形成其他复杂的隐喻。

此外，隐喻思维的创造性可能来自一个社会、一个群体或个人的独特经历。一次独特的经历可能会改变一个根深蒂固的传统隐喻（如"爱是一段旅程"），并创造出新奇的隐喻。以一位美国学生提供的关于爱情的隐喻描述为例：

> 对于我来说，爱就像一辆马车。我们都有责任把它拉过来。当情况好的时候，我们可以坐在马车上下山；当事情艰难的时候，我们每个人都必须咬紧牙关推这辆马车，一起努力让它爬上下一座山。（Imaz & Benyon，2007：267）

这个描述最值得注意的是，这个隐喻反映了创造它的人对爱的悲观看法。在随后的一次采访中，这位学生讲述了她曾经在恋爱关系中的不幸遭遇。创造性的新隐喻产生于她的生活史。基于规约性隐喻"爱是一段旅程"，她结合自己的亲身经历，细化了旅途中的不幸经历。

3.4.2 概念整合的创造性

通过概念隐喻框架阐释的隐喻认知过程，大量隐喻创造的例子由此得到解释。然而，人类的认知潜能超出了学界目前讨论的概念隐喻过程，尤其是在许多看似简单的隐喻表达中，沿着认知语言学的思路进行隐喻分析会遇到困难。概念整合理论为这些新颖、独特的隐喻提供了一种解释思路。

在介绍概念整合理论双作用域网络时，我们提到了"愤怒是容器里的热流体"这一基本隐喻。依照新的层创结构，整合可进一步进行拓展。例如，我们可以说：

God, he was so mad. I could see the smoke coming out of his ears – I thought his hat would catch fire!

（天啊，他勃然大怒，七窍生烟——我还以为他的帽子会着火呢！）

在前文中，我们曾对"他勃然大怒，七窍生烟"这一新奇隐喻做出解释，并构建了双作用域概念整合网络。"愤怒是热流体"这个隐喻的一个子映射是"情绪的强度是热的程度"（INTENSITY OF EMOTIONS IS THE DEGREE OF HEAT）。这个隐喻的一个含义是"高温可能引起火灾"（相当于"强烈的愤怒可能导致危险的社会状况"）。但"帽子"这一元素是如何融入整合的呢？这一融合显示了整合几乎无限的创造性：我们可以将整合发展得越来越远，带来依赖于旧概念的新概念，以及系统的认知过程。在这个例子中，当我们加工之前的整合意义"烟从某人的耳朵里冒出来"时，"帽子"就出现了。头部容器与耳朵转喻隐射了帽子，因为通常帽子是被戴在头上的。由于包含了子隐喻"情绪的强度是热的程度"（"高热可能引起火灾"），帽子可以被视为着火。这表明一个人的愤怒程度总体上增加了。

此外，概念整合隐喻的创造性在多空间输入域的例子中体现得尤为明显。这种多作用域网络的一个著名例子是隐喻"冷酷的收割者象征死亡"（THE GRIM REAPER IS THE SYMBOL OF DEATH）。这个隐喻包含多个输入空间：收割域、死亡域、杀手域和因果重言式域。该网络的一个关键部分是规约式隐喻"人类的一生就是植物的生命周期"，或者更具体地说，"死亡就是收获"。在这个隐喻中，被收割者砍倒的植物对应于死去的人。以下是该隐喻的对应关系（表 3.2）。

表 3.2 "冷酷的收割者象征死亡"隐喻映射

收割域		死亡域
收割者	→	死亡
植物	→	死去的人
被砍倒	→	死亡事件
收割	→	通过某种手段导致死亡

然而，根据这组映射本身能解释冷酷的收割者是死亡的象征吗？事实上，仅用这组映射来理解该隐喻存在两个主要问题。一是根据映射，是"死亡导致死亡"，这是一个明显的重言式结构，重言式通常被称为"空因"，即原因和结果是一样的。这种现象很普遍，如寒冷是因为寒冷，以及我们看到蓝色是因为某些东西是蓝色的等。因此，我们需要另一个重言式输入空间来完善整合过程。二是在映射中，冷酷的收割者"杀死"了一个人，这一行为并不是从映射中产生的，在映射中，冷酷的收割者只执行了收割这一农业活动。因此，我们需要第四个空间：一个凶手杀死了一个特定的人。

图 3.7 展示了这一隐喻的概念整合网络。如果将"死亡"作为空因和杀手整合在一起，可得出"死亡"是催命灭口的杀手。这一过程可被视为拟人化的例子。这种被拟人化为杀手的杀手域与收割域进一步整合。杀手与收割者被整合在一起，杀人这一行为则与收割整合，受害者与植物（稻谷）结合在一起。虽然学界仍存在其他对于该整合的解读，但最终所表达的隐喻一致，即"冷酷的收割者象征死亡"。

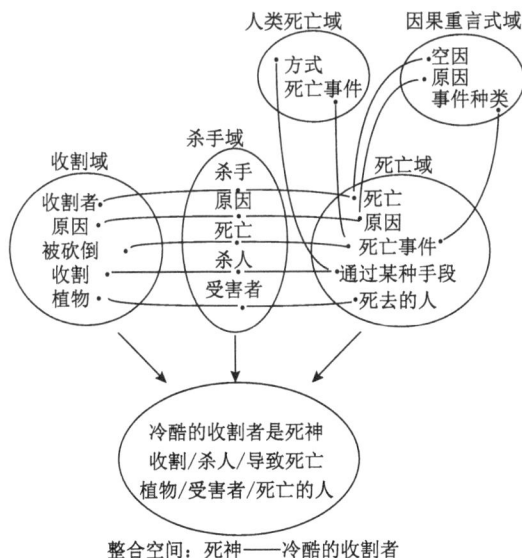

图 3.7　"冷酷的收割者象征死亡"概念整合网络

由以上解析可看出，按照概念整合的思路来解释"冷酷的收割者象征死亡"这一隐喻十分必要。由整合构造出来的"冷酷的收割者"之于人类拥有统治权力。"冷酷"结合"死亡"的背景知识而产生，与普通收割者有别，此仅存在于整合空间中，而非简单地由收割域映射向死亡域。

综上所述，创造性在双（多）作用域网络中最为明显。这样的网络可以产生于非真实世界的层创结构，这是绝对意义上的创造性，而其他形式的创造仅仅形成了一个文化中公认的认知框架（如拳击框架）。

3.5 结语

首先，本章就隐喻研究中素来饱受争议的两个理论——概念隐喻理论和概念整合理论进行了系统性讨论。笔者通过挖掘其概念化过程，并比较两种理论的适用形式，展现了过去 40 多年以来修辞学以及语言学领域讨论诸多的几组隐喻。其次，通过比较，笔者发现概念整合理论突破了传统的隐喻解释限制，结合人脑神经学、语言学等诸多领域的研究，对人类语言反映人类思维，尤其是实时隐喻构造做出了大胆的推理诠释。最后，概念整合理论在对各种由规约性隐喻发展而来的新颖、独特且复杂的理论进行解构时，突出地体现出语言的多空间、多层次以及受社会文化背景所影响等特点。这使得概念整合理论在揭示当下越来越变幻莫测的隐喻表达时，较之概念隐喻理论，更为适恰。

此外，笔者对隐喻的创造性探索也展现了隐喻概念化后所反映出的无限思维能力。概念整合理论在继承了概念隐喻理论的思想后，尤其强调创造性心理认知，并更加全面地展现了隐喻的内部动态化过程。通过分析输入空间的选择性映射以及整合空间中的层创结构生产，隐喻的内部逻辑框架和所遵循的固有认知、文化模式得以展现。与此同时，整合空间中层创结构的产生也被映射进原有的输入空间中，并对理解和推演输入空间的元素之间的观念有着积极作用。由此而言，概念整合理论对于非规约性、创造性隐喻的解释，以及隐喻动态性认知过程有着非同一般的意义。

自隐喻研究发生认知转向以来，"概念隐喻"和"概念整合"因常被用来解释隐喻的概念化过程，而被学界熟知。然而，很多语言分析者与初学者却通常难以分清这两个术语及理论体系的具体区别和适切条件。鉴于此，本章通过详细地概述这两种模型的工作机制及特点，对其进行区分，展现概念整合理论相较于概念隐喻理论的明显优势，并从中挖掘隐喻的创造性。

第4章　词汇语用理论

4.1　引言

　　词汇语用理论是语用学中一个方兴未艾、发展迅速的分支，不同于传统经典的格莱斯会话原则，该理论旨在系统地讨论和解释以往无法诠释的各类与词义的非充分限定有关的语用现象。莱因哈德·布鲁特纳（Reinhard Blutner）将词汇语用理论定义为试图系统解释语言应用中非充分性词义的语用现象及其加工的研究（Blutner，1998：115-162）。词汇项目不仅有本身的词汇意义，还有诸多语用条件因素，这些因素赋予了词汇特定的语用意义。词汇语用理论研究把这种词汇意义作为主要研究对象。词汇语用理论是在其学科自身发展过程中参照语用学和词汇学的目标、理论与方法进行词汇语用研究而衍生出来的分支。词汇语用理论将词汇视作概念表征系统中编码象征的心理概念来探索词语与其编码概念间的关系。

　　传统隐喻路向遭遇了理论和实证双层面的大量诟病。虽然传统理论将隐喻视为对字面性真理（literal truthfulness）的原则或规约的偏离或违反，是一种纯粹装饰、认知价值不大的机制，但学界逐渐认为大多数隐喻在不丧失意义的前提下是无法用直白语言铺陈的。

　　无论是词汇语用理论还是认知语言学都彻底抛弃了传统隐喻观，均属于当代主流隐喻脉络，但将隐喻认定为"完全常态和自然"的学术初衷却截然不同。认知语言学认为隐喻在语言中的普遍性是因为其在思维中无处不在，所以不能被学界置于边缘地位而少人问津。承莱考夫和约翰逊（Lakoff & Johnson，1980：153）所言："隐喻在主体上是思维和行为性事物，但派生自语言。"据此判断，隐喻被视作不同认知语域之间的基础性概念映射的表层反映，其根基在于认知而不是交际。与此相反，词汇语用理论之核心——关联理论主张，隐喻自然地衍生于语言交际中，属于语言松散使用，试图传递具有一定模糊性的复杂思维（参见Gutt，1990）。

马库斯·腾达尔（Markus Tendahl）和吉布斯指出，"大量隐喻学者将各种选择性理论认定为具有本质的不同，两者聚焦于不同类型的隐喻。毕竟，认知语言学和关联理论遵循的是迥然不同的研究目标和方法论假设。实际上，这些不同的目标和工作假设间的鸿沟大得无法逾越，以致罕有学者比较两种理论来厘清产生差异的方式和缘由"（Tendahl & Gibbs，2008：1824）。刘绍忠（1997：17-18）归结道："关联理论对语用学有三条贡献：（i）它对 Grice 的语用学理论作了修正和补充。（ii）它为交际的语用阐释提供了一个统一的理论框架。（iii）它拓展了旧语用学的研究范围，使得语用学成为一门开放型的交际解释科学。其不足也有三条：（i）关联理论没有说清楚话语解释结果的必然与或然问题。（ii）过分强调交际主体的能动性作用，大有把主体理想化和交际形式化的倾向。（iii）关于交际的概括虽然有道理，却也存在笼统的问题。从宏观上来讲交际问题，大大增强了概括力和指导性，却欠缺具体的语用规则。"但令人遗憾的是，承何自然和冉永平（1998：94）所称："总的来说，我国学者似乎对认知语用问题还注意不够，还缺乏这方面系统、深入的且具开创性的探讨，甚至有的学者对作为认知语用学基础的关联理论不了解或误解。"

认知语言学认为语言隐喻是在两个概念域之间系统对应基础上的概念隐喻的表层反映。问题在于：概念跨域映射滋生于语言使用中，理所当然借助语用学予以阐释。倘若话语阐释像认知语言学宣称的通常涉及概念隐喻和语域映射等的使用，那么听话者如何辨识说话人的意图意义呢？映射过程的触发因素是什么？决定其走向及何时停止的因素又是什么？语用学的目标在于解释听话人如何经由话语和语境所提供的线索来衍推说话人的意图意义，而隐喻的语用观旨在探讨听话人如何辨识语境中隐喻话语的意图意义。有学者褒奖称："由斯珀伯和威尔逊所提倡的隐喻方法较之前的语用路径更为优越，因为其为隐喻和非隐喻话语的阐释提供了一套更具阐释力的方案，而无须诉诸缺乏实证证据的字面性和隐喻性话语之间的规约界限。"（Song，1998：88-95）学界应清醒地认识到：认知语言学和关联理论具备互补性而非冲突性。将两者"熔为一炉"必将为长期流连并挣扎于各自理论劣势和缺陷的漩涡中的各个学派开创出一条综合全面的、阐释力强的理论。

4.2　关联理论对词汇语用理论的贡献

关联理论构建在关联性概念及认知和交际两大原则之上。关联性是认知过程输入内容的重要特性，以"消耗－获益"为描写特征。消耗在于达到认知效果所需付出的加工努力，获益在于获得的积极认知效果，即真实的语境含义、已有假设的加强或回顾。在其他条件同等时，获得的积极认知效果越大，输入内容对于加工信息的个体来讲关联性越强。输入内容的加工、语境假设的衡量与积极认知效果的生成涉及知觉、记忆和推断等其他努力。在其他条件同等时，所需付出的加工努力越小，输入内容的关联性越强。

根据关联性原则的第一条认知原则（Sperber & Wilson，1995：270），人类的认知系统以输入内容的关联性最大化为目标来分配自身的注意力和加工资源。面对不停提升认知效率的压力，人类的认知机制具有自动的倾向性来搜寻出潜在相关的输入内容。记忆机制会自动地提取潜在的与语境相关的假设。推理系统也会自发地以最高效的途径来加工这些输入信息。发话者（communicators）因此在一定程度上有能力预测出受话者（addressees）最可能选择哪些言语刺激信号，在加工信息时最可能采用哪些语境假设，以及最可能得出何种结论。

根据关联原则的第二条交际原则，话语会产生对关联性的普遍期待。受话者有权利期待话语信息的关联度至少要值得其付出加工努力，此外具有最佳关联的话语还要与发话者的能力和用语倾向性相协调。这使得后面的理解过程自动地施加在已产生的言语输入的线性加工上。受话者采纳语言编码意义遵循一条最省力路径，在显性层次上充实编码语义，进一步在隐性层次上补充语义直到作为结果的阐释满足自身对话语关联性的期待，话语加工也就此结束。由关联性期待引发并掌控的显性内容、语境假设和认知效果的相互适应成为关联理论语用学的核心特征。

话语理解的关联理论方法对于词汇语用理论有两条重要的启示。首先，不存在字面性的阐述假设：词汇或语句的语言编码意义只不过是话语意义的一条线索而已，对话语者意义的理解不是解码的过程，而是非指示性的推理过程。其次，理解任何的话语，无论是字面的、随意的（loose）还是隐喻的，都是显性内容、语境和认知效果相互适应，以最省力路径识破意图性关联的过程。这一实质与关联理论的阐述不谋而合，因此关联理论为词汇语用理论的一些基本问题提供了合理的解释方案，即词汇语用过程是由找寻关联性的话语目标激发出来的。词汇语用过程遵循最省力路径，通过显性内容、语境和认知效果的互相特征来发生作用，并且由话语引发的关联性得到满足时这一过程即会结束。

下面我们讨论"温度"（temperature）一词的语义缩减是如何实现的。假设在一个情景中，彼得向玛丽提议一起去医院探望姨母，玛丽的回答是"I have a temperature"。在这种情形中，彼得对玛丽的话语的关联性具有特定的期待，即彼得期待玛丽对他去医院探望姨母的建议的回应应当具备关联性。表面性的阐释并不具有太多的真实性，也达不到积极的认知效果，但是"温度"是一个阶式（scalar）语项，语阶的标度与具有高度可及性的语境假设一起可以生成不同的会话含义。运用记忆的分散性激活原理（spreading activation model），彼得脑中存有对"温度"与"去医院探望"的百科性假设（encyclopedic assumptions）以及两者间的联系。通过在显性内容、语境和认知效果的相互调整过程中遵循一条最省力路径，彼得不难得出 temperature 一词表达了"玛丽体温度数过高而不适宜探视病人"的特定含义。

传统语用学把语境看作事先预置的常项，把关联性视为按话语合作原则的第三条准则进行含义推导后确定的变项。关联理论则把关联性当作常项，把语境视为变项，认知语境是在话语理解过程中不断选择的结果，而并非话语理解之前就已锁定的。何自然（1995：26）指出："关联理论没有准则，也没有说话人要遵守的规则；它只描述了人们对每个话语的认知过程；话语本身和语境具有关联性，这种关联使人们对说话人的意图作出合理的推论，从而对话语作出正确的反应。关联是正确认知的基础。关联理论认为说话人不是有意违反什么准则来使听话人理解自己所说话语的意图，更不会把人们常见的隐喻、反语等语言现象看作是违反准则的表现。"

斯珀伯和威尔逊（Sperber & Wilson，1995：15）将"语境"界定为："语境是用于阐释话语的假设集合——听话人有关世界的假设的一个亚集合。在该意义上的语境不再局限于有关当下物理环境或即时前置话语的信息。新近预期、科学假设或宗教信仰、轶事记忆、普通文化假设、有关说话人心理状态的信念等，在阐释时均可能起作用。"里基（Ritchie，2004b：266-274）指出，"斯珀伯和威尔逊区分了交际的语码模型和衍推模型，前者假设话语传递可辨的、可编码的特定意义，后者假设话语往往是模糊的而非精确的，需要依据语境进行衍推。在该模型中，衍推基于交际性行为关联或曰以最小加工努力换取最大认知效果的语境搜索"。斯珀伯和威尔逊（Sperber & Wilson，1995）坚持没有必要将认知效果或心理努力数量化，大脑只需将语境中的潜在效果和所需能力与其他语境进行比较，从而遴选出以低努力换取高效果并且最具关联性的语境。特定交际行为的相关度表现在其以某种变更、重构等方式对语境产生某种效果上。相反，关联性的程度与加工假设（找寻相关语境和实现语境效果）所需的认知努力成反比。

斯珀伯和威尔逊（Sperber & Wilson，1995）认为，交际的获取是通过改变认知语境而达成的。他们将认知语境定义为对于个体显明的意念、图式、总体知识等所有事实之集合，亦即个体可心理表征的所有事实。认知语境对于个体互明的程度在于每个人都假设该环境对于交际事件的所有牵涉方均显著。认知语境的不同可导致背景知识和信念方面的差异，或参与者意识到的知识方面的分歧。说话人的生成或听话人的阐释均依存于话语对认知语境中的关联预期。话语意义可据其交际语境中的关联性得以理解，即在说话人和听话人心中即时激活的共同认知语境之上的效果（Ritchie，2011：72）。

斯珀伯和威尔逊（Sperber & Wilson，1995）承认，对于他者显明的证据永远不具结论性，因为我们对于他人知觉的内容、方式及其评论没有任何直接证据。我们只能根据认知语境来推衍其假设。何自然（1996，转引自刘国辉，1999：72）提出，"认知语境（cognitive environment）改变了以前语境（context）无所不包的空泛现象，与交际更加密切相关了，它主要由三种信息组成：词汇信息（lexical information），百科信息（encyclopaedic information）和逻辑信息（logical information）。由于人们的认知结构很不相同，三种信息所组成的认知语境也就会因人而异，对话语推理会得出不同的结果，为了使交际成功，'互明'（mutual manifestness）是关键，'互明'是指交际双方对认知语境中的事实或假设在心理上能作出共同的认知和推断"。换言之，认知语境囊括这个世界在言语交际中体现为交际双方在某时、某地、关于某事所说或所做的一切。由于人们可从任何现象衍推的可能性是开放性的，几近无穷，因此听话人需要辨识说话人意图传递的假设必定有制约条件。该条件由关联性原则所钳制，涵盖双重假设：说话人意图传递的假设集合对于听话人应充分相关，而产生的刺激信号应避免给听话人带来过度的加工负荷。

作为人类心理的重要组件，每个明示交际情形都传递着自身的最佳关联假设。无论说话人何时吸引听话人的注意，均意味着意图传递意义，交际双方想当然地认为说话人未给听话人施加过分的任务或重担，同时假设：①说话人意图传递的信息对于听话人应充分相关；②听话人不必付出无谓的加工努力即可索回该内容。这实际意味着听话人有权假设，寻觅刺激信号的首个与关联性原则一致的阐释项即是说话人的意图项。关联性本身即为一种消耗—获益关系：消耗是阐释刺激信号所需付出的心理加工努力；获益在于派生的语境效果。因此，刺激信号所需付出的加工努力越小，语境效果越大，关联性也越大。

当刺激信号所传递的信息与听话人所及的信息假设契合时，语境效果便从记忆或知觉中生成了。对于成功的交际，传递的信息不必新颖，但必须改变之前的已有知识。语境信息的可及性和加工努力之间的关系对于语境选择至关重要。关联性原则引导听话人以趋近最高可及性的语境假设来催生充分的语境效果。

4.3 词汇语用理论对隐喻的阐释新方案

学界普遍认为，语言受字面性规约的掌控，交际中的语言功能在于其允许说话人编码意义，而让听话人予以解码。摒弃人类交际的语码模型观是摆正隐喻位置的第一步。根据格莱斯的会话含义理论，隐喻内容并非像直白内容一样直接传递，而是通过"言其他"或"好像说"的方式暗含得出，直白性的阐释会导致会话的非适切性。与格莱斯和塞尔的经典阐释一致，听话人在阐释隐喻意义之前首先需要摒弃字面性阐释。卡斯顿（Carston，2010b：299）指出，"虽然格莱斯-塞尔和斯珀伯-威尔逊的阐释方案之间有本质性的区别，尤其是两者在索回说话人的意图意义时所用的阐释程序方面有显著不同，但两者共有的假设认为，字面性表达的命题只是载体而已，经由特定交际假设引导来索回说话人隐含的意义。

关联理论将隐喻阐释核心地视为一个衍推过程，由隐喻性的编码概念和记忆中获取的假设集合只是衍推的起点而已。皮尔金顿（Pilkington，2000：111）提出，"在规约隐喻中，加工努力几乎可以忽略不计，其假设的元表征集合是浑圆的整体。不过我们在获取令人满意的诗性隐喻阐释时，尤其在首轮次，需要更多的时间和加工努力"。隐喻性话语的听话人之任务是协调隐喻使用的事实和最佳关联指向之间的矛盾。由隐喻引发的额外加工努力必须由隐喻自身所产生的语境效果得以补偿。隐喻话语只是一种在言语交际中优化关联性的途径而已。

4.3.1 隐喻的"松散谈话"身份

威尔逊和卡斯顿（Wilson & Carston，2006：404-415）言明，"隐喻的语用阐释方案是要读解隐喻如何得以理解，尤其是听话人如何根据隐喻式参悟出说话人的意义。实际涵盖更宽泛的'说话人如何弥合编码语言意义与话语意义之间的裂隙'在言语交际中十分普遍，只不过在隐喻用法中格外凸显罢了"。唐淑华（2013：145-146）提出："非真话语在语用隐喻的认知模式下普遍存在于现实生活中，并与真实话语在语用隐喻的认知中常常相互转化或同时存在。人们通过语用隐喻的认知，借助非常规理解，接受非真话语。许多看似真实的话语正是人们借助语用隐喻的认知方式对非真话语的非常规解读的结果。在赋予人主观能动的隐喻认知后，非真话语的积极运用，诸如其良好的交际、情感、礼貌和描写功能，已成为语用隐喻认知模式下不可多得的语用策略。"

　　关联理论对隐喻的处理隶属于上义层面的词汇语用理论，其假设包括：首先，词语的词汇意义只是说话人表达的意义的线索而已，通过词语使用传递的概念通常与词汇意义不同。其次，隐喻只是一种词汇意义可在使用中得以调节的方式之一。通过词语使用传递的概念与词汇意义本身相比，可宽可窄。再次，词义拓宽的情况形成了一个连续统，从最严格的字面语，然后通过各种模糊用法，到夸张和隐喻。又次，所有这些情形可经由同种方式得以阐释，不存在专为隐喻特置的语用原则或机理。最后，与格莱斯的语用观和语言哲学不同的是，由语词运用所传递的概念推动说话人对话语真实条件内容的宣称，而不仅对所暗含的内容（what is implicated）有助。语言的隐喻用法与严格的字面性用法同样对真实条件内容起作用且均属于逻辑联系语（logical connectives）。

　　斯珀伯和威尔逊（Sperber & Wilson，1995：153-154）指出，"字面谈话、松散谈话和隐喻谈话应被视作种类上的同类项，生成和阐释的本质是相同的，唯其松散的程度不同而已"。有学者指出，"在关联理论框架中，话语被指认为说话人思维的阐释性表达。隐喻被划归为一种松散谈话。在松散谈话性的隐喻中，话语的命题形式和说话人希望传递的思维之命题形式并不完全一致，而只是部分相似，共享部分逻辑属性"（Song，1998：88-95）。斯珀伯和威尔逊（Sperber & Wilson，2008：84）提出，"我们只是将隐喻视为包括字面性、松散性和夸张性阐释的一系列情形的连续统之一端。据我们看来，隐喻阐释与其他语类并无二致。隐喻并无特殊的机制，也没有其独有的新鲜推论"。语言隐喻衍生自随机性交际目标的创造性松散使用，其中词语被用于传递比编码词汇意义更为宽广的新颖特异概念。人们随意交谈时无须遵循所谓的真实准则，因而无须刻意去追求话语绝对真实。"隐喻因此无需特别的阐释性能力或程序：隐喻是在言语交际中非常普通的运用能力和程序之自然结果。"（Sperber & Wilson，1995：237）斯珀伯和威尔逊（Sperber & Wilson，2008：84）续言："多数修辞学、文学和哲学传统都强调隐喻的重要性和独特性。其重要性毋庸置疑，而独特性却值得商榷。我们只是将隐喻视为包括字面性、松散性和夸张性阐释的一系列情形之连续统的一端。隐喻阐释与其他类型的阐释并无二致，不具有特殊的工作机制，也没有为其所独有的推论。"据此思路，字面话语、松散谈话、夸张和隐喻之间存在连续统关系，无一不是前置概念映射的表象。例如，夸张与隐喻之间存在连续统关系，夸张只涉及编码概念与语境构建概念之间量的差别，而隐喻还涉及质的差别。当然，两者之间的差别并非泾渭分明，如通常情况下，例句（1）为夸张，而例句（2）为隐喻。

（1）Joan is the kindest person on earth.

（2）Joan is an angel.

质言之，阐释隐喻不需要附加的过程，隐喻话语与严格的直白性话语是一致的，均涉及所传达的内容的直接表达。隐喻是自然而普适的根本心理学机制。凯瑟琳·威灵（Catherine Wearing）指出，根据关联理论，隐喻阐释究其根本并不构成一个迥异的阐释类型，而是与语言的松散性和夸张性用法构成一个连续统（Wearing，2010：203）。具体而言，单一特异性概念构建的解释过程即足以解释隐喻和其他现象。与此同时，隐喻性话语又与严格的字面性话语形成连续统。

4.3.2 隐喻的创造性特异新颖概念

根据关联理论，听话人通过创造新颖的特异性、随机性概念之语言学和语境性线索来理解隐喻，并从各源概念沿承了部分衍推属性，或曰来自"母体"却又不完全等同于"母体"。在关联理论勾勒的认知图景中，我们大脑中形成的所有概念，在关联性预期的引导下，作为相互特征调整输出端的"调整后概念"，毫无例外都是在记忆中选择信息片段并调整已有概念，进而形成非词汇化概念，简称"特异性概念"（ad hoc concept）。特异性概念 X[☆①]的构建并不为隐喻阐释所独有，作为以关联性为先导的互调过程的普遍副产品。罗莎·威格-门罗（Rosa Vega-Moreno）指出，"由于说话人每次使用语词时都会传递不同的概念，因此语境中所有的编码概念都会在语词层次经历语用微量调整过程。词汇语用过程并不是具有自身规则的独立过程，而是明晰内容、语境和含义的相互调整的个案而已"（Vega-Moreno，2004：303-305）。

Harry is a *bulldozer*.

根据关联理论，生成隐喻即是宣称隐喻的内容。我们并非在宣称"哈里是一台推土机"的命题，BULLDOZER[②]由 bulldozer 一词编码概念，暗含着隐喻内容。说话人真正宣称的不是与该句式相连的字面性编码内容，而是涉及特异性概

---

① ☆表明单词被拓展或缩小的特异性新颖概念，与原本的字面义已有所不同。

② 此处单词大写表示 bulldozer（推土机）的隐喻意义，而非 bulldozer 的原本字面义。

念 BULLDOZER☆的命题 "Harry is a BULLDOZER☆"，其中经调整后的特异性概念正中隐喻意义之靶心。

Getting married and settling down will kill her. She is a *butterfly*.

概念 BUTTERFLY 被拓展为 BUTTERFLY☆，指称的不仅是蝴蝶本身，还是更宽泛的美丽、精细和善变的动物。一旦作为结果的明晰内容、语境和含义的组合能引发满足关联性预期的阐释，听话人即会停止加工；如果无法达到此预期，听话人即会考虑下一项最具可及性的假设，并将其置于语境中寻求进一步的含义。明晰内容、语境和含义的互调过程会持续进行，各种假设会据其可及性的顺序依次考虑，不断派生假设，不断充实明晰内容，不断调整概念，直至听话人获得满足其关联性预期的整合点即会停止。

My doctor is a *butcher*.

听话人将记忆中的编码概念和从记忆中提取的假设作为推衍性程序的输入部分。遵循最小努力原则，听话人会按可及性的顺序依次考察潜在的语境假设。加工会随听话人获取并合并假设、派生含义及调整明晰内容而持续进行，直至三者之融合能够满足关联性预期才停止。该融合促成特异性概念 BUTCHER☆，指称"在进行外科手术操作时不谨慎、不精确，无判断力、预测力和指挥力，会对人体造成不可挽回的伤害之特定人群"。

卡斯顿（Carston，2002：349-359）提出，"根据关联理论，语言的隐喻用法是一种松散使用，并不涉及某种特殊的阐释机制或程序。隐喻的理解过程与常规的根据可及性顺序评价阐释性假设的程序相符。以关联性为驱动的隐喻阐释的结果在于：附着于松散使用的编码概念之逻辑性和百科性知识被有效地归入不相交的两类属性集合：一类属于意图阐释的子部分；另一类属于该编码概念的某种逻辑性或界定性特征的排斥性属性集合"。造成各范畴分野的诱发因素是以预期方式令话语相关之实际运用的特定百科性假设集合。

Bob is a *magician*.

在该语境中，鲍勃的职业是一位测量员，他刚刚利用几罐普通的食材烹调出一顿丰盛的大餐。语句预期传递的内容是鲍勃刚完成了一件出人意料的大事，鬼斧神工地使不可能成为可能，他的动作敏捷快速，厨艺胜似一场表演，令人赏心悦目，等等。这些都是职业魔术师应当具备的素质，所以这里的特异性概念 MAGICIAN☆的外延囊括了职业魔术师的一些特征，也包括了作为非职业魔术师的测量员之属性。

由听话人派生出来的含义必须得到衍推的证实，特异性概念在其中意义重大，因为大多数隐含的属性是其百科性事项的特征。隐喻阐释的成功与否取决于索回说话人话语最佳关联的阐释过程的特异性概念之建构。

4.3.3 隐喻中语义的扩大与缩小

接下来的问题是所谓特异性概念如何构建的问题。具体地讲，各种阐释性假设的相对可及性如何在语境中固定下来？关联理论将原子概念（atomic concept）界定为"可使三种信息可及的记忆节点：逻辑内容、百科性或普通知识、词汇属性"（Cartson，2002：321）。对于特异性概念构建，前两者至关重要。逻辑内容的构建是通过获取概念的特定分析性含义衍推规则而成的。例如，猫是某种类的动物，其百科性知识包括相关信息的更广阔范畴，如有关猫的科学信息和心理意象。当概念得以激活之后，在百科库中的表征之各种属性也会随之被激活。与此同时，这些属性中的一部分会在话语创制的语境方面得以特别的额外激活。在百科库中表征的各种属性的激活总体上有助于这些属性的相对可及性之排位，从而影响其在搜寻最佳关联阐释时的顺序。

Peter: Can we trust John to do what we say? Will he defend our interests?

Mary: John is a *soldier*!

与"约翰是一名战士"的概念相连的特征包括：①忠于职守；②保卫人民的生命财产安全；③服从命令听指挥；④爱国；⑤身穿制服；⑥知道如何使用枪支。每个特征均会由玛丽话语中的词语"战士"（soldier）得以激活。前两种会由彼得所言的"信任"（trust）得以部分激活，即"忠于职守"和"保卫人民的生命财产安全"。这些属性的可及性会由激活程度得以排序。在阐释过程中，这些特征会依据玛丽话语含义中的次序而通达，直到彼得对关联性的预期得以满足。玛丽话语的明示内容在过程中会得以调节，直到特异性概念 SOLDIER* 得以构建而每种含义得以验证。最佳关联正是通过这一明示和暗含内容的互调而获得的，而无须从头到尾地逐一考察这些特征全部的可能性，所以"约翰知道如何使用枪支"的含义很可能浮上意识层而被列入考察视野。在特定语境中，相关特征的相对排序可阻止在阐释过程中与最佳关联阐释不符的特征进入考察视野。

瑞奇（Ritchie，2009a：249-250）将关联性定义为"例如话语或手势语的输入内容催生积极的认知效果，改变对世界的表征，并在一定程度上证明加工输入内容所需能力有理的能力"。关联理论假设人类认知的进化会瞄准关联性的最大化，因此每个明示刺激信号都传递着双重假设：①话语具有充分的关联性以证明加工所需付出的努力值得；②是说话人能够也愿意在当下情形中生成最大关联刺激项。两项假设的理解程序如下：听话人遵循涵盖扩大和缩小刺激项的最小努力路径，该过程一直持续到结果性阐释满足关联性预期之时。

几乎所有语言在一定程度上都是松散的，与大多数语词相连的范畴都包括与任何特定交际语境相关的更多属性，所以任何交际都需要穿越简单编码的阐释过程。理解总需涉及排除与当下语境无关的属性之收缩（narrowing）和相关属性普通范畴的扩充（broadening）。收缩和扩充均表现在语用和语义两个维度上：语用扩充是指拓宽词在使用中的意义以表达更笼统的概念，词语可用于表达更加宽泛的意义，同时词语的外延亦得到扩展；语用收缩是指词在使用中的意义受到限制而表达更具体的概念，其效果是语言性词语外延的一个子部分（subpart）得以凸显。同理，语义扩充是指编码概念被具有更大外延的特异性概念所取代，语义收缩是指编码概念被具有更小外延的概念所取代。例如，corpse 一词原来泛指人和动物的身体，既包括尸体也包括活体，而现在这个词仅指人的尸体。隐喻的衍推基本过程即是在搜寻最佳关联性时编码概念的扩充和收缩。隐喻阐释即是扩充与收缩的结合体，二者整合到一处，产生的调节后概念在一些方面更窄，而在另一些方面则更宽。

Here's my *new flatmate.*

这里的"室友"（flatmate）是指说话人刚收养的一只猫。虽然"室友"通常指的是分摊租金和其他费用的人类朋友，但也往往与相互陪伴、关系密切有关。人类是"生物"的亚类别，猫和狗等其他非人类生物同样可以执行依偎陪伴的功能。扩展后的特异性概念 FLATMATE☆经扩大后涵盖了非人类的其他成员。

I want to meet *some bachelors.*

在上述语境中，很显然的是，说话人希望能结婚、生孩子。说话人并非意味着任何单身汉（bachelor）都可成为婚育的对象，而将自己的选择只限定在处于适婚年龄和愿意结婚的单身汉的范畴之中。编码概念 BACHELOR 意味着单身汉的全体集合，被更狭小的概念 BACHELOR☆所取代。该概念将符合结婚年龄的、有意愿的单身男性纳入其中。

A: Will Caroline help with the packing?

B: Caroline is a *princess.*

这里的"公主"（princess）被扩大为特异性概念 PRINCESS☆，包括被宠坏、骄纵蛮横、喜欢发号施令、自私狭隘等属性。与此同时，该概念也排除了出生于皇族、有皇家血统等属性。"扩充"和"收缩"集于一身。听话人构建最佳关联阐释涉及遵循最小努力路径，直到满足关联性预期，以其可及性顺序测验阐释性假设。在实践中，这可能涉及解歧、赋指、编码意义的充实和调整、含义派生等。对于隐喻而言，编码意义的调整最为重要，特异性概念的构建可能以两种方式出现：扩充和收缩（Carston，2002：324-328）。

There is a *rectangle* of lawn at the back.

这里的编码概念 RECTANGLE 意味着形状为规规矩矩的长方形的事物。这一概念被本句中的特异性概念 RECTANGLE* 所取代，其外延涵盖或多或少与长方形相似的形状。

质言之，隐喻所牵涉的特异性概念在一些方面较之派生的编码概念更窄而在另一些方面更宽。听话人需要对隐喻做不同程度的扩充和收缩以获取对说话人话语的正确理解。

4.3.4　隐喻含义的双层性——明示义与暗含义

一般而言，听话人加工话语时，脑中并无关于其字面性、松散性或隐喻性本质的固定预期。说话人只是期待话语所表达的命题与说话人意图传递的思维之间存在阐释性相似（interpretive resemblance）。这一期待派生自另一个更加基本的由任何交际性行为所自动推动的关联性预期。关联性原则足以解释语境信息何以与语言性或字面性不足的话语契合一处，并成为其阐释的决定性因素。隐喻不是对交际原则的偏离或违反，更不是传统认为的发挥纯粹装饰功能之辞格。隐喻只是创造性地运用了所有言语交际的根本特征，即每则话语都由关联性指引，不同程度地与说话人的思维靠近。

Mother to child: You're a *piglet*.

这是一则极为普通的规约隐喻，其阐释涉及将孩童和小猪的百科性事项联系起来，而两者通常并不构成主题——述谓关系，结果产生了一系列语境含义，其中相当一部分是矛盾的，无法自动剔除。该句的关联性的搭建必须通过找寻一系列可处理为弱含义或强含义的语境效果才能达成。根据关联理论，说话人意图传递的假设可由明示义（explicatures）和暗含义（implicatures）的方式传递。明示义是由话语暗示的假设亚集合。确切地说，明示义是说话人意图传递的含义。暗含义是话语的语境假设和语境含义的子集合，或曰说话人意图传递的子集合。明示义和暗含义均由听话人基于关联性原则来辨识。整体而言，选项越接近连续统中隐喻的一端，越可能通过一系列弱含义获得关联性。在阐释过程中，听话人在获取完整的明示义之前，从话语激活的大量假设中获取部分假设，并将其视作话语的潜在含义。

　　许多隐喻都涉及弱交际，即是说，说话人使得听话人互明的意图并不是要强烈地彰显少数特定假设，而是要弱势地显明一系列假设。话语的含义是非确定性的：说话人并未倾向于并遴选出任何特定假设，而是鼓励听话人在激活假设的范畴中探索。听话人事实上究竟在话语含义中做哪些假设，还要取决于其自身的选择和责任。隐喻越具创意、越不同寻常，可能性的范畴就越广，说话人赋予任何特定含义性命题形式的概率也就越低。鉴于听话意欲明晰交际命题形式中的编码概念，非确定性的特征须将许多隐喻话语的含义迁移至其明示义。

　　话语：My lawyer is a *shark*.

　　明示义：LAWYER X IS A SHARK☆.

　　暗含义：LAWYER X IS RUTHLESS AND MERCILESS TO HIS OPPONENTS, AND EXPLOITS HIS CLIENS FINANCIALLY, ETC.

　　话语的隐喻度（metaphoricity）大致与其暗含义的数量成正比。规约隐喻至少传递一个明示义和若干个暗含义，成功的创造性隐喻之诀窍在于其极端的压缩效果，或曰一则松散运用的单独表达式即可决定大量宽范畴的可接受性暗含义。听话人被推动着搜寻更多的暗含义。例如，在上文例句 "Mother to child: You're a *piglet*." 中，由于此情形中无法自动地提取某个明示义，而只有若干确定性弱的暗含义，包括孩童的贪睡、邋遢、好吃懒做等，故对该表述可以有不同的理解。根据关联理论，在特异性概念 PIGLET☆ 的构建过程中，编码概念 PIGLET 的百科性事项在特定语境中具有高度的可及性，作为明示义的组成部分，保证了特定含义的成功派生。

　　特异性概念构建的总体过程是基于关联理论的两个核心承诺：第一，语言性意义通常在实质上有损于明示交际内容和间接交际内容；第二，明示义和暗含义均由关联性因素所指引。实际上，话语至少需要足够相关以值得听话人付出加工努力，且与说话人的能力相符。在语义扩大的过程中，相关语汇会引发多重暗含义的出现，包括基于特异性范畴非一致的情形。这些暗含义的潜势证明隐喻短语而非字面性短语发挥了重要作用。

4.4　结语

　　综上所述，词汇语用理论正渐渐受到国内外语用学者的高度重视。该理论将探讨词义的选择与确定作为研究意图。在词汇—语用解释程序中，语义扩充和语义收缩这两个词义嬗变的发展过程要素的生成与理解实质上都是搜寻关联性的过程，均是由话语本身引发，由关联性预期所制约，并由语境、内容和认知效果间的相互调整而形成的。在很多情形下，相互调整的过程会在一个更宽泛或更狭窄的范畴上，而不是在语言限定的外延意义上融合的，所产生的效果在修辞学中被称作字面语、语义模糊、隐喻和夸张等语义变体，而这些在词汇语用理论视野中已不存在泾渭分明的分界线。

如今，认知语言学领域的隐喻探讨如火如荼，相关文献汗牛充栋，但该研究路向过度依靠跨语域的单方向部分映射，强调映射过程三维立体的整合性，跳跃性过强，省略中间环节，因此容易陷入循环论证、归于虚无的困境。导致隐喻阐释项最终敲定的因素仍旧"犹抱琵琶半遮面"，未见真容。刘正光（2001：27）指出，莱氏"只强调了喻体的作用，即映射的单向传递……从交际的角度看，喻题与喻体分别起不同的作用，各自的相关特征也不同。喻题充当已知信息，而喻体则是新信息源。或者说喻体说明喻题。那么，喻体的一些属性特征也是喻题的属性特征。因而，随语言环境的变化，喻题对属性特征具有选择和制约的作用，即潜在地参与确定概念的映射"。姚岚和李元江（2007：20）亦言明："概念隐喻的假设在解释概念隐喻的经验基础时产生内在矛盾——如果说概念隐喻以经验为基础，这其实已经预设目标概念的掌握，于是，概念隐喻的本质就不是借助原域概念去理解目标概念；如果说概念隐喻的本质是借助原域概念去理解目标概念，那么，概念隐喻便失去了经验基础。而且，概念隐喻的假设具有极大的任意性，这种任意性势必导致概念隐喻的无限增生，因此，概念隐喻的假设没有可靠的认知基础。"

词汇语用理论虽然不同意隐喻是人类认知的核心机制，但也不认为其是传统意义上的一种特殊修辞手段，对于人类认知有自然性。伊拉·诺威克（Ira Noveck）等指出，许多研究都认定隐喻居于心理活动之核心，不需花费额外的认知加工努力（Noveck et al.，2001：109-113）。我们不认为隐喻对于人类认知是自然而然的，隐喻使用的相对简便性不应与不付出额外努力的预期相混淆。较之于非修辞性用法，隐喻经常花费更多的加工努力和时间。当然，与适切性隐喻相伴的额外消耗也会带来补偿。隐喻的充分理解至少包含两个成分：理解隐喻的内涵和理解说话人的交际意图。很难想象要达到与隐喻相关的额外认知效果会毫不费事。所以，在其他条件同等的情况下，隐喻较之于字面性话语消耗更大，遴选要求更为严苛。适切性隐喻的额外消耗与额外收获成正比。精心挑选的隐喻加工是费力的，存在加工消耗，但亦具有获益的潜质。黄华新和杨小龙（2013：108）坦言："认知语言学的研究较为系统地解释了基于体验的隐喻现象，但在一定程度上忽视了日常交际中的语言单位本身的作用。……隐喻理解不应只关注幕后的认知推理，还应注重语言单位本身的贡献。利用言语交际中的词汇构建一个新的特定概念，在关联性原则和语境的制约下激活相关概念，进而运用范畴推理，从始源域范畴中寻求合适的模型匹配来确定目标域事物的特征，这样的解释似乎更能反映隐喻理解的实际过程"。关联理论认为衍推是瞄准收集并分享内心意图的交际之恒定特征，更加确凿和实际。鉴于此，我们认为完全有必要引入更具解释力的词汇－语用解释。因为该解释承认言语过程的灵活性、创造性和语境依存性，所以在每一个词语的精确阐述中，以及在线（on-line）理解的过程中，这些过程的发生机制都具有即时性、自主性和无意识性。

何自然和冉永平（1998：106）指出："关联理论被证实是十分强有力的，它能解释大量有关语言理解和语言认知的问题，是认知语用学的理论基础。此外，它对认知科学、语言学、语言哲学等领域的影响都在不断增强。但是，它也像其他的科学理论一样，有它自身的弱点，但这些弱点只能看作是需要改进的起点，或者最终成为新的理论的基础。"刘国辉（1999：72）批判性地承认，专家学者"普遍认为关联理论弥补了会话含义理论的不足，解决了明说与暗含的关系，认知主体在话语理解中的地位、作用加强了，语境或语境假设占有重要位置，提出了关联是认知的基础，交际的最基本原则，对推理也予以了重视。但关联理论也有其自身的不足，如关联原则太笼统、太空泛，无法具体操作，过高估计了主观作用在话语理解中的地位"。威灵（Wearing，2010：197）言明，关联理论的隐喻阐释方案的症结在于其认为隐喻与反语或会话含义等其他语用现象具有本质的不同，而与普通字面性话语相近。与反语不同，隐喻是一种语言的描述用法，旨在表征事物是怎样的，而不是对另一种思维或话语的反应或态度表达。与会话含义不同，隐喻内容并不被隐含，而是组构着所言或明示传递的内容。

认知语言学和词汇语用理论均着力研发隐喻的原创性解释方案。两者对争议不断的隐喻现象都有不少的新启示且对未来研究均具有较大的借鉴价值。但迄今为止，这两条研究线索一直沉醉在各自的学术圈里，缺乏彼此间的比较和互通，始终似两条永不相交的平行线，未见弥合和共融。除一些根本性的差异以外，词汇语用理论和认知语言学绝不是针尖对麦芒的"死对头"，而是"你中有我，我中有你"、殊途同归的学术伙伴。我们认为完全可以，也应该在系统引介关联理论学术方案的基础上勾勒一幅两者交互契合的第三条中间路径，发挥两者的共同阐释优势，携起手来齐心协力，共同为揭开困扰学界千百年的隐喻的神秘面纱做出贡献。

新兴的词汇语用理论作为语用学的一个分支，目前正成为学界讨论的热门。该理论摒弃修辞学和传统语用学的观点，将词汇语义的嬗变过程确立为研究目标。词汇语用理论主张在加工任何话语之时，人们尽力以最小的努力或消耗提取尽可能大的认知效果。隐喻有两大特征：①听话人有效地提取含义要求话语具有字面的真实性，这使得隐喻成为一种松散谈话；②隐喻要比更直白、更直接对应的话语更具信息量。以特异性新概念为核心理念的阐释方案更具推导性，可直接按照寻绎关联性的规律性线索回溯到既符合说话人意图又适应听话人能力与喜好的阐释项，是隐喻研究的重大突破，对认知语言学的"大一统"局面极具借鉴和参考价值。

第 5 章　基本隐喻理论

5.1　引言

　　概念隐喻理论得到了先进理论支持的各种不同类型的经验证据（Lakoff & Johnson，1999，2002），与我们简要考虑的主要类型数据是一致的。在许多学者看来，隐喻概念的常规表达的前提是系统性的概念隐喻，而概念隐喻的证据主要来源于系统分析，从而可以产出丰富多彩的语言。

　　人类抽象思维的能力在很大程度上取决于我们将具体域（concrete domain）的信息映射到抽象域（abstract domain）的能力，这正是基于我们在具体域中的直接经验和基础经验（基本上是一些来自感觉运动的信息）。我们可以通过这种方式去理解抽象域的某些概念。这种隐喻认知机制中的大部分证据都来自语言学基础。同样，隐喻在解释诸如词义扩展（即多义词）等问题时非常令人信服（Lakoff，1987）。词汇并非是一种随意的意义集合，而是一种富有活力的动态网络，在这个网络中，许多从一个意义到另一个意义的扩展都是基于隐喻和转喻两者之间的联系。隐喻和转喻也为词汇意义（Sweetser，1990）甚至是语法结构的历时演变提供了水到渠成的途径。

　　因此，隐喻在概念隐喻理论中不是一种语言现象，而是作为一种认知机制而存在，由此可以帮助我们组织已有的库存概念。但这一假设必须用其他方式加以证明，比如心理语言学研究或者认知科学研究，我们可以从更广泛的领域来评估这一假设。

　　莱考夫和约翰逊（Lakoff & Johnson，1999）提出了支持其理论的心理语言学证据，但心理语言学研究是否支持概念隐喻理论的争论还远未结束。一方面，一些心理学家公开质疑这个理论，似乎不愿意接受其中的一些信条（Glucksberg et al.，1993；Glucksberg & McGlone，1999；McGlone，1996，2007）。另一方面，最近许多新的研究提供的证据似乎与概念隐喻理论一致（Boroditsky，

2000，2001；Boroditsky & Ramscar，2002；Casasanto & Boroditsky，2008；Gibbs et al.，2004；Meier & Robinson，2004；Santiago et al.，2007；Schubert，2005；Torralbo et al.，2006）。

概念隐喻理论指出，我们可以用创新性概念——基本隐喻来解决这些问题。自格雷迪（Grady，1997a）提出基本隐喻以来，复杂隐喻和基本隐喻的区别在所有的概念隐喻理论介绍中都占有重要地位。在莱考夫和约翰逊（Lakoff & Johnson，1999）的合著中，以上区别取代了先前对不同隐喻类型的描述，如本体隐喻、意象隐喻、结构隐喻等（如 Lakoff & Johnson，1980；Lakoff，1993）。

在概念隐喻理论中，靶域被理解为陌生的、抽象的概念域，需要用另一个已知域（源域）来表达。然而在格雷迪的假设中，人们对靶域和源域一样熟悉，因为它们都是一些常见的、反复出现的人们熟知的经验。例如，"欲望""困难""亲密"是与"饥饿""沉重""接近"一样人类所熟悉的体验，源域和靶域与我们的身体体验紧密相关，不存在文化特殊性。二者的区别在于它们的本质。格雷迪（Grady，1997a）认为，概念隐喻的产生和性质往往建立在更多的经验隐喻模式（experiential metaphorical patterns）之上，即基本隐喻或原始隐喻，它们都体现了我们在体验中的反复关联性，因而"亲密"与"亲近"并存，例如，"我和他非常亲密"体现了"亲密"与"亲近"两者之间的紧密性。再比如，"分析"与"切割"有关，"他巧妙地分析了问题"，体现了"分析"与"切割"的体验相关性。具有连贯性的基本隐喻可以组合在一起，从而形成复合隐喻（compound metaphor）或复杂隐喻，如"理论是建筑物"（THEORIES ARE BUILDINGS）由基本隐喻"组织是物理结构"（ORGANIZATION IS PHYSICAL STRUCTURE）和"坚持是直立的"（INSISTING IS ERECTING）构成等。

5.2　概念隐喻的局限性和基本隐喻的缘起

关于语言与思想的关系的众多谜团如：我们如何谈论不能直接感知的事物？我们如何传达对诸如"爱情""友谊""重要""和平""正义""通货膨胀"等这些抽象概念的想法？莱考夫和约翰逊倡导的概念隐喻理论提供了一种解释的可能性。在 1999 年的合著中，他们提出，我们抽象思维的能力在很大程度上取决于我们将具体域的信息映射到抽象域的能力（基本上是一些来自感觉运动的信息）。我们可以通过这种方式去理解某些抽象域。这种认知机制中的大部分证据都来自语言学的背景。

　　基本隐喻理论最初由格雷迪（Grady，1997a）提出，后来被纳入概念隐喻理论的"官方"版本（如 Lakoff & Johnson，1999；Feldman，2004）。格雷迪最初观察到的一些概念隐喻可以进一步分解成更简单的隐喻。在仔细研究了"理论是建筑物"这类隐喻之后，他又提出"理论是建筑物"实际上由两个更基本的隐喻构成，即"坚持是直立的"和"组织是物理结构"。事实上，这种分解可以扩展到隐喻系统的其他部分，从而一些隐喻就以"原子"或"原语"的形式出现。这些"原子"隐喻可以结合成更加复杂的隐喻。

　　基本隐喻的特殊性由其以下特点所决定：它们产生于经验关联，因为对经验关联的学习是一种无意识的和自发的行为，因此它们更具普遍性，也呈现出高度的具体化，所以源域和靶域所参考的经验相对来说是比较基本的。

　　基本隐喻最显著的特点与其起源有关：它们源自人们日常生活中的经验关联。这说明了该理论相对先前观点的一个变化，即隐喻的起源不是某种感知的相似性，而是共现的概念。例如，我们在许多生活场景中都会感知到伴随着物质或材料的数量增加，其高度也在增加。比如我们在书桌上摆的书越多，书也就堆得越高；当我们往瓶子里装水时，或者在其他类似情况下，也会观察到同样的相关性。数量和垂直性方面的表现是基于"方向向上"和"数量增加"的经验关联而产生的基本隐喻，它将解释"数量增加"这一更加抽象的概念，如"在这场危机中，世界各地的股票价格下跌"或者"胆固醇水平高可能导致心脏问题"。

　　语言学家克里斯托弗·约翰逊（Christopher Johnson）更进一步提出，在儿童概念系统发展的某个时期，他们不会去区分源域和靶域，而是将这两个领域混为一谈（C. Johnson，1997）。因此，对于被抱在怀里的婴儿来说，他/她所感受到的浓浓爱意和被抱着的温暖感觉同时存在，因此这两个概念在他/她的经验中就会被"混为一谈"。只有当他/她的认知发展到更高阶段时，他/她才能学会更精细地辨别这两个概念，然而，这两个域之间的联系一直以某种形式存在，并且是产生基本隐喻"情感是温暖"的映射基础。

5.3　基本隐喻理论的概念、内涵和外延

　　假如一个复合理论以一个基本隐喻为基础，那么这当然只是一个过程的开始。基本隐喻构成了对应的联系，最终将存在于一个更大的概念复合体中。譬如，"这个小镇对移民的冷漠就像一座冰川，慢慢融化"一句中，我们可以发现

源概念和目标概念之间的共同特征，即两者都涉及缓慢的变化过程，并且规模巨大（即冰川的大小和整个城镇的冷漠——尽管物理大小通常可以用隐喻表征代表非物理种类的数量和规模）。此外，寒冷并不是两者共同的特征。然而，"冷"似乎是隐喻的一个重要方面。"寒冷"和"冷漠"之间的基本隐喻联系是这种融合的起点。我们可以对这个基本隐喻进行以下假设：情感上的冷漠可以简单地想象成一个意象的"核心"，因为这一意象的特征是行动缓慢、规模宏大，所以这种整合过程和最终结果都具有典型的混合特性。整合是一个新颖的过程，是一种动态的和机会主义的实时构建。这一过程将选择性地映射源域"冰川"中的部分元素。比如，它表现出了冰川在变暖时融化消失的事实，但并没有提及冻结的水，也没有提及冰川消退所沉积的岩石和其他碎片等等。当然，整合过程可能会进一步细化，以便在采纳源域之后利用源域的这些维度。总之，这里的概念联想（conceptual association）与映射网络是概念整合理论关注的典型案例。不过，它的核心是"温度"和情感领域之间根深蒂固的映射关系，而不是"冷漠"和冰川之间的联系。

基本隐喻至少在以下两种不同的意义上得以高度体现。一方面，它们直接取决于人与环境的相互作用，从而取决于人的身体特征：通过我们的感知/感觉运动机能，直接源自我们的身体体验，诸如"温暖"或"高度"之类的概念。基本隐喻的具体性使之与语言和认知的具体方法相兼容（Glenberg，1997；Gibbs，2003）。另一方面，基本隐喻的具体性是从整合理论中衍生而来的：在最原始经验之中，两个相关域在大脑中同时被激活，然后通过赫布（Hebbian）学习机制（即"神经元一起发射，连接在一起"）建立神经连接。因此，莱考夫和约翰逊（Lakoff & Johnson，1999）的研究指出，隐喻在我们大脑中有直接的物理存在方式：它们是相关域在不同脑区间建立的神经联系。显然，我们通过与世界的互动，以一种自动的和无意识的方式来获得基本隐喻。由于许多为基本隐喻提供基础的经验关联都存在于人类共同经历的场景之中，而且所有人都有相似的身体经验，因此这些隐喻很可能是普遍的。可以说，普遍的原始经验往往会产生普遍的原始隐喻。这不同于复杂隐喻，因为在复杂隐喻中，基本隐喻组合成特定结构时，更容易受到特定文化因素的影响。基本隐喻还有其他的一些特点，如源域和靶域都是相对简单的域。简言之，源域是具体化的经验，通常与经验的直觉或动力意象图式有关，而靶域通常是主观的评价域（evaluation domain），如困难与否、重要与否、好坏与否、某个实体是否受到控制等等。

5.4　基本隐喻的实证性和可信性

利用物理的空间域来构造更抽象的时间域是所有隐喻中广为人知的研究。在此我们借用丹尼尔·卡萨桑托（Daniel Casasanto）的比喻，即时间成了我们特有的"果蝇"："对于隐喻理论家来说，时间已经变得像果蝇对于遗传学家一样。"（Casasanto，2009）大量研究揭示了空间和时间之间存在密切关系。总体来说，大多数研究都支持这一总体观点：时间域由空间构成（Boroditsky，2000，2001；Boroditsky & Ramscar，2002；Casasanto & Boroditsky，2008；Santiago et al.，2007；Torralbo et al.，2006）。关于时间的空间结构，概念隐喻理论提出了更为具体的建议，即至少有两种空间隐喻构成时间，即自我移动隐喻（例如"快到圣诞节了"）和时间移动隐喻（例如"圣诞节越来越近"），这一观点也得到了广泛支持（如 Boroditsky，2000，2001；Gentner et al.，2002）。其中一些研究还探讨了体验与隐喻系统之间的关系，例如莱拉·博格迪特斯基（Lera Boroditsky）和迈克尔·拉姆斯卡（Michael Ramscar）展示了现实世界中的一些空间情境经验（例如在自助餐厅排队或坐火车）是如何影响时空隐喻的（Boroditsky & Ramscar，2002）。身处移动物体中的人（例如在火车上）更有可能使用自我移动隐喻来表示时间，而经历物体向他们移动的人（例如等待火车）更有可能激活时间移动隐喻。

这方面的实证研究已经超出了概念隐喻理论最初的建议。最初，在"自我移动隐喻"和"时间移动隐喻"两个版本中，时间被认为是说话者前后轴线上的水平线，这样，未来在前，过去在后。拉斐尔·努涅兹（Rafael Núñez）和伊芙·斯威彻尔（Eve Sweetser）的手势研究表明，在某些文化中，这种组织是可以逆转的。例如，对于艾马拉人来说，未来在后，过去在前（Núñez & Sweetser，2006）。事实证明，时间线实际上可以有其他轴。例如，博格迪特斯基（Boroditsky，2001）证明讲汉语普通话的人也可以在垂直方向上对时间线进行概念化，认为过去是"向上"的，而未来是"向下"的（因此"向下"的月份一般意味着"下一个"月份）。此外，在这项研究中，她还表明说英语的人也可以被训练成按垂直的方向组织时间，这表明认知结构可以以更具体的方式加以实现。

最后，实证研究还发现了另一种时间空间化的方式，有趣的是，这种方式没有语言反射。在这些情况下，时间被认为是一条横向（即左右）水平线，而不是在矢状面上（即前后）的水平线。安娜·托拉尔伯（Ana Torralbo）等的启动试验、圣地亚哥等以及卡萨桑托和博格迪特斯基的手势研究表明了在西方社会这条水平线的走向是如何从左到右的，因此过去在左，未来在右（Torralbo et al.，2006；Santiago et al.，2007；Casasanto & Boroditsky，2008）。这似乎与写作和阅读的方向有关，有证据表明，在具有相反写作方式的文化中发现了用相反方向表达时间的情况（Tversky et al.，1991）。因此，对于希伯来人和阿拉伯人来说，过去在右，未来在左（同样的解释也适用于博格迪特斯基对汉语普通话母语者的研究结果）。

在当代隐喻理论的前一种观点中，隐喻表达的可行性被认为是各域之间映射的结果。概念隐喻的识别离不开对语言表达的分析：首先，语言表达具有一定的系统性；其次，再确定系统化背后的概念隐喻；最后，越来越多的语言表达证实了这种概念隐喻的存在。换言之，用于识别隐喻的元素也被用于确认隐喻。因此，由于隐喻的存在，某些奇怪的语言表达是可以解释的，但它们具有不可预测性。

在格雷迪的假设中，对基本场景映射的表达使得大多数表达具有很强的可预测性。例如，今井睦美（Mutsumi Imai）发现，对"欲望是饥饿"的隐喻基本场景的映射表明，"饥饿""口渴""食欲""流口水"等词语可能是识别这种隐喻在某些语言中使用的关键词（Imai，1999）。从这些关键词出发，上述学者从不同类型的文本和知识领域收集了上千种隐喻表达。这些关键词对于研究英语母语者和葡萄牙语母语者是否会将"欲望"概念化为"饥饿"的实验也非常有用。到目前为止，已经确定格雷迪所说的基本隐喻至少有两种不同的类型：有一些似乎是通用的，比如"组织是物理结构"；而另一些则更具体，比如"欲望是饥饿""困难是负担"等等。

后一种类型的隐喻更符合莱考夫和约翰逊提及的概念隐喻（至少在其1999年著作出版之前），这些隐喻具有特定的意象图式，因此我们可以很容易地从基本场景中预测隐喻所产生的语言。例如，词典可以清楚地定义源概念和目标概念，它们彼此是独立的。但是，普通类型域不能完全从词典中被分离出来。谈论其中的一个域就不得不提及另一个域，如"组织是物理结构"，反之亦然。此外，这个隐喻很像一个普通的隐喻，因为它没有固定的源域和靶域。世界上任何具体的东西都是以某种方式构建起来的。事物的特征涵盖材料、形状、功能、各部分之间的关系等，但这些事物是可以独立存在的。格雷迪在其论文中提到，在隐喻理论的传统研究中，这个隐喻不会被视为隐喻，因为这些领域不够具体，不能算作经验域（Grady，1997a：71）。并且，对于笔者而言，依此观点，域被认为是人类经验和感知（如活动）以及物理性质（如温度和大小）的特定类别。如前所述，原始隐喻假设中只包括人类经验和感知的某些范畴，以及某些物理性质可以作为隐喻的源域和靶域。例如，映射不能用作主域。然而，过于泛化的领域也不适合，因为即使可以确定基本场景，它们对预测关键词的帮助也是微乎其微，除非一些具体例子可以包括在内。

格雷迪认为，大部分基本隐喻都是在一个相对普通的层次上进行概念映射。"组织是物理结构"这一隐喻的动机是"被观察对象的部分、整体结构，并形成其内部逻辑关系的认知表征之间的相互关系"（Grady，1997b：282），这是一个很好的例子，其中一个非常普遍的经验范畴（experiential category）映射到另一个同样非常普遍的范畴。其基本场景的映射如下：实体部分是组织中的要素，物理部分之间的关系/位置是组织中各要素之间的逻辑和因果关系，物理结构的目的是组织的目的。

每个物理部分的功能都是组织中元素的功能。当我们试图识别映射许可的词汇项时，问题就随之产生。理论上，我们可以考虑任何物理对象，并将我们的经验映射到作为靶域的一个组织域上，这样它的物理部分就会映射到组织的元素上，这些部分之间的关系便映射到组织元素之间的关系上，以此类推。例如，如果我们所考虑的对象是人体，那么组织的要素应该用头、四肢、身体等来描述。组织的"头"应处于最高职位，其目的应是维持组织运作。这项任务的难点（识别映射许可的词汇项）在于物理对象的种类太多，几乎每个单词都有可能。此外，如果这样做，实际上是在处理一个复合隐喻。诸如"基础""框架""支撑""坚实""坚固""拆开""破坏""中心""外围""边缘""前后""组合""固定""移动"等是我们生活中的常用词语，物理结构正是来自这些复合词（compounds），这些复合词内部存在一种构造规律——基本隐喻的体现形式。如果一个组织的物理结构鲜为人知，那么如何用物理结构的目的来谈论这个组织的目的？如果我们对整个结构的特殊性没有最低限定，我们怎么能用隐喻的方式谈论部分之间的关系呢？

基本隐喻所使用的概念都与隐喻相关，因为复合隐喻是隐喻复合体，由源语通过不同的过程生成。然而，格雷迪似乎仍然没有对这个机制做出清晰的解释。在基本隐喻的统一过程中，即在复合隐喻的构建过程中，文化因素起到了重要作用。虽然基本隐喻的潜在动机属于物质层面而非文化层面，但它将以相似的方式存在于多种语言中，而复合隐喻形成的潜在动机将涉及文化的方方面面。基本隐喻会在一定的文化层面上进行组合，因此，每种语言都会有不同的复合隐喻。未来更广泛的研究应聚焦对隐喻统一过程的分析，以揭示文化在隐喻构建中的作用。

从基本隐喻的角度来看，基本隐喻理论与概念整合理论的交互与契合的构建过程与复合隐喻的构建过程截然不同。事实上，为了使源概念和目标概念在认知上保持统一，它们应该在某种程度上共享图式结构。然而，格雷迪认为，这样的结构不可能是意象图式，因为他认为只有那些与我们的感官体验（任何类型）直接相关的概念才具有意象内容。如上所述，源概念与具体的物理世界的感官输入相关，而目标概念则与这些输入的各种反应相关，如对个别刺激及其相互关系的判断和分析。因此，只有源概念才有意象内容，而目标概念更具主观性，与内部状态联系更紧密。

简言之，最新观点认为，基本场景（basic scene）是隐喻的基础，即一种反复出现的经验的认知表征（这种经验可能被描述为缺乏许多细节的一种局部情况），它涉及经验的两个维度，而且这两个维度紧密相连，并与源域和靶域都是相关的，因为它们在基本场景中具有紧密的相关性（Grady，1997a：162）。它们不涉及共同的特征，而只涉及共同的事件。例如，我们对"饥饿"的体验——感到饥饿——以某种形式被理解，其中一种与对食物的渴望有关，这是基于每当人饥饿时就会对食物产生渴望的体验。因此，"欲望"和"饥饿"之间的映射产生于反复出现的场景，在这些场景中，身体的饥饿感和对食物的渴望都能被同时体验到。同样地，每当我们举起东西的时候，也会体验到举起它们的轻松感或困难感。

正确的做法是我们应把基本隐喻看作模式，而不是更加充实、经过整合的概念化过程。这些概念化本身就构成了隐喻。基本隐喻是通用模式，而不是具体、生动的实例。这种区别在其他语言理论中也同样起作用，如终端节点与树形结构（Chomsky，1965）以及构式语法中的构式（Fauconnier & Turner，1996）。例如，"困难的是沉重的"是隐喻还是隐喻模板（metaphor modal）的问题在很大程度上是一个术语问题，但可能有助于澄清整合过程、整合产物以及输入空间之间的区别，这些输入空间来自除整合空间以外的认知来源。当然，这种类型的视图与整合理论的体系结构是自然契合的，后者允许多层次概念关系的存在。

基本隐喻是一种模式，这种模式很可能出现，但不一定会成为整合过程可以借鉴的模式。这种情况说明了动机而非可预测的功能在概念和语言模式当中起作用（Lakoff，1987）：相似性和临近性之间的联系是有理有据的，因此很可能出现并成为根深蒂固的基本隐喻。由此我们可以预测，基本隐喻模式是一种认知资源，虽然适用于许多不同语言的使用者，但这并不意味着适用于所有语言的使用者。未来一个耐人寻味的研究话题恰恰与这里讨论的人类经验的普遍方面相反，即具有基本隐喻特性的隐喻是否会产生同特定文化甚至是特定个人相联系的经验关联。例如，情绪和皮肤温度之间的相关性是真实而有经验基础的。当我们的情绪被唤起时，我们会感到温暖；当我们与他人亲近时，也会感到温暖；当我们亲密互动时，同样会感到温暖。冷淡和缺乏感觉之间存在概念上的联系，并不是因为与冰冷的物体或与无情的人会产生类似的经历，而是因为通过反复的经历，我们将温度的概念域与情感的概念域联系了起来。

莱考夫和约翰逊在《我们赖以生存的隐喻》中指出，相关性是概念隐喻的基础，这种基于经验基本维度之间反复出现的相关性的解释是基本隐喻理论的基础（Grady，1997a，1997b，1999；Lakoff & Johnson，1999）。与"无情是寒冷"相类似，以这种方式激发的其他模式，比如"逐渐增多是上升"（"破产激增"）、"功能性就是创造性"（"电脑功能下降"）并不能被解释为自发的在线类比映射的产物。这些模式往往是跨语言的，因为它们被相互关系所驱动，这些相互关系是最基本的而且是不可避免的，以至于它们在不同的文化中没有差异——不需要通过文化知识来将"温度"和"感觉"、"重量"和"困难"等联系起来。

到目前为止，伴随着《我们赖以生存的隐喻》和后来的基本隐喻研究，人们认为某些习以为常的隐喻模式是由经验中的紧密关联所驱动的，而不是由源域和靶域之间的共同特征所驱动的。然而，有些学者提出了其他更具体的关系，以作为这些类型的连接的基础。例如，福康涅和特纳（Fauconnier & Turner，2002：299）认为，"愤怒"和"热度"之间的隐喻联系（"他因愤怒而燃烧"）是基于潜在的因果关系。作为目标概念（愤怒）基础的经验激发了源概念所指的经验，即"热"这一感觉。其他一些主要的隐喻似乎遵循同样的目标概念和源概念的"目标—原因—来源"的关联模式。例如，"越来越多"（一堆）可以合理地追溯到重复与数量之间的联系，这是基于数量和高度的经验关联。当然，在这些情况下，数量是产生高度的一个原因。关于激发基本隐喻的情景类型的进一步讨论，可以参见格雷迪（Grady，1997a，1997b）与他和约翰逊（Grady & Johnson，2002）关于"主要场景"（main scenes）的论述。

但"目标—原因—来源"并不是一个适用于所有基本隐喻的模式。例如，"困难"和"沉重"（繁重的工作负载）似乎是源概念导致目标概念的情况；沉重（来源）是与物体互动的原因，而不是其结果。如果"功能性"和"直立性"之间的隐喻联系（例如"电脑坏了"）被认为是有因果基础的，那么因果关系是以哪种方式运作的呢？一根杆子因为立着才是杆子，还是因为它是杆子所以才立着？作为概念间隐喻关系基础的另一种关系是源概念是目标概念的一个更为特殊的实例[参见莱考夫和特纳（Lakoff & Turner，1989）关于通用 is 特定模式的讨论]。例如，在谚语"早起的鸟儿有虫吃"中，"早起的鸟儿"代表早于其他做某事的人。在这里，一个简单具体的例子代表通用的范畴。一些基本隐喻也可以被认为是这种关系的例子。例如，在一种常见的模式中，被引发的运动通常代表因果关系，如"我被催促去做这件事""贪婪驱动创新"等等。

推进作为一种典型的因果关系的地位显然是因果关系作为致使运动模式的基础，这种模式具有典型的基本隐喻特征。例如，源概念具有基础性和示意性，并与感官体验相关联，即推进是通过视觉或动觉、触觉感知来体验的。目标概念因果关系处在心理经验（psychological experience）的基本维度领域，不与任何特定的知觉图式相联系。此外，这种模式在其他不相关的语言中也可以观察到，例如阿拉伯语的"催促"。另一种常见的隐喻模式属于"特定"类，比如"知道""看见"，因为源概念与一种经验相联系，而这种经验总是包含目标概念的经验类型，即"看见"某种东西顾名思义就意味着接受视觉信息。

然而，还存在另一组基本隐喻，它们并不包括所有的隐喻。在许多情况下，基本隐喻的源域和靶域是相当独立的。"更多是向上"（MORE IS UP）就是一个很好的例子：数量和垂直高度是经验的不同维度。我们经常以与垂直维度无关的方式来判断数量，例如当我们谈论经历了多少压力、最近花了多少钱、听了多少首音乐等时，表示高度的数字并不是表示数量的数字的适当子集。当然，我们知道一堆东西的高度或容器中液体的水平情况是我们所知道的数量情况的一个子集，但这只是说，高度和数量有时作为场景的显著特征同时出现，它们有相关性，是一个交集而不是一个集合，即子集关系。

综上所述，我们可以发现，对基本隐喻进行解释有一个普遍化趋势：它们可以合理地追溯经验中的相关性（即一致的共现），这种相关性有时但并不总是反映源域和靶域之间的因果关系或实例化关系。《我们赖以生存的隐喻》提出，相关性是概念隐喻的基础，这一观点通过对基本隐喻的研究得到了完善，表明这些隐喻是由相关性直接驱动的一组特殊模式。这一分析提供了一个实质性的概念，即整合可能是基于对等关系，而对等关系在本质上是独特的隐喻。福康涅和特纳列出了部分类型的对应连接，它们可能连接不同空间元素。这些连接包括"框架中的成分与角色之间的连接、身份连接或转换，或表示类比连接、隐喻连接以及更一般的'重要关系'的映射"（Fauconnier & Turner，2002：47）。我们已经排除了类比连接作为基本隐喻这一基础，而隐喻连接正是我们需要深入理解的现象，虽然这个术语本身没有提供任何关于对等连接的信息，但是这些联系可能会促使基本隐喻得以产生。福康涅和特纳（Fauconnier & Turner，2002：101）后来列举出了 15 种重要关系，其中包括部分-整体关系、相似性关系、因果关系以及我们对世界和周围环境的理解的关系，但并不包括相关性。我们认为，应该在列表中添加相关性，以说明基本隐喻的经验和概念结构中的关系。在试图回答这个问题之前，我们应该简要考虑至关重要的关系在创造整合空间中的作用。

　　在概念整合理论中，新的形象化和概念化的最基本原则之一是将跨输入空间的关系压缩为整合空间中更简单的配置。例如，在前文举例中（Fauconnier & Turner，2002：39-44）中，一个和尚某一天上山的行为与另一天下山的行为之间的外层空间联系被压缩为整合空间中的某种特性——时间关系被压缩，从而使两个事件在同一天发生。鉴于这种理论机制，关联是一种重要的关系，是一种对应关系，因此在隐喻整合的过程中，关联也可能被压缩为唯一的一种关系。例如，价格的上涨将被概念化为"飙升"的实例，因为数量和高度之间的相关性被压缩为整合空间中的一个独特属性。

　　并非所有的经验关联都会导致根深蒂固的隐喻联想。事实上，许多常见的相关类型反而会导致概念之间的关联。例如，在我们的头脑中，一个物体和它的创造者之间的联系可以反映在产品生产者的转喻模式中，例如"她读了很多福康涅（指福康涅的作品）"和"我从来没有买过克莱斯勒（指该品牌的汽车）"。研究者发现了更多类似这种的常见的转喻模式，这些转喻模式是由同一场景中两种类型的元素（即框架内部关系）有规律地同时出现而产生的，例如"制定制度的场所"（华盛顿宣布……、华尔街还没被打动……）；"行动的手段"（我把球踢给他了……、她用棍子打他……）等等。经验中的其他规律性关联反而会导致既非隐喻也非转喻的非固定的联想模式。例如，我们经常会遇到某些类型的形状或图案与特定颜色之间的关联。比如，我们可以很容易地在黑白特写照片中辨认出青草，这是因为草与小刀形物体的特征图案紧密相连，与地面平行，且高度大致相同等等。基于常识，这种空间结构的视觉体验在我们的头脑中与绿色联系在一起。然而，没有传统的转喻将绿色的概念和草的形状模式联系起来（当我们真正指的是草叶的特征图案时，不指颜色，反之亦然。）

5.5　结语

　　本章讨论了基本隐喻假说引发的思考，与当代隐喻理论的早期观点形成鲜明对比。在新基本隐喻假设中，概念隐喻的产生和本质被认为是基于更多基本隐喻的经验模式，这种模式可以统一，从而产生复合隐喻。隐喻的经验基础是早期概念隐喻理论中难以解释的一个基本要素，在新的观点中有一个明确的类型：正是经验的两个不同维度之间的关联产生了隐喻。本章通过重点调查外语类核心期刊上刊载的有关概念隐喻的研究论文，发现概念隐喻具有以下两点发展趋势：①概念隐喻研究整体呈上扬趋势；②研究主题以概念隐喻与外语教学概念隐喻属性研究为主，并向多元化发展。

在早期观点中，隐喻的基本结构是意象模式（schema modal），即将完整域（integrated domains）映射到其他完整域的大型结构，而在新观点中，隐喻的基本结构是基本场景，然而这些场景都不够全面，缺乏许多我们经验中特定时刻激发的细节。它们是一种循环经验的认知表征，涉及经验的两个维度间的紧密关联：一个是具有感官内容的源域，即意象图式，另一个是更抽象的靶域，它没有意象图式，但与感官输入的各种反应相关。不同的是，早期观点认为，源域和靶域都有意象图式，从最简单、最具图式的域到最丰富、最生动的域。隐喻表达的许可被认为是源域与靶域之间映射的结果。

尽管在隐喻研究领域仍有一些问题亟待回答，如文化在基本隐喻生成中的作用、常见的概念作为源域的合理性等，但基本隐喻假说是概念隐喻理论中一个重要部分，因为它开启了使用基于经验证据的方法来显示在思维和语言中体现隐喻之间联系的可能性。

概念隐喻理论的目标是与认知科学相关性最强的目标之一：它与我们构建思维的方法相关。因此，对于对认知研究感兴趣的每位学者而言，该理论无论哪个发展阶段都至关重要。基本隐喻理论有助于将认知隐喻理论与当前其他的具体研究认知的方法（如具体化理论）联系起来。例如，阿瑟·格伦伯格（Arthur Glenberg）的模拟理论（如 Zwaan，2004）或认知符号理论（如 Barsalou，1999），这些理论与概念隐喻理论兼容，因为其研究结果为概念隐喻理论的一些观点提供了部分支持。

然而，这并不是说概念隐喻理论甚至基本隐喻理论近乎完美。例如，它们对基本理论的起源和发展过程（即融合假说）的阐述仍显不够；普遍性和文化特异性之间的相互作用（如 Kövecses，2005）显然需要进一步解释说明；甚至隐喻的心理语言学地位也不完全明确。莱考夫认为隐喻是大脑中稳定的、神经生理学上实现的结构，这一观点还没有得到神经科学的明确支持，而认知作为一个动力系统的支持会对观察到的许多现象提出不同的解释。最后，我们如何在隐喻理论的不同版本（即灵活性问题）之间进行选择，这也是将来必须解释清楚的一点。

　　至少，在这种情况下，以语言学为基础的理论与其他认知科学（如认知心理学、社会心理学或神经科学）的实证研究会相互起作用。至此，我们已经明白实证研究对这些理论进行改进的方法，就像"时间是空间"隐喻中存在的不同时间轴表现为隐喻的非言语实现（参见时间的左右隐喻），或者建议对一些隐喻进行限制或添加（参见卡萨桑托关于相似性即临近性的研究）。如果我们审视一下其他学科的作用方式，往往会发现都使用了空间隐喻。

　　概念整合是一个普遍过程，它可能是现代人类认知能力中最具决定性的一种能力（Fauconnier & Turner，2002：183-187）。它以机会主义的方式，结合其他各种各样的认知能力和资源相互作用，如记忆、注意力、语言、分类、学习等等。但正如福康涅和特纳所指出的，虽然整合可能是几乎每个与人类认知有关的故事的一部分，但它只是整个故事中很少的一部分。为了完整地描述任何给定的整合体是如何运作的，需要补充其他科学知识，包括相似或类比科学、注意力科学、分类科学等等，这其中也包括隐喻科学。隐喻融合是一种过程，但是理解概念整合的过程并不能告诉我们所有需要知道的隐喻概念化形成的细节，尤其是概念之间存在着各种类型的隐喻联系，包括基本隐喻以及拟人化和通感隐喻的模式，它们按照自己的原则运作，更像是整合过程的输入，而不是其产物。

　　在这些独特的变体中，基本隐喻占有特殊的地位，因为它们是许多比喻概念化的基础，这些概念上的联系创造了相似的假象。例如，人们很容易忽视这样一个事实，即"寒冷"和"冷漠（缺乏情感）"，就像高度和数量一样，两者完全不同，不可通约。我们经验中的联想是如此强烈，以至于一个群体的冷漠态度就像冰川带给人冷冰冰的感觉一样，人们基于主观意识来发现它们之间的关系。人们不假思索地使用这种隐喻模式并基于其整合进行思考。

　　基本隐喻是认知语言学中一个至关重要的概念，学界对此的研究颇多。对于一些复杂的语言现象，认知语言学做出了更为系统的描述和解读。针对现有研究视角的局限性，如对相关语言现象的理解缺乏认识和解释，以及对相关现象的交际功能存在误解等等，本章在概念整合理论的指导下，基于语言形式与关联方式之间内在关联性的假定，从认知语言学的视角出发，论证了动态语境中基本隐喻的实证性和可信性，并指出了概念隐喻的不足之处。基本隐喻理论和概念整合理论的弥合与契合是一种获取最佳关联的独特的认知语用方式，认知语境效果最佳。

第6章　涌现隐喻理论

6.1　引言

以传统认知为基础发展的隐喻研究，在很大程度上受到生成学派"规则允准表达"（rule license expression）的影响。概念隐喻理论认为，潜在隐喻和特定隐喻性话语预测之间的关联反映了语言能力和语言运用之间的联系，隐喻可借此派生出"深层"与"表层"结构，用以诠释语言能力和语言运用二者间的互动式发展。隐喻研究的目标之一是列举出语言研究者在自然语言中所笃定的隐喻性话语基本规则，即便这些规则可能尚未在自然话语中得到证实。生成学派强调语言所表达的句子和意义的数量是不可预估的，而范例理论（Exemplar Theory）认为，对于单个语言使用者来说，隐喻不再是寻常接触的使用标签（隐喻语言表达），而是系统的概念结构（概念图式），且频率效应（frequency effect）①在其中有一定的影响；隐喻的规约化在概念隐喻和特定表达层面上都反映出了语言的频率效应。这意味着范例理论是验证频率效应对隐喻的影响的最佳模型，也是对隐喻诸多特征的最佳解释。在此背景下，涌现隐喻理论（Emergent Metaphor Theory）衍生而出。该理论认为，频率效应着力于语言处理和存储，其表现出的工具属性为理解所有隐喻类型的性质提供了较好的视角。同时，隐喻映射的非对称性、隐喻的等级性、个体表达意义的特异性以及儿童隐喻能力的出现等主要特征，皆可用该理论加以解释。

美国新墨西哥大学语言学系教授丹尼尔·桑福德（Daniel Sanford）在其新近创始的涌现隐喻理论中鲜明地指出，隐喻是连接认知语域（cognitive domain）的图式，隐喻频率的差异是隐喻系统的核心方面，隐喻在整体映射（overall mapping）和个体话语（individual utterance）层面上均受频率效应的影响

---

① 频率效应是表示交流激发极化效应的参数之一。词汇提取的频率效应意味着，词的频率越高就越容易被提取。所谓频率高就是指人们接触这些词的机会多。

（Sanford，2008a，2008b，2010，2012，2013，2014）。令人遗憾的是，国内认知语言学界尚未关注这一前沿动态。据此，本章抓住这一契机，在详介范例理论视域下的语义建构观、涌现隐喻理论和相关概念范畴之间关系的基础上，考究基于使用的隐喻研究新范式，以期为今后认知隐喻理论及其实证研究提供借鉴。

6.2 范例理论视域下的语义建构观

6.2.1 范例理论的主体思想

范例理论认为，范畴不是由成员标准组成的离散实体，而是围绕着一个"核心"构建的，该"核心"是范畴中例子的典范。范例理论（Brooks，1978；Estes，1986；Hintzman，1986；Nosofsky，1986；Medin & Edelson，1988）与原型理论（Rosch，1973；Lakoff，1987）有着明显的区别。尽管两者有许多相同的中心假设，但是原型理论定义的范畴是围绕单个中心成员并根据范畴内实际的、经体验的实例而构建的，而范例理论定义的范畴是"该范畴的记忆标签库"[cloud（s） of remembered tokens of that category]（Pierrehumbert，2001：140），即"所有感知到的标签都得以范畴化和存储，创建了直接表征所蕴含的范畴变体"（Pierrehumbert，2001：151）。既定范畴的所有成员都与所经历的事件一一对应，标签组的频率最高时，其效力也最强，是该范畴的核心。因此，语言范畴具有梯度性，例如一个特定的语段可以有许多不同层级的语音表达形式；范畴具有一定的内部结构，例如某些参数范围对应于范畴中的"最佳"成员，这些都取决于语言如何被体验、感知和学习。在将范例理论应用于语言处理和存储的过程中，语素、单词、结构、语段等这些在日常生活中触手可及的连续的语言数据流单位一经重复便产生了范畴（Pierrehumbert，2001；Croft，2007）。对于既定范畴，最常体验的单元都会得到加强，同时它们实例化的图式产出率也会随之提高，反之同理。

概言之，范例理论模型提供了孕育涌现的语言机制：存储每个使用标签，该标签与其他标签的接近程度由其与这些标签的相似性（proximity）决定。范例的强度随着频率的增加而增强。因此，音节、单词、语段等口语中大小不同的单元都会以重复的方式得到有效存储并由于存储冗余而涌现。单元无论大小都会自我重复，只是较小的单元包蕴于较大的单元中。

6.2.2 范例理论的核心要素

6.2.2.1 频率

语言运用不是潜在抽象规则的副产品，即先验的潜在抽象规则包含了语言，而话语仅仅是规则的体现。与之相反，语言表征是由语言符号直接操作的，频率是决定表征的引擎（Langacker，1987：59；Croft & Cruse，2004：291-327）。传统的语言分析单位（语段、音节、语素、词、结构等）不是语言的组成部分，而是以泛化形式出现的实体，是从语言使用者反复接触的序列中抽象出来并促成图式组织和范畴出现的实体涌现。同时，对于任何既定的范畴，那些最常体验的单元都会得到加强，进而它们实例化模式的产出率也会随之提高，而不常体验的标签则相应地变弱。

频率可以通过两种方式计算：标签和类型。标签频率（token frequency）是一个给定单位的原始频率，即给定一个特定单位（任何层次的语言结构），其在一个语料库中出现的频率（作为衡量一个语言使用者体验的频率）即为标签频率。类型频率（type frequency）指的是模式频率，具体而言，是一种语言实例化模式的项数。琼·拜比（Joan Bybee）和保罗·霍普（Paul Hopper）以 break（打破、终止）为例对标签频率与类型频率进行了解释：break 的过去式 broke 在语料库中出现的次数就是 broke 的标签频率；而其类型频率则是指与其过去式有类似元音变化的动词（如 spoke、awoke）的数量（Bybee & Hopper，2001：201-226）。这种形式的过去式的类型频率将大大低于以-ed 结尾的动词过去式，也就是说，这种模式更适用于小范围内的词形变化。另外，表征的强化（指认知显著性的增加）可以在类型频率或标签频率中实现：特定词项的高标签频率会导致该单个词项的表征得到加强，而高类型频率会导致某一类型词的图式得到加强。例如，weep（哭泣）的过去式 wept 的标签频率较低，致使该动词过去式的形式表征减弱，而-ed 形式的动词过去式 weeped 的类型频率较高，导致其图式随之加强，所以 weeped 的使用愈发常见。因此，一般而言，类型频率与产出率呈正相关，而标签频率则与其呈负相关，结果只能是高类型频率的图式比高标签频率的图式更强大，更具能产性。

6.2.2.2 关键原则

有学者指出，狭义的、具体的表征和广义的、抽象的表征之间并非绝对二元对立的关系，其中范例表示的泛化范围至为关键，并且在理论上是可测量的（Smith，2005：47-48）。有关频率的各种实证研究结果也证实了基于频率的语言结构研究的几个关键原则：第一，语法知识是概率性的；第二，频率增加了可及性（图式越频繁，反应速度就越快）；第三，类型频率影响了能产性（高类型频率决定了图式应用于新项目的可能性）。

首先，绝大多数此类研究都集中在语音、形态和结构上。基于说话者之前的语言经验，桑福德（Sanford，2010：28）得出的其中一个预测是："语法判断不是绝对的，而是概率性的。"在珍妮特·皮尔霍姆博特（Janet Pierrehumbert）的实验中，研究者向受试者呈现无意义的单词对立体，并让受试者评估母语使用者对这些单词对立体的接受度（Pierrehumbert，1994）。每对单词对立体都包含一个低频词和一个高频三音节序列词。研究假设是，辅音组合的可能性越多，越有可能被母语者接受。实验结果证实了这一假设，并表明说话人对语音结构的统计知识是建立在经验基础上的，并且这些业已存在的知识结构能够用来评价新的形式，这表明体验过的知识在他们的心理语法系统中占有一席之地。

其次，玛丽·黑尔（Mary Hare）等验证了频率对可及性的直接影响（Hare et al.，2001）。贝克纳·默顿（Beckner Morton）和赫伯特·鲁宾斯坦（Herbert Rubenstein）等表明高频词的读取比低频词更快（Morton，1969；Rubenstein et al.，1970）。黑尔等（Hare et al.，2001）在两个实验中将这些发现扩展到形态学的复合词上。实验中，研究者要求受试者写出含有特定动词的句子；然后，受试者执行词汇判断任务（以动词的基本形式作为启动词，判断其相应的过去式形式）。研究者通过评估受试者在以上两步的处理速度来判断频率对动词可及性的影响。实验表明，不仅规则动词会受到频率效应的影响，不规则动词也会受其影响，由此证实了基于使用的论断，即语言中的使用单位也是存储单位，经常出现的（高频）语素一起存储，语素出现的频率影响其之后的认知可及性。

基于频率的语言研究的第三个关键原则是，模式的频率（类型频率）对其能产性有直接影响。有研究者也对其进行了验证。例如，艾娃·达布罗夫斯卡（Ewa Dabrowska）和马辛·什切尔宾斯基（Marcin Szczerbinski）研究了几个变量对波兰语在不同历史发展阶段的所有格、第三格、直接宾格屈折变化的影响（Dabrowska & Szczerbinski，2006）；塞缪尔·王（Samuel Wang）和布鲁斯·德尔文（Bruce Derwing）研究了说英语的人如何形成非元音音变动词（non-vocal ablaut verb）的过去时（Wang & Derwing，1994）；其他研究（Baayen & Lieber，

1991b；Moder，1992）也都支持了类型频率能够加强图式这一预测，这也是模式用于生成新词的一个主要因素，模式的频率越高，越有可能促使生成一个新词或衍生该词的新生意义。

6.3 涌现隐喻理论概要

范例理论认为隐喻是一种概念图示，因为范例理论认为隐喻主要是由图示与范例构成的语义单位，其中图示是相对概括与抽象的概念，范例则是反映图示的具体示例，是图示的具体化表征。在所有基于范例的方法中，尤其是在语义应用中，若要确定分类所依据的参数，仍然有大量工作要做。但对于隐喻的应用，我们可以将范例理论视为研究频率效应对隐喻产生影响的最佳模型，主要研究问题有：①当说话者在话语之间建立联系时，形成联系所必需的相似性程度如何？②衡量这种相似性的标准是什么？③源域和靶域在隐喻话语之间建立联系的相对基础是什么？在此背景下，桑福德（Sanford，2008a，2008b，2010，2012，2013，2014）开始系统探索涌现隐喻理论，对隐喻的存储和处理做出了一些更为具体的预测。下面简述涌现隐喻理论的核心要义及其隐喻图式涌现模型。

6.3.1 涌现隐喻理论的核心要义

范例理论认为经验影响表征，感知中使用的形式和模式影响记忆中的表征。高频词和短语更容易读取，因而表征更强；低频词更难读取，其表征变得弱化甚至可能遭到遗忘。词汇强度可能会随着其在不同语境中的使用而改变，应用于较多项的模式比应用于较少项的模式更强大，更容易被读取，因此更具能产性（Bybee & Hopper，2001：6）。涌现隐喻理论认为隐喻便是这种模式，因而会受到频率效应的影响。这些影响既涉及源域–靶域映射本身概念所触发的图式层级，也涉及个体隐喻预测话语的语言实现层面，且源域–靶域映射相关概念所触发的图式层级的影响比语言实现层面更为强烈。

涌现隐喻理论建立在大卫·奥尔布里顿（David Allbritton）等以及蒂莫西·克洛瑟内（Timothy Clausner）和威廉·克罗夫特（William Croft）的开创性研究基础上，两者均利用概念图式识别概念隐喻理论中的规约化跨域映射（Allbritton et al.，1995；Clausner & Croft，1997）。奥尔布里顿等（Allbritton et al.，1995：612）提出"概念隐喻可以提供一个类似于图式的结构来组织关于某

一个主题的信息"。前人有关隐喻在激发常见习语意义中的积极作用研究
（Gibbs，1994a；Gibbs & O'Brien，1990；Gibbs et al.，1997）发现，当隐喻意
义的图式被激活时，隐喻图式相关概念的关联会加快受试识别单词和句子的速
度。因此，例如"Public officials desperately searched for a cure"（公职人员拼
命寻找治疗方法）这句话，如果出现在与犯罪相关的句子之后，那它就与
"犯罪是疾病"所激活的认知图式有关；但如果出现在关于警察感染肺炎的
句子之后，就不再被解释为"犯罪是疾病"图式（Allbritton et al.，1995：
613）。根据这一研究思路，先前存在的隐喻图式只有在实例化中才能有效激
活，且激活的图式与原先的图式有着很大区别，图式一经激活，便会遍及整
个关联的语义框架。源域和靶域在语义上仅通过隐喻映射（如犯罪和疾病）
相关联，跨域激活效应的运作为跨概念域运作的图式提供了有力的证据。克
洛瑟内和克罗夫特（Clausner & Croft，1997）的研究则进一步发展了隐喻跨
域映射图式，认为由罗纳德·朗盖克（Ronald Langacker）定义的图式是一个
以给定图式的精确性和细节性为特征的、理解一个给定隐喻的基本参数，也
是评估该隐喻能产性的前提（Langacker，1987：373）。克洛瑟内和克罗夫特
（Clausner & Croft，1997：257）将隐喻的图式应用于隐喻的理解与评估，并
将隐喻的图式化程度定义为"以跨域映射图式为特征的概念区间"。因此，在
特定的语言中，每个概念区间都包含了释解某一具体隐喻概念中最恰当的图
式。只有在评估了图式之后，隐喻的能产性——"图式范围内可以实例化为
表达式"（Clausner & Croft，1997：257），以及可由隐喻授权的表达式的程度
（即其类型频率）才能一一得到解答，这一说法与拜比（Bybee，1995：425）
的观点相谐合，即认为图式的能产性依赖于其界定的属性和强度。个体隐喻可以
存在于连续统的任何位置，该连续统的一端是概念隐喻，另一端是低透明度的习
语。据此，可以认为隐喻的梯度能产性是概念图式的主要证据，概念图式的区间
位置决定了隐喻表达实例的多样性。

　　涌现隐喻理论的基本要义可概括为，无论是在单个词语和话语层面，还是在
概念隐喻层面，说话者先前对隐喻的接触频次为后来隐喻性话语的处理起到了重
要作用。也就是说，隐喻的产出与解释是通过频率效应来运作的，其方式类似于
在语音、形态、词汇和句法现象中反复观察到的频率效应。说话者经常接触的表
达方式在模式上是"固化的"——提取方便且能产性颇高——这与它们的频率成
正比。由于实例化的频率要比模式整体的频率高得多，因此这类模式的特定实例
化可以独立于整体模式而实现自我增强（Sanford，2012：356）。

6.3.2 隐喻图式的涌现模型

如上所述，涌现隐喻理论作为一种解释模型，其有效性依赖于跨域映射层所引发的隐喻效果，且这些效果在语言结构的其他层次得到了切实的证明。根据涌现隐喻理论，隐喻是连接认知域（cognitive domains）的图式结构，隐喻频率的差异是整体隐喻系统的一个核心方面，隐喻在整体映射和个体话语层面都受到频率效应的影响（Sanford，2012：355）。涌现隐喻理论模型的最大优势在于，其描述语言结构的依据并非只关注脱离于语境的语言表述，而是将其连接到认知层面，根据具体语境所激活的认知图式开展更契合该隐喻意义的探索，这表明隐喻规约化并不是一成不变的，而是随具体隐喻实例而变动，因而源域向靶域的认知映射亦是一个反反复复的过程，只有激活了该隐喻最佳的认知图式，源域向靶域映射的特征才是有效且贴切的。

6.3.2.1 隐喻的自主性和特异性

隐喻在本质上是一种人类理解周围世界的具体感知形式和建构自我概念的重要工具，在日常生活的动态实践中不断完善已有图式（孙毅、周锦锦，2020：13-15），因而隐喻图式并非是静止不动的，而是不断发展、延伸的。频率效应是持续存在的，由于说话者不断地接触语言和不同的实例化图示标签，隐喻图式在强弱度上会显现出差异性。此外，由于说话者接触某一语言表达频次的不确定性，频率效应对图式的内部复杂性会有持续的影响。图式实例的高频率会导致它们从已认可的图式中脱离，逐渐抽离于更具普遍性的图式，正如拜比和霍普（Bybee & Hopper，2001：125）所指出的，"一种形式的高频率削弱了其与其他形式的关联"。一种特殊的语言形式可以凭借其高标签性频率让其本身固化，与特定图式中的其他形式失去联系，并获得一定程度的自治性（Bybee，1995；Hay & Baayen，2002）。图式组成结构依附于高频元素，这些元素在图示结构中的重新分配与其自治性密切相关。例如，依据重复条件组块（repetition conditions chunking）的说法，随着时间的推移，不断共现的元素形成了成分结构，使得重复出现的字符串成为使用和存储的单位（Haiman，1994）。在网络模型中，图式是在共享型或相似元素的基础上，通过话语之间的连接（语义、语音和句法）形成的。由于组块效应（the effect of chunking）的存在，语块的构成成分对语块整体意义的贡献逐渐减小，具体表现为：常见搭配的组成成分越来越少地参与到整体意义的表达中，高频连接失去了与类似形式的组成成分建立连接的基础（Bybee & Scheibman，1999；Beckner & Bybee，2009），且其与图式中其他例子的联系减弱，形成了独立的加工路径；最终，其具体加工过程中所突出的属性也是不同于以往作为某一组块成分的图式。

6.3.2.2　隐喻的词语强度

扬·斯万隆德（Jan Svanlund）认为，词汇隐喻的"强度"，即其从源域中唤起概念的能力各不相同（Svanlund，2007）。虽然隐喻的强度与它的规约化程度不同，但隐喻的强度本身就是一种规约化属性，在词汇层面上依附于单个词语。斯万隆德继而指出，词汇隐喻的强度并不完全取决于整个跨域映射的强度。他认为，词汇隐喻的传统比喻意义大多与单个词语联系在一起，而不是与潜在的概念隐喻联系在一起。涌现隐喻理论能够很好地处理词汇隐喻之间的差异。总的来说，隐喻是在广泛的跨域映射的层面上得以规约化的，其源域和靶域之间存在本体或认识上的对应关系（Lakoff & Johnson，1980；Lakoff，1993；孙毅，2019），这些对应关系或映射结果以图式的形式出现在相似的话语中。

然而，由于单个词语常被用来指代特定目标而远离其所参与的图式，它的常规隐喻意义可能会与整体图式的关联形成反差，因此当给定单词具有固定的隐喻意义时，由于语境的不确定性，其对于整体图式的跨域映射的预测性是比较随机的，无法确定其会落在图式的哪个区间。但是随着时间的推移，该词所诱发的特定映射会从认可图式中获得一定程度的自治，其图式也随之丰富，当其再次与具有特定隐喻意义的词语一起使用时，其整体的隐喻意义必然是强于既定隐喻的整体意义的。就此而言，一个词的隐喻性解释存在特殊化的可能，并且难以由既定的图式预测。概括来说，诸如"隐喻依赖于某些源域词语而忽略其他词语"的倾向，在以往的隐喻研究中并未得到充分诠释，但对词汇隐喻的强度的解释却在基于词语出现频率的研究方法中得以明晰。

6.3.2.3　隐喻生涯假说

隐喻生涯假说（Career of Metaphor Hypothesis）认为，当说话人接触到新的隐喻话语时，会将之与原先的隐喻话语进行对比：听话人将已知的源域和新奇隐喻中的靶域进行类比，基于比较得出推论，并通过将源域中的相关结构映射到靶域，在目标语境中解释源域（Bowdle & Gentner，2005：210-213）。然而，随着词的隐喻用法的规约化，处理过程则由原先的比较逐渐转向范畴化，不是从单个词语层面进行对比，而是在词语所在的范畴内解读隐喻性话语。词的字面意义和隐喻意义具有共同点，在此基础上引出的概念被概括成一个新的范畴。在这一阶段，所涉术语具有一种固定的隐喻意义，这是新构建的范畴的核心。因此，对于一个从未接触过"人是狗"这一隐喻的听众来说，"人是狗"这一话语会促使他们尝试用类比推理的方式将狗的相关特征映射到人身上。然而，如果听众之前多次接触过此隐喻，那么他们会在人和狗的从属范畴之上构建一个新的范畴，该范畴包含了两者共有的抽象结构，狗的喻义则是该抽象范畴的原型。隐喻生涯假说对一个词的新颖和传统比喻用法的处理过程所做的预测与涌现隐喻理论是完全一致的。隐喻生涯假说所强调的由词语类比到范畴化的过程其实就是涌现隐喻理论中词汇使用频率变化所引起的词汇逐渐脱离原有使用图式、逐渐丰富并形成独立组块的过程。当听众接触到一个词的新奇隐喻时，在相关图式的临近语义上，会征用最适合该词新生成意义的隐喻图式。

6.3.2.4　隐喻的自治性

当特定的映射完全自治时，即脱离现有的隐喻图式时，基于映射形成的整体概念图式就会显现出不可预测的规约化属性，这种部分自治或完全自治只存在于固定表达所在的语境中。例如，blow the whistle at X（对 X 吹口哨）参与了一个广泛的概念图式，其中凸显了听力方面的概念化，如"That's a loud tie; that outfit screams 'available'"（这条领带很花哨，那套衣服很抢眼）。除了语义特殊之外，句法并不灵活：虽然我们可在时态上对吹口哨进行有限的操作，但这些词出现的先后顺序是固定的，且中间不能插入任何成分，并且对在它前后出现的词有严格的限制[①]。这种影响反映在康帕尼（Company，2006：97）所描述的"句法取消"（cancellation of syntax）中，即由于频率在句法结构形成中的作用，时间推移导致的频率变化可能使主观表达失去其正常的句法能力（Travis，2006）。也就是说，隐喻表达以一种脱离语境的方式存在于语言社区集体所有成员的概念系统中（孙毅，2020a：98），但其图式的任何实例化一旦形成，便将激活整个图式。隐喻图式和句法图式的交叉意味着单一话语可以激活跨域映射和结构模式。隐喻驱动的习语本质上就是一类既能激活狭义的、高度自治的跨域映射，又能激活具有高度规约性的句法结构的话语。

---

① 替代形式——whistle blower 的字面解释"吹哨者"与 blow the whistle at X 的字面解释"向 X 吹口哨"有关，但这本身就是另一种根深蒂固、相对僵化的表达方式。

6.3.2.5 隐喻的家族性

概念隐喻理论的一个主要特征是，概念隐喻塑成了相关的隐喻家族，源域的结构为靶域的概念化提供了一种连贯的方式，如就"生命是一场旅行"隐喻而言，交通工具、障碍、出发点、目的地等源域（如"旅行"）中一系列相互联系的结构都会为靶域（如"生命"）的理解提供一连串对应的特征。跨域映射允许使用源域中的概念和术语来描述靶域中的并行思想，但更为关键的问题在于，如何让不均衡的映射到靶域中。实际上，语言隐喻通常不会从概念域中均匀地提取术语和概念，而是重复地提取特定的元素。原因之一是在特定的词汇和短语中，隐喻意义会固化。重复使用一个词或结构来唤醒源域的某个特定方面，使得所讨论的形式在一定程度上从认可图式中获得自治，变得固化。在形式本身固化的同时，形式与支配映射的隐喻图式之间的联系也随之被削弱。这种根深蒂固的形式具有相对固定的解释。固定形式的表征越强，就越容易理解，也越容易在源域中提取。例如，我们在表示"看见"和"照亮"的一类词中发现，频率效应产生了一个默认的词语以唤起意指"知道即看见"的源域。我们可以将 illuminate 与 brighten 进行对比，brighten 与 illuminate 具有大致相同的字面意义，但并不具有"让人理解"的自发隐喻意义。illuminate 参与了"知道即看见"（KNOWING IS SEEING）的图式，但在该图式中有一个高度固定和独特的解释①。在该词以隐喻的方式被使用时，图式被激活，但说话者并不是直接征用隐喻意义，而是通过整体图式重新构建隐喻意义。这个词的源域中的一个特定概念（增加亮度会让某物看起来更清楚）和靶域中的一个特定概念（让想法更易理解）产生了直接联系。虽然 brighten 这个词可能会唤起相同的源域（看见），甚至是源域中"增加亮度"这一相同概念，但其隐喻意义并未固化。因此，对于听话者来说，它的隐喻意义必须根据该图式来解释，而 illuminate 却不然。上述例子中所指出的不平衡类型是隐喻实例得以固化、被重复标签的自然结果，同时也表明：隐喻映射不是预设性的话语，也不是非此即彼的静态话语结构。这类图式一旦形成，就可以用来解释和创造新的隐喻，使解释更加充分，能产性逐渐提高。

6.3.2.6 隐喻加工与年龄

隐喻的等级性并不是一个充分解释绝大多数隐喻的特征，即作为隐喻认知基

---

① 这里假设它的使用跟"知觉"相关，是一个高标签频率。

础的跨域映射、整合网络、范畴化陈述过程，要么发生，要么不发生。这里，一种形式的隐喻度指的是既定图式自治的程度。词汇隐喻、程式化隐喻、隐喻性成语和其他任何常规化隐喻性话语，在任意情况下，只要潜在的映射被激活，产出话语都是隐喻性的。这种激活依赖于形式与控制映射的隐喻图式间的连接强度，并且形式与图式的连接强度随其自治程度的改变而变化。不论具体隐喻理解的线性加工顺序是直接加工型、三段加工型还是平行加工型（孙毅等，2019：67），其具体形式的发生机制都无法剥离理解者接触某一隐喻的频次。一个形式出现的频率越高，它与认可图式的连接就越弱，它激活潜在图式的次数也就越少。在语言使用者的头脑中，图式形成于使用的标签之上，并随着实例数量的增加而增强。在同一言语社区中，说话者接触隐喻性使用标签的频率相当，因此具有大致相同的图式结构，即每个言语社团都有专属的历史、文化、风俗、人情和价值标准（孙毅，2010：48）。当然，与之相关的是，说话者接触隐喻性使用标签的时间越短，他们与那些用更多时间积累范例的语言使用者的跨域映射就越不相符。

相对于众多"标签云"（clouds of tokens），儿童的语言体验非常短暂，因而没有接触到足够多的实例，也就无法生成图式。相关研究证实了年龄与隐喻理解能力之间的强对应关系（Billow，1975；Nippold & Sullivan，1987；Broderick，1991），儿童很早就具备了隐喻能力，但并不会像成年人一样理解隐喻，因为隐喻是人类生活经验的结晶，是对生活的语言提炼（孙毅、张盼莉，2016：48）。儿童的语言经验显然没有成年人丰富。因此，如果隐喻系统在一个语言使用者内部发展为标签存储的抽象概括，那么我们完全可以预料到，虽然幼儿可能具有跨域映射的能力，但他们没有积累足够的语言经验来发展特定的图式以促进映射。当儿童逐渐触及成年人的隐喻世界时，他们通过接触包含使用标签的个体隐喻形式，形成对自我或言语社区而言的新图式，从而影响其文化共享隐喻系统中的跨域映射。

6.4　基于使用的涌现隐喻理论新路径

尽管概念隐喻理论及其启发下的研究方法对隐喻系统的本质产生了非同一般的影响，但其仅倾向于隐喻属性的分类，并未对其详细解释，且忽略了隐喻生成和理解的动态性。在《我们赖以生存的隐喻》中，学者内省自创的大量隐喻实例被实证主义者贬斥为刻意编造的"怪胎"，在真实话语交际中无从寻觅（孙毅，

2015：20）。涌现隐喻理论则认为隐喻和隐喻系统应该被理解为一种涌现现象，即人类基本认知意象的产物，认为将个体及其相关隐喻中的角色理解为从使用的语言中产生的实体最为恰当。概念隐喻理论和其他隐喻研究方法表明隐喻特征难以处理，但若将隐喻研究的基础聚焦于语言的实际使用而非潜在的已经预设好的先验结构时，那些难以处理的隐喻结构便能够找到合理解释的出口。据此，涌现隐喻理论尝试探讨基于使用的隐喻研究路径，其隐喻图式处于不断发展变化中的观点使得隐喻被视为一种涌现现象，可直接解释隐喻在规约化方面包含隐喻"家族性"在内的其他属性。语料库和定时调查的研究方法能够将隐喻的隐形发展变化量化为显性数据，可直接为涌现隐喻理论提供切实可信的证据，提升涌现隐喻理论相关研究的可操作性及其研究结论的信度和效度。

6.4.1 语料库方法

语料库隐喻研究的目标是确定大量隐喻映射的总体频率，桑福德（Sanford，2010：119-151）的语料库研究基于在指定源域中对某一隐喻实例化的基本术语进行的抽样，从中收集的数据也能够支持涌现隐喻理论的核心要义，证明隐喻在具体使用频率上是具有差异性的，即与同一概念域中语义相似的其他选择相比，特定源域中的某些关键词的使用更加频繁。

该研究的基本步骤可以参照埃莉诺·罗施（Eleanor Rosch）的经典原型理论（Classic Prototype Theory）实验（Rosch & Mervis，1975；Rosch，1978），该实验初步确立了独立认知领域的十个基本术语，其经常被用作隐喻来源：战争、赛车、光、儿童、食物、写作、植物、电池、机器和身体。基于这些术语在一个大型语料库（3.85 亿多字）中搜索隐喻用法，以确定潜在概念隐喻结构的定量数据。为了对语篇中隐喻映射的总体频率进行有意义的比较，在选择隐喻时，我们不妨采用以下标准。

（1）隐喻通常被认为是一个具有能产性的认知实体，允许隐喻话语的实例化。所有选择的隐喻都须取自"重要隐喻目录"（Master Metaphor List）（Lakoff et al.，1991）。该目录虽然尚未穷尽所有实例，但其中所包含的词条代表了认知学界广泛接受的概念隐喻，而且它们的阐述方式争议性较小。

（2）所有的隐喻都存在大致相同的隐喻层级（metaphor networks）。隐喻家族的特点是等级依存关系（Kövecses，1995a：316），因此许多隐喻都包含下位范畴。在研究时应尽可能选择相对孤立的隐喻，即所使用的隐喻尽量不具有普遍性，也没有明确的模式化特例。

（3）成对出现的隐喻可从意义层面进行比较，如可以选择具有共同的靶域（如"竞争"）、不同的源域（如"战争""赛车"）的隐喻。该方法能够直接将源域项进行比较，使得每项映射都实例化，凸显出其在单个词或短语层面的差异，这些差异决定了源域图式所激活的具体隐喻表达的常见与否，如"He argues like a soldier"（他像士兵一样争辩）与"He argues like a racer"（他像赛车手一样争辩）。

6.4.2 定时调查法

定时调查法的具体操作是采用关键词定时调查法（Key Terms Timed Survey），得出源域中每个域的"基本"概念和词汇，并将其视为搜索关键词。该方法基于经典原型理论（Rosch & Mervis，1975；Rosch，1978），该理论要求受试在列出某一类别的特征或示例时，将最频繁出现且出现在列表靠前位置的特征罗列出来，与那些最接近原型定义的范畴核心的范例特征相对应。此方法的指导性假设是：首先，参与者列出的频繁使用的术语必须与说话者理解指定领域必需的概念相对应；其次，在大型语料库中搜索能够实例化目标映射的三个明喻。在满足以上两条假设的基础上，明喻的操作性定义为"X 像 Y"这一表达式。一系列实验测试了隐喻跨域映射作为认知实体的三个关键预测（一个域的系统性适用于另一个域；域与域之间存在不对称性；对话语的字面解释不可能与语境义兼容），这些认知实体在语言中起着频率效应的作用。此外，这里所概述的隐喻，是将每人每次接触到的隐喻话语记作一次使用标签。在交际过程中，说话者可以在线选择使用哪个源域来对应特定的靶域。这些决定是基于一系列因素做出的，包括源域的具体性（Stefanowitsch，2005；Sanford，2008a）和说话者之前对每个隐喻的接触频度。不同时期不同说话者的选择促成了语言中每个隐喻映射的整体频率。隐喻图式的形成和固化依赖于频率，这就意味着图式强度与数字概率直接相关：如果 x 是说话人所接触到的所有隐喻话语的集合，y 是实例化特定跨域映射的隐喻子集，那么 y/x 就是给定隐喻发生的概率。

因此，如图 6.1 所示，隐喻涌现认知图式将隐喻的语言实例与涌现隐喻理论相结合，形成了隐喻图式动态发展变化的认知过程，通过标签频率与类型频率分析具体隐喻使用的认知结构，同时借助语料库和定时调查的方法使得隐形的隐喻变化在数据层面得以显化，增强整体研究的信度和效度，使读者对隐喻涌现现象的理解更为直观、容易。语料库方法聚焦于隐喻映射的总体频率，而定时调查方法通过标签频率甄别隐喻使用高频示例与隐喻能产性之间的关系。二者统一于剖析基于使用的隐喻研究新路径，更全面地将动态涌现的隐喻与人的认知理解相结合，充分阐释了隐喻认知图示所具备的普遍性与特殊性。

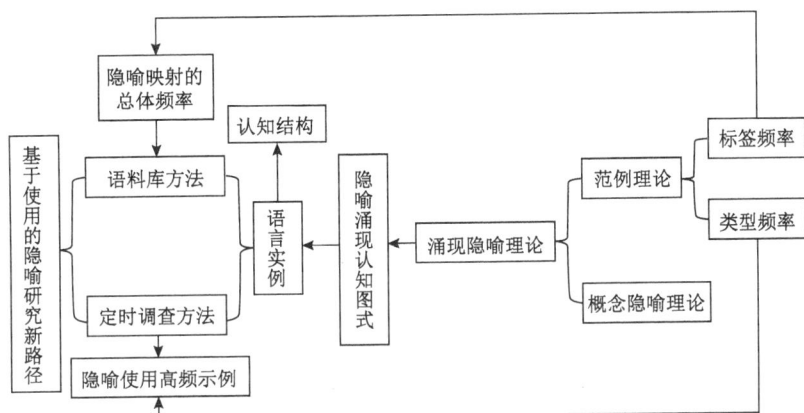

图 6.1　基于使用的涌现隐喻理论新路径

6.5　结语

概念隐喻理论的提出使我们深刻地认识到隐喻是一个概念系统，而不是传统意义上的辞格，这些在概念隐喻理论的进一步迭代和随后出现的隐喻认知理论中都有所反映。但是随着研究的深入，概念隐喻理论仍然很难解释类似"映射贫乏""映射不对称"的问题。

本章引进探讨的涌现隐喻理论对隐喻本质的概念系统有了更为动态和深入的看法，认为隐喻图式是随着隐喻话语的加工、使用而产生的，并随着其使用频率的增加而强化。涌现隐喻理论的核心要义"频率效应"进一步凸显并阐释了隐喻的自主性、特异性、词语强度、隐喻生涯假说、自治性、家族性以及隐喻加工与年龄的关系。语言隐喻是指与隐喻有关的语言使用事实可直接输入激发语言的概念系统中。如果语言隐喻是建立在一个更为普遍的概念系统之上，那么这个系统就是由语言运用实例驱动和塑造的。也就是说，作为隐喻图式的认知结构是在隐喻使用过程中涌现出来的，新的隐喻实例在涌现的隐喻认知图式的基础上生成，又在不同语境下的实际语言使用中经过判断、加工，再形成新的认知图式。这是一个不断演变的过程，只要不断有新的意义生成，这个涌现过程就会一直持续，隐喻的图式也会随之不断丰富。此外，由于隐喻是一种基于使用的语言现象，因此本章所提到的语料库方法和定时调查方法，可用于探索隐喻使用中的跨域映射等问题。涌现隐喻理论的提出并非局限于简单弥补以往隐喻研究的不足，而是在基于语言使用的基础上形成了隐喻研究的新路径。虽然目前的涌现隐喻研究尚处于起步阶段，但是基于其对隐喻图式的强有力解释和科学研究方法，可以断定其或将引领今后隐喻研究的主体动向。

新兴的涌现隐喻理论以概念隐喻理论和范例理论为基点，为困扰认知语言学界已久的、主流的概念隐喻理论和概念整合理论所不能解决的隐喻特征涌现问题提供了救赎出路和可信方案。本章在引述范例理论视域下的语义建构观、概述涌现隐喻理论和厘清相关概念范畴间关系的基础上，探讨基于使用的涌现隐喻理论研究新路径。根据涌现隐喻理论的核心要义，隐喻的认知结构在所使用的语言隐喻实例之中涌现，而这些实例又在隐喻涌现的认知结构基础之上产生、判断和加工。通过语料库研究、定时调查研究等基于使用的隐喻研究路径，聚焦隐喻使用的类型频率、标签频率与隐喻能产性之间的相关性，对使用中的隐喻认知图式的普遍性和特殊性做出充分的阐释，能够弥补以往隐喻研究对其用法及共现研究的不足。

第 7 章　感知与语境限制模拟器理论

7.1　引言

　　传统隐喻理论，如其所依据的语言和认知理论，体现了命题逻辑和计算机编程的影响（Barsalou，1999，2008；Brandt，2005；Gibbs，2006）。这些理论方法都表明，思想是由算法完成的，类似于在计算机上运行的数字程序。感知被转化为传递给大脑的信号，然后再次转化为抽象、类似代码、非表征性的"大脑语言"，并由基于形式逻辑的规则制约算法予以处理。这些算法以信号的形式输出，并被传输到运动控制系统，进一步转换为动作。在这些模型中，认知加工与感知和行为相互分离，而情感则和推理相对立（Clark，1997；Brandt，2005）。巴萨卢（Barsalou，1999，2008）认为，基于算法的、如代码般的（amodal）系统具有一些格外醒目的特性，包括表示类型和标记、生成范畴推理、表征命题和抽象概念的能力。但是，巴萨卢（Barsalou，1999，2008）基于感知的认知理论是一种明示的具身研究方法，始于生物大脑通过感知和物理行为与世界的互动。思维是由一个模拟感知的平行神经系统完成的，模拟可下延至原始感觉和运动与世界的相互作用的底层。因此，语言本身是感觉、认知和运动控制过程的一部分，换言之，人类思维具有"体认"特征（孙毅、周锦锦，2020；孙毅、王媛，2021）。巴萨卢的语言和认知理论为理解隐喻在思维、文化再生产和交际中的作用，以及调和以往隐喻理论中的矛盾、弥补理论疏漏提供了坚实的基础。

7.2　感知模拟器理论

7.2.1　感知模拟器理论简介

　　巴萨卢（Barsalou，1999，2008）的感知模拟器理论（Perceptual Simulators

Theory）认为认知在本质上是感知的，依赖于"感知符号"，激活的神经簇分布在大脑的感觉和运动区域。巴萨卢提出了一套用于概念思维的神经系统，所涉神经系统与加工直接经验所用的神经系统并不一定相同，它在各个层面与初级感觉运动系统平行、模拟和交互。这些平行神经系统基于直接经验的诸多特质复制或模拟经验，用以填补直接经验中的细节空缺。

随着人们对事件加以体验，他们大脑各个独立的感觉运动区域（视觉、听觉、触觉、运动控制等）就会对相关感知进行记录和加工。在抽象概念的底层，人们通过对边缘、形状、颜色、色调和音量等元素的原始感知来与外界接触。这些原始感知元素被过滤（部分受当前工作记忆内容的影响）并聚合为感知特征（如面部、物体、运动），在更高层次的聚合区进一步汇成对物体（如人、猫、鲨鱼）或事件（如猫追逐核桃壳）的复杂感知。类似经验的记忆由框架或图式的知觉符号的综合系统组织而成。图式及其相关感知符号发展成对各种经验和概念进行无限模拟的模拟器。正是通过这些模拟，我们能够感知想象并未实际经历过的事件，包括未来事件和不可能事件（图7.1）。这表明感知从来不是孤立的，过去接触的物体会影响甚至限制未来的知觉（孙毅、唐萍，2021：17）。

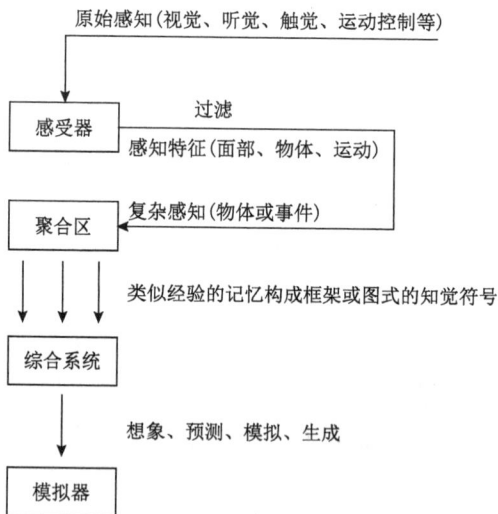

图 7.1　基于概念思维的平行神经系统

初级知觉神经系统通过内部传感器的压力、温度等来感知周围环境，形成身体本身及其内部状态的直接体验。基于概念思维的平行神经系统从概念中构造模拟经验，并把该经验从相似的反复体验中抽象出来。知觉神经系统自下而上地运作，直接感知大多数细节并整体感知对象的抽象复合特征。我们内在状态的本体感知和内省意识有自己的感知模拟器系统，包括认知事件的内省模拟器，如对情感或想法的感知。它们感知和处理内部刺激，如压力、温度、各种形式的疼痛和愉悦、识别和认同，这都与基于概念思维的平行神经系统中的本体感知模拟器相匹配（Damasio，1999；Gibbs，2006）。

在知觉神经系统中，相关特征被聚合成可理解的整体，并随着感知逐渐向更高的抽象和融合层级移动，而与即时情景无关的特征会被弱化或完全滤除。在概念神经系统中，随着模拟逐渐激活低层级的抽象概念和高层级的细节，与即时情景相关的特征就会增加。因此，特定对象和事件会被重构，其重构方式与当前的认知语境相一致。知觉神经系统和概念神经系统以重要方式相互作用。当人们对外界加以体验时，他们会通过对比感知模拟和实际感知进行识别和分类。在辨识过程中，知觉神经系统亦可填补概念神经系统的缺失细节。

7.2.2　概念隐喻与感知模拟器

感知模拟器可以解释概念隐喻理论中的主题（topic）体验能成为载体（vehicle）的缘由。根据感知模拟理论，当一个隐喻词或短语被深入处理时，与该词或短语的字面意义相关的神经系统被暂时弱激活，体验为载体概念模拟（Barsalou，2008），不同类型的模拟器被激活。"温暖的感觉"（warm feelings）、"内在的一切都被撕碎了"（all torn up inside）、"内心忐忑"（butterflies in my stomach）都会激活本体感知模拟器和情感模拟器。"坚实的基础"（strong foundation）、"松散的末端"（loose ends）和"面向未来"（facing the future）则会激活本体感知模拟器和内省模拟器。"一项艰巨的任务"（a mammoth undertaking）、"聪明的想法"（a bright idea）和"冷幽默"（dry humor）激活的都是感知模拟器。下文从本体隐喻、结构隐喻、方位隐喻分别例示感知模拟器在隐喻识解中的运作机制。

一种很常见的本体隐喻就是拟人化，如"通货膨胀是一个强敌"（Inflation is a *powerful foe*）、"他的理论向我解释了一切"（His theory *explained* it all to me）、"癌症最终追上了他"（Cancer finally *caught up with* him）。通常拟人化隐喻强调人的某些方面（Lakoff & Johnson，1980：33-34），如"对抗性"["通货膨胀正在摧毁我的储蓄"（Inflation *is destroying* my savings）、"她被悲伤征服"（She *was overcome* by grief）、"时间与我们作对"（Time is *against* us）]和"友善性"["命

运对他很好"（Fate was *kind* to him）、"时间站在我们这边"（We have time *on our side*）]。在拟人化隐喻中，隐喻载体激活了丰富的情感和内省模拟器，强大的社会图式被激活，其他与人类相关的模拟器则受到抑制。虽然漫画家凭借其敏锐的洞察力和天马行空的想象力可以轻而易举激活这些被抑制的模拟器，但要把命运、时间或晴雨表解释成一个具体的人是站不住脚的。

结构隐喻以隐喻方式把一个概念"建构"成另一个概念。它由作为子部分的本体隐喻构成，每个结构隐喻都对目标概念施加一个与其吻合的结构（Lakoff & Johnson，1980：219），如"这不会有进展"（This isn't *going* anywhere）、"让我们推动这个项目"（Let's get this project *moving*）、"我们的关系走进了死胡同"（Our relationship is *a dead end*）。在这些结构隐喻中，与旅行表达相关的模拟器被抑制，内省模拟器则组织不同元素与主题对接相连（参见 Vervaeke & Kennedy，1996）。

方位隐喻以身体经验为基础，但也受文化经验的影响（Lakoff & Johnson，1980：15）。莱可夫和约翰逊（Lakoff & Johnson，1980，1999）认为，隐喻深深植根于身体体验中而不会被逆转。一种文化中可能有也可能没有"健康是向上的"的隐喻，但任何文化都不可能有"健康是向下的"（尽管康健者的确是脚踏实地的）的隐喻。一般来说，"幸福""健康""生活""掌控""地位"都是"上升"的；"多""德""善""理"都倾向于"向上"。他们用体验的相关性来解释这些联系。例如，人生病时通常是躺着的，物体积聚时是成堆的，物体越多，堆积越高。在任何情况下，与"向上"和类似主题相关的本体感觉、情感模拟器都会被激活，而与语境无关的感知运动模拟器会立即被抑制。这些联想一些始于婴儿期（Lakoff & Johnson，1999）。婴儿很快就能把幸福感和满足感与从母亲身上体会到的亲近感和温暖感联系起来：这种身体上的亲近感和温暖感与心理上的幸福感自然会被概括为"亲密""温暖"与爱的联系，以及"疏远""冷漠"与缺爱的联系，因为这些词语和婴儿神经层面上已经建立的联系非常契合。

以上隐喻的分类并不互相排斥，而且特定表达常以两种或以上的结合方式来激活感知模拟器。例如，结构本身常用作隐喻，无论是用于其他对象还是用于概念（如建立"稳固的"婚姻、事业等）。乍一看，这些似是本体隐喻的例子，但"建筑"也可作为结构隐喻，如"为你的论点奠定了坚实基础"（lay a solid foundation for your argument）；"建筑"也能充当一个方位隐喻，如"进入底层"（get in on the ground floor）、"上升到更高层次的抽象"（go up to a higher level of abstraction）。每种情况的过程基本相同：隐喻载体激活各种感知模拟器，与语境无关的模拟器被抑制，与语境相关的模拟器则在工作记忆中保持激活状态，从而附加到主题或者工作记忆中正被激活的图式上。

7.3　语境限制模拟器理论

巴萨卢（Barsalou，1999，2008）声称感知模拟是认知的主要模式。在处理语言时，我们体验到了对内部生理状态（相互感受）和认知状态（内省）的模拟感知，以及对情绪反应和外部感知的模拟，如视觉、听觉、触摸等。瑞奇的系列著述将巴萨卢（Barsalou，1999，2008）的感知模拟器纳入意义模型领域，指出隐喻载体通常在一个扩展意义域内激活一系列感知模拟器。语境作为包含意义的容器，其各个方面和感知关系的相关性对说话者和听话者用这些概念领域进行表达的方式和理解话语的策略产生了极大的影响。因此，语境作为听话者获取的思想子集（Ritchie，2006：78）在话语产出和理解过程中发挥着重要作用。语境限制模拟器理论正是将隐喻理解的语境意义与感知模拟器相结合，突出语境在话语理解过程中的决定性作用。值得注意的是，语境限制模拟器理论还能避免隐喻解释的循环性（circularity），即适用于最佳关联的语词相关特征须以另一隐喻解读的完成为前提（Ritchie，2013：62）。

7.3.1　语境限制模拟器理论与概念隐喻理论的联系

语境限制模拟器理论（Context-Limited Simulators Theory）整合了概念隐喻理论（Lakoff & Johnson，1980）、感知模拟理论（Barsalou，1999，2008；Gibbs，2006）和语义联系理论（Landauer & Dumais，1997；Kintsch，1998）。因为语境限制模拟器理论始于特定语境中的解释，它与概念隐喻理论的假设相左，即一般潜在的概念隐喻必然存在主题相似的各种表达，要么使说话者立足于这个常见的概念隐喻，诉诸不同表达方式来传达同一主题；要么使该隐喻的理解完全透彻（参见 Keysar & Bly，1999；Shen & Balaban，1999）。瑞奇（Ritchie，2008：180）还进一步指出，隐喻理解依赖的当前语境意义的诞生并非源自模拟器在高度激活后与语境紧密相关的词和与隐喻主题的联系。事实上，对隐喻的理解有各种不同的方式，即使隐喻完全被误解，听话者也能大体理解说话人的意图。例如，"toe the line"（遵循某条路线）常被误说为"tow the line"（遵守某项规定或要求），显然这是基于概念，例如根据"The official story is a barge"（官方说法是一艘驳船），可以推导出"The team member is a tugboat"（团队成员是一艘拖船）。由此可见，两种截然不同的隐喻的认知语境的变化大致相同。

此外，即使对隐喻做出了全面的理解，根隐喻的差异也会导致结论上细微的出入。语境限制模拟器理论与概念隐喻理论的主要区别体现在隐喻表达族群与其潜在概念隐喻的关系分析上。例如，莱考夫和约翰逊（Lakoff & Johnson，1980）对追溯至概念隐喻"论辩就是战争"（ARGUMENT IS WAR）的许多语言表达，如"论辩是象棋""论辩是桥梁""论辩是拳击"（Ritchie，2003）进行了讨论，他们认为，用来描述论辩的各种表达方式不以"论辩就是战争"作为基本隐喻或根隐喻，是因为用这种表达方式的很多人其实并没有参与战争的具身体验。具有不同程度的暴力、竞争力和其他特征而具有广泛争执的活动可在认知和文化层面组成一个意义域，有利于感知强度从该意义域所含元素中选择出隐喻载体（Ritchie，2003，2006）。因而有如下隐喻，如"下棋就是战争""战争就是下棋""辩论就是下棋"，因为这些常见的经验激活了一套广泛的感知模拟器，有助于理解"战争"概念和"论辩"概念。

7.3.2　语境限制模拟器理论与概念隐喻理论的对比

语境限制模拟器理论与概念隐喻理论虽有区分，但两者的假设一致。巴萨卢（Barsalou，1999，2008）对莱考夫和约翰逊（Lakoff & Johnson，1980）提出的"情感体验是隐喻性的，而非生理性的"观点表示强烈反对。儿童从婴儿期就形成了概念和模拟器。因此，儿童一旦习得语言本身的概念，便开始形成与语言相关的复杂模拟器，他们就能在遇到相关模拟器和概念时迅速将其和语词联系起来。"随着语言技能的发展，儿童学会了从他人话语中有效地构建模拟，并把内部模拟转化成话语传达给他人。"（Barsalou，1999：607）。

莱考夫和约翰逊（Lakoff & Johnson，1980）提出了一套令人信服的概念隐喻发展的案例，根据感知（包括感觉运动知觉和内部状态）间的经验关联，儿童从早期即开始形成概念隐喻，如"好的是向上"（GOOD IS UP）和"更多是向上"（MORE IS UP）。根据语境限制模拟器理论，概念隐喻在语言习得前的某些情况下以高级概念模拟器或聚合区的形式出现，并随时与所遇到的语言表达进行关联。与概念隐喻理论相同，语境限制模拟器理论的核心是概念隐喻、高级模拟器或与感知经验相关的聚合区。然而，与托马斯·朗道尔（Thomas Landauer）和苏珊·杜迈斯（Susan Dumais）以及沃尔特·金奇（Walter

Kintsch）的研究结果一致，语境限制模拟器理论更重视语言，因为语言是概念发展的直接来源（Landauer & Dumais，1997；Kintsch，1998）。大多数人主要通过语言调节了解广泛使用的隐喻，如"战争"（war）和"紧身衣"（strait jacket）；其他大众化的隐喻载体则基于只存于语言中的纯粹虚构概念[如"巫术"（witchcraft）、"龙"（dragon）和"魔法"（magic）]。正如巴萨卢（Barsalou，1999）所指出的，语言是极其强大的，因其能激活并连接感知模拟器并从中构建出完全独立于任何经验的新图式。此外，瑞奇还认为，不同经验间的细微差别是一个连续统，任何编码语言（code-language）不可能将经验完整地表述出来，因为这些经验中的情感、审美以及精神特质远远超过人类语言的表达能力（Ritchie，2006：125）。因此，模拟器的假设更符合人们对隐喻的认知加工。

　　莱考夫和约翰逊（Lakoff & Johnson，1980）认为，人类的基本隐喻系统首先建立在我们直接的身体经验之上。吉布斯（Gibbs，2006）回顾了大量研究后发现，婴儿的反体感知与情绪表达方式暗示了身体和感知间的跨模态联系，如间断音调和间断线、"上升"音调和向上箭头。身体动作和语言表达的相关性也在婴儿身上得到了验证，当喜悦、惊讶和悲伤的面部表情分别与上升、脉动、下降和连续的音调相匹配时，婴儿会一直注视这些表情（Walker，1982）。这些发现要么与一些跨模态链接假设一致，要么与生命早期的感知关联性假设契合。无论何种方式，结果都符合这样的观点，即感知的共同要素（如光的亮度、音调或音量的变化）在感知增强过程早期就激活了跨模态感知模拟器。对于基本隐喻系统来说，它是建立在直接物理体验基础上的，是一套可行的机制（Lakoff & Johnson，1980）。根据语境限制模拟器理论，隐喻主题的体验是通过抑制与载体无关的主要感知模拟器，并将该主题链接到与载体有关的次要感知模拟器上进行的。正如在讨论和尚爬山之谜时，空间是一个令人困惑的来源（Fauconnier & Turner，2002），"爱是身体上的温暖和身体上的亲近"被下述事实所困扰，即爱的表达（母爱和其他形式的爱）一般都包括身体上的接触——温暖和亲近。这种模棱两可的感觉在流行歌曲中有着恰如其分的表达，比如欧文·柏林（Irving Berlin）的歌曲《我的爱让我保持温暖》（*I've Got My Love to Keep Me Warm*）中，爱与身体温暖和亲近的字面性（直接体验）联系[The "literal"（directly experienced）]强化了人对爱的隐喻理解，彰显了"温暖"（warm）和"亲密"（close）的力量。

　　莱考夫和约翰逊（Lakoff & Johnson，1980）提出了若干种隐喻类型，如本体隐喻、结构隐喻和方位隐喻。尽管这种分类对于语境限制模拟器理论来说并不比在概念隐喻理论中重要，但其为组织基本概念隐喻和语境限制模拟器理论的对比讨论提供了一套有效方法。下文着重关注本体隐喻。

本体隐喻以对象和物质的形式表达抽象经验，通常具有不同的形状和边界（Lakoff & Johnson，1980：25）。本体隐喻包括把概念表达为对象[如"我们正在为和平而努力"（We are working toward peace）]或是把概念量化[如"这个世界上有太多的敌意"（There is so much hatred in the world）]等等。莱考夫和约翰逊（Lakoff & Johnson，1980：27）对两个本体隐喻阐述进行了对比，例如，"思维是一个实体"（THE MIND IS AN ENTITY）、"思维是一台机器"（THE MIND IS A MACHINE）（如"我的思维今天不运转了""他仍在制定那一系列问题的解决方案"）和"思维是一件易碎品"（THE MIND IS A BRITTLE OBJECT）（如"我要崩溃了""他的注意力分散了""现在她的自尊心很脆弱"）——这些例子都发生了相同的过程，即主题与框架（对话内容）交互以激活一组特定的框架和与主题相关的图式，以及最显著的相关感知模拟器。载体与框架和主题交互，用其感知模拟器激活另一组模式；那些与当前被激活的框架和主题不一致、不相关的模拟器被抑制，而与框架和主题一致的、相关的模拟器则保持激活状态并与主题连接。例如，在讨论与国民经济相关的投资或失业问题时，人们通常会说"通货膨胀正在造成损失"（Inflation is *taking its toll*）。该主题——广义的价格上涨，与第一个隐喻载体"通货膨胀"交互，抑制了与气球、轮胎或气泡充气时体积增大的物理过程相关的感知模拟器，使与一般想法相关的内省模拟器附加到主题（即价格）之上。"收费"（toll）引入了第二个隐喻载体，激活了与"过路需要付费"相关的感知模拟器，以及对收过路费有所反应的典型的内省和情感反应次级模拟器。在这些普遍的文化中，与 toll 隐喻相关的次级模拟器被激活，这是因为该隐喻的使用与身患疾病或艰苦劳作的人的健康和幸福息息相关。与过路费相关的初级模拟器和与健康相关的模拟器，由于和价格、经济的框架和主题不一致而被抑制，最终使得情感和内省感知模拟器与主题相关。"投资泡沫"这一隐喻是"X 是通货膨胀"这一隐喻的延伸，但它激活的感知模拟器与 toll 的截然不同。

在"我要崩溃了""他的注意力分散了""现在她的自尊心很脆弱"这样的隐喻中，主题（如说话者的情绪、受试者的注意力或自身）将与任何可能的对话框架互动，以激活心理状态的图式，包括内省和本体感知模拟器。一些与易碎物体以及减少损害而谨慎行事的模拟器相关的感知、本体和内省模拟器也能保持激活状态，与语境无关的模拟器则被抑制。这一解释与莱考夫和约翰逊（Lakoff & Johnson，1980）分析的总体方向一致，但语境限制模拟器理论并不要求激活与隐喻载体相关的全套模拟器。相反，与有限的认知能力一致，大多数与隐喻载体相关的图式都会被抑制，只激活与主题有联系的较低层次的或更多内在的本体感知模拟器及其情感和内省模拟器。

本体隐喻中有一种典型用法，即"容器隐喻"。我们把物质当作容器，如鱼在水里，鸟在空气里。视野、事件、行动和状态都可作为容器，如"它正映入眼帘"（It is coming into the view）、"视野范围内空无一物"（There is nothing within the field of vision）、"他还在比赛中"（He is in the competition）等。情感和社会地位也可用容器隐喻来表达，如"Do in Rome as the Romans do"（入乡随俗）。然而，莱考夫和约翰逊（Lakoff & Johnson，1980）所举的其他例子却是以"水"或"矿井"为依据的载体，如"他陷入了沉思"（He is deep in thought）、"他们坠入了爱河"（They are falling in love）。语境限制模拟器理论的解释与莱考夫和约翰逊（Lakoff & Johnson，1980）的分析一致，但其无须指定任何特定的根隐喻或概念隐喻。隐喻载体 in love 或 deep in thought 根据经验激活内省和本体感知模拟器，包括对容器的体验，以及进入洞穴和地面上其他孔穴的体验。这些模拟器附加到主题上并更改其在工作记忆中的当前表征。由隐喻载体激活的模拟器可以纳入个人的直接体验和文化间接体验，也可利用文化强势图式，如"容器"或"向下"。

7.3.3　语境限制模拟器理论要素

7.3.3.1　文化模式与感知模拟

人类文化为我们提供了一套关于竞争和冲突的模式，从游戏、竞争和争吵到校园混战，再到全面战争（Eubanks，2000；Gibbs，1994b）。这些模式激活了一组重叠且各具特性的感知模拟器，它们共同形成了一个广阔的"概念域"或"语义空间"（Katz，1992），可以沿着多个维度进行组织，比如破坏性、严肃性、情感价值和有序性。交互形式的直接体验和被图式激活的感知模拟器也可沿着相同或平行的维度逐渐移动，其中一些知觉反应被削弱，而另一些则被加强。我们倾向于将与一种对抗形式相关的表达隐喻性地应用于其他形式，这取决于我们打算激活并链接到听话者工作记忆主题上的感知模拟器。因此，如果我们将击剑、国际象棋或拳击等领域中的术语，比如"挡刺""反击""阻挡"，应用到实际战争中，我们就低估了战争的侵略性和破坏性，转而支持更趋于体育运动甚至受规则约束的观点。在该观念中，用于合理运算的模拟器的激活状态得到加强。相反地，当我们把战争中的术语（如"扔炸弹""屠杀"）应用到体育比赛中时，我们旨在强调比赛的猛烈攻击和毫不留情，强化感知相关模拟器的激活，而淡化规则约束、娱乐相关模拟器的激活。不论是哪种情况，在使用与对抗形式相关的隐喻时，我们都会暗示一种特定的故事场景（storytelling），并激活与这些故事场景相关的经验模拟，从而增强该隐喻表达的效果（Ritchie，2010a：140）。

总之，我们有许多和各种形式的争论密切相关的图式。其中一些基于个人的直接经验通过文化环境中获得的文化理念和故事得以强化，另一些则完全从文化中获取。几乎所有这些图式，无论其是否取自间接经验，都有成为隐喻的可能。正如孙毅和唐萍（2021：19）指出的，图式信息必须经过推理加工，才可以预期地解释隐喻（最佳相关的解释）。所有这些激活的相似感知模拟器矩阵，包括内省模拟器和情感模拟器，彼此间均相互连接。各种形式的竞争在语言上是相连的，在某种意义上是有等级之分的类别及其子类别（例如，触球是足球的一种，是竞技体育的一种，是竞技比赛的一种，也是游戏的一种）；不同形式的争论也通过其共同特征相互联系，比如参与其中的人和活动地点，以及与之相关的情感、内省和感知运动模拟器。每种争论类型的这些相关联的方面可以轻而易举被具有共同文化基础的文化内的每位成员获得，从而将体验性的细微差别诉诸表达。

如果在争论中对手咄咄逼人，人们就可能体验到应对战争的思想、情绪和本体感知反应，即体验到类似"战争"的争论，但这仅限于激活的内省模拟器和情感模拟器。相反，如果对手的攻击性明显受规则约束，人们就可能在有限的内省和情感模拟器中体验到"拳击"或"足球"比赛式的争论。在这两种情况下，与"战争"、"拳击"或"足球"相关的词汇和短语都会被感知激活，并随时为思考和与对手争论提供所需材料。表达内省和情感反应的隐喻的优点在于：对主要感知模拟器（与字面义相关的模拟器）的语境压制强调并凸显了次要感知模拟器，并加强了思想和感觉之间的细微表达。我们想要描述的经历往往是复杂的，并会激活一系列的内省、本体和情感反应；反过来，这些反应会激活与几个潜在隐喻载体相关的语言。在这种情况下，我们可以选择一系列潜在的隐喻去试图描述事件的抽象性。根据约翰·维尔瓦克（John Vervaeke）和约翰·肯尼迪（John Kennedy）的观点，说话者会从这些潜在隐喻中选择最适合经验的感知模拟器，这些模拟器将以一种最佳方式与先前激活的图式交互，为听话者的后续话语预备认知环境（Vervaeke & Kennedy，1996）。

总而言之，在抽象概念的隐喻性实例中，隐喻会激活一个或多个概念域中包含动作、想法和情感的一组特殊感知模拟器阵列。说话者可根据想要表达的感知或感觉，在同一"意义场"中选取不同元素作为隐喻载体（Ritchie，2007：27）。"攻击我的论点"和"试图反驳我的论点"的区别在于相关思想和情感的质量与激活程度。在这种情况下，恐惧、愤怒和怨恨的感觉是由"攻击"而非"反驳"激活的，而内省的理性和计算的知觉是由"反驳"而非"攻击"激活的。一般来说，多个"意义场"（如情感、知觉、运动冲动等）通常与特定概念域相关，如"有争议的活动"。概念域中的每个概念都或多或少地激活一组独特的思想和情感，它们都具有特定的强度或显著性，因此，作为隐喻载体的特定概念倾向于把该组独特的情感、感知和思想与隐喻主题联系起来。隐喻分析者需要考虑与隐喻载体的概念域相关的"意义场"，无须识别单个根隐喻。尽管在某些情况下，隐喻表达或概念可能来自某个单一可识别的根隐喻，但我们常用众多隐喻表达（如"赢""策略""捍卫"）与同一概念域中的多个概念相关联；虽然每个概念都有自己的特性，但大多数情况下，它们之间的差异微乎其微。一般来说，隐喻解释不是将主题作为载体，而是将其与载体以及感知模拟器相关的一些次要属性联系起来并附加到某主题上，从而感知由载体激活的情感和感知体验的细微差别。

7.3.3.2　神经网络与情感模拟器

概念域可被视为由感知模拟器相互连接而成的网络，是神经链接中的实例化，它可能是完全独立于概念范畴中的层次森严的结构。复杂而熟悉的概念，如争论、爱和家庭，可能与十数个或更多不同的概念域交叉，每个概念域都基于经验的不同方面。在许多情况下，隐喻联想可在概念层面上以任意方式实现，尽管这种联想是基于同一方向上的共同经验和相反方向上的不同经验。例如，"国家是一个家庭"（Lakoff，1996）强调公民与"祖国"或"母国"的关系是有机的、自然的而不容置疑的，公民之间是"兄弟"关系，领导者与公民的"父系"（或者"母系"）关系被称为"内部"关系。在美国，该隐喻有两个版本，即"严父式家庭"（strict father family）和"抚养式家庭"（nurturant parent family）模式。前者激活内省模拟器，以确保政府的权威，保护公民免受残酷和危险的世界的威胁；后者基于与政府培养公民责任心相关的内省模拟器。这些隐喻都激活了复杂内省模拟器和情感模拟器，有利于引起人们的反响。

相反，"家庭是一个国家"强调家庭关系中类似政治权力的作用以及家庭关系中成员的地位。与"严格家庭"对应的"家庭是一个国家"，指出了家庭的"专制"或"权威"（Baumrind，1966；Fitzpatrick & Ritchie，1994），在这类家庭中，父母拥有最终的、绝对的权威，孩子们应无条件服从；而与"养育家庭"

对应的"家庭是一个国家"，则是指在"民主"家庭中，所有家庭成员都享有平等决策权（Fitzpatrick & Ritchie，1994）。同样，每个隐喻都会激活一系列复杂的本体感觉和情感模拟，以及与权威和参与相关的内省模拟。概念域在构成长期记忆的突触链接中被实例化。这一概念是对莱考夫和约翰逊（Lakoff & Johnson，1980，1999）提出的概念隐喻的延伸。因此，就衍生出一个拓展概念结构，它是由内省、情感、动作反应以及单词和短语间的语义联系的感知模拟器集群横向组织而成。这些联系的强度部分是基于共现的频率或者经历的情感强度，比如养育与身体温暖、亲近的联系（"亲密关系"、"温暖关系"以及更炽热的"热恋"甚至"狂恋"）。

每个概念都有多个"维度"，这是指尚未被理解的特定经验彼此联系并与各种感知模拟器相关的突触相关。正如满足基本需求的体验（包括身体上的接近和温暖），为养育和爱两个明显独立的隐喻提供了基础一样，其他常见和重复的事件还包括多种特征，它们朝着不同方向发展，为多种隐喻载体提供基础。相反，温暖和接近、垂直变化或高度差异、体重或速度差异、愉快和失落情绪唤醒的感官感知等都与许多不同事件相关，从而成为广泛适用的隐喻载体，如"X 是向上""X 是温暖""X 是接近"。萨姆·戈拉斯伯格（Sam Glucksberg）等（Glucksberg et al.，1992）认为，隐喻建立了一个上位范畴，载体被分配到该范畴，可以在该概念域中得到最佳解释。隐喻载体激活了一组与框架和主题交互的感知模拟器，使得只与语境相关的模拟器保持激活状态。在使用"认知空间"隐喻时，话题定位在概念域的特定区域。对于频繁使用的隐喻，如"运动""冲突""约束"，可能对链接到这些模拟器上的对象和事件组成的"范畴"加以描述才会行之有效。

"清晰的隐喻表达要么不可理解，要么被不同人以独特方式理解。"（Keysar & Bly，1999）许多表达方式看似是隐喻，但很难理解。例如，对一个又高又瘦的人说："你喝了好久的水。"（You have been drinking water for a long time）还有一些老旧的表达听起来像是隐喻，但字面表达却合情合理，例如："我估计离这里大约有四个小时的车程。"（I suppose that it's like four-hour drive from here）在这类可以解释为隐喻的表达式中，包括莱考夫和约翰逊（Lakoff & Johnson，1980）的概念隐喻，如"我和我妹妹很亲近"（My sister and I are close）、"他发高烧"（He is running a fever）在内的许多隐喻都无须解释，甚至通常不被视为隐喻。但也有一些隐喻是字面性的，如"玫瑰花盛开了"（Roses are in full blossom），或者稀松平常的表达，如"外面是一片丛林"（There's a jungle out there）。

7.3.3.3　语境限制模拟器理论中的隐喻图式

隐喻是一种体验，与其他任何体验一样，对某个或某类隐喻的反复体验可能形成一个隐喻图式，它激活了一系列感知模拟器，包括与解释过程相关的内省模拟器和由于反复接触而建立起来的情感模拟器。隐喻有某种天生倾向（Gibbs，2006；Mandler，2004），隐喻图式在基本层面上可能与其他语言图式紧密联系。在任何情况下，被识别为隐喻的表达都会激活感知模拟器，它与先前激活的工作记忆中的内容交互并独立于主题或载体。由此看来，隐喻性语言本身可能构成一个意义场，它包括概念性、不透明性、文学性、陈腐性、形式性和民间性等多个维度。因此，即使隐喻根本得不到解释，或者被不同听话者以截然不同的方式加以解释（Keysar & Bly，1999），它们也可能激活一组相似的感知模拟器，从而达到交际互动的目的。

莱考夫和约翰逊（Lakoff & Johnson，1980）给隐喻下的定义模糊且不完整："隐喻是以一种事物体验另一种事物。"两位学者并未言明这种体验到底意味着什么。确切地讲，隐喻是否通过抑制与语境无关的模拟器，激活与载体相关的语境模拟器，并将其与主题联系起来，改变概念主题的体验方式。在许多情况下，隐喻的力量是基于这样的事实：载体的"定义"属性与主题无关，而与"定义"相关的感知模拟器也因与语境无关而被抑制，只激活"次要"属性，即那些表达信息发出者所经历的思想或感觉的细微差别的属性在接收者的工作记忆中被激活。这些被激活的"次要"属性经过更多的认知处理，与主题的关联性紧密相连。

隐喻与语言须臾难离。所有语言会在激活与语境一致且相关的模拟器的同时抑制其他与语境不一致且不相关的模拟器。例如，极端隐喻"我妻子是一个锚"（My wife is an anchor）抑制了所有普通的、主要的、定义性模拟器，而某些隐喻只抑制部分定义性模拟器（如 beanpole、finger lakes）。当次要的非定义性模拟器和主要的定义性模拟器被激活的频率相同时，隐喻就会"词汇化"。当隐喻不能激活多个模拟器时，它就会失去激活能力，像其他短语一样变成"死喻"。

语境限制模拟器理论认为与概念相关的单词和短语激活的感知模拟器可分为主要感知模拟器和次要感知模拟器（Ritchie，2007：10）。通常遇到一个词时，若干与规约指称相关联的主要感知模拟器被激活。一系列更普遍的次级感觉运动、情感、内省和本体感知模拟器被激活并产生了概念链接：在"战争"中，模拟器激活了恐惧、愤怒、放纵、血腥和火药味等概念，同时还强激活了生理唤醒、激烈竞争、不愿接受失败并致力于"事业"的概念。当战争以及与战争相关的术语被用作隐喻载体时，主要感知模拟器被抑制，使得与语境相关的次要感知模拟器与工作记忆的内容建立联系，尤其只与隐喻主题相联系。那些更一般的感觉运动、情感、内省和本体感知模拟器也在次级的、更分散的、更弱的神经网络中被激活，并与许多相关概念之间建立起联系。普遍的挫败感、抵触感和无助感与诸如"监狱""手铐""道德规则""契约义务"等概念域联系在一起。普遍生理上的兴奋、激烈的竞争则与不愿意接受失败及"战争""体育竞赛""商业谈判""辩论"相联系。因此，当人同时经历强烈的知觉、本体感知和情感模拟时，一个或多个与模拟器特定组合相关的概念也将被激活，产生替代主观体验并与语言隐喻相关的概念隐喻，向他人传递经验。

以上这种普遍性的激活驱动了隐喻的生成，该过程受语境因素的影响或制约，这和其他被激活的模拟器也受交际习惯的影响是一个道理。它们的运作凸显了各种概念，具有即时可及性（Giora，2003）。当几个概念在抑制和选择过程之后仍然活跃时（如"战争""体育竞赛""扑克"），个体就要在其他相关次级模拟器与要传达的意思相匹配的基础上从候选隐喻载体中进行修辞选择。

对杰夫·丹泽戈尔（Jeff Danziger）的画作《胜利计划》（*The Plan for Victory*）和斯蒂芬·米勒（Stephen Miller）（Miller，2006）关于伊拉克的漫画的分析表明，诗歌艺术、卡通艺术以及其他艺术可能通过选择并置意象和隐喻，激活可预测的认知语境，进一步激活一系列丰富的感知模拟器，这种激活将相互增强，而不是相互抵消或削弱。孙毅和唐萍（2021：19）提出，适当的特殊概念是在一系列视觉图片所指物中搜索并调整概念信息而成的。通常情况下，每行、每幅意象、每个隐喻都会为下文的效果做准备，从而改变认知语境，并强化先前引入的被抑制或被弱激活的模拟器的激活效果。诗人和其他艺术家可能有一种特殊的天赋，他们可以预测——元模拟——读者和观众的反应，它是由特定意象和隐喻激活的感知模拟，并通过精心选择的意象和隐喻序列来控制这些模拟。以感知模拟器为基础的艺术理论关注并强调感知模拟器的复杂性和丰富性，以及其间的交互方式。

语境限制模拟器理论也有助于解释"为何一个简单隐喻词语的'翻译版本'基本不能涵盖隐喻丰富的内涵和'意义'"。这是因为"直译"总是激活部分次要感知模拟器并使之上升为主要感知模拟器，而忽略了大部分的本体感觉和情感联系。"我的律师专心致志，坚持不懈地追求自己的目标"也许能和"My lawyer is a shark"（我的律师是一条鲨鱼）的核心概念吻合，但却无法同时激活恐怖、尊重、对暴力的期待或无助等重要因素，而这些正是由"鲨鱼"激活的。隐喻大致是由相反过程驱动的：当人们遇到一个词或短语时，他们知觉的、本体的和内省的模拟器被激活，引发多种联想。语境作为已激活的模拟器和框架会抑制无关的联系，包括许多情况下的主要概念模拟器以及无关的次级模拟器，并根据显著性提高相关的激活水平。在新奇隐喻中，无关联想被抑制之后，情感、本体感觉和感觉运动模拟器就会被激活。在部分词汇化的情况下，次要的、部分词汇化的概念（在没有选择余地的情况下）可能会保持激活状态，同时伴随着沮丧、怨恨和焦虑等情绪。语境在这一过程中的作用不容小觑，因为语境决定了说话者对隐喻载体的选择和听话者对隐喻载体的理解。瑞奇（Ritchie，2009a：254）也指出，如果说话者为该隐喻提供了拓展的故事语境或听话者的参与度（level of involvement）很高，那么就不仅是听话者加工隐喻表达的浅层意义被激活，更容易激活的是他们的经验模拟。然而，斯珀伯和威尔逊及赫伯特·克拉克（Herbort Clark）分别提出的形式上的"语境搜索"或"共同点计算"假设通常无此需要（Sperber & Wilson，1995；Clark，1996）。因为当隐喻表达出现在会话中时，相关语境知识就被激活。当其并非隐喻或不能立即被解释时，普通人的交流就显得多余，因为听话者不希望也常不愿花精力去理解这些话语。因此，在一般性交际中，语境或共同点是完全或几近自动化的，理所当然是背景的一部分。

当理论家和研究人员研究其并未参与的对话，或是在任何会话语境之外出现的短语（因为隐喻常现于理论话语中）时，语境和共同点不能被视为理所当然，必须予以明确分析。共同认知环境、共同基础和相似概念是交际理论家关注的问题，但不一定是交际者的实际认知过程或交际所需。普通人有时需要研究共性，以及其他占用哲学家、社会科学家的时间并引起他们注意的问题，但这只在出于某种原因而进行无意义的交流时才会发生。

7.4 结语

自 1980 年《我们赖以生存的隐喻》付梓发表以来，学界已经目睹隐喻研究发生了彻底的认知转向。以概念隐喻理论为代表的经典认知隐喻理论饱受诟病的是其无法为从源域到靶域的单向系统映射找到切实而连贯的实验证据，很难解释类似"映射贫乏"及"映射不对称"问题（孙毅，2021a：21）。人们一方面对于隐喻在日常交际中的普遍存在和核心价值深信不疑，另一方面对于其如何运作并起作用的确切方式一知半解、将信将疑。

意象、符号、单词和短语激活其他单词和短语，以及一系列其他感知模拟器的链接。这些模拟包括对感觉运动体验、身体内部条件、情绪和内省体验（思想和观点）的模拟。其中一些链接是"主要的"，是"识别"过程的一部分，我们将一种感知与识别它的模式联系起来，包括语言和其他交流行为的各种感知行为激活概念以及感知模拟器集群，但由于每个概念都可能激活一系列与其他概念和感知模拟器的链接，这些链接大大超越了工作记忆的承载能力，因此其实际上从未被完全激活。与认知语境不一致或无关的模拟器，即当前激活的框架和模式将被抑制；那些既与框架一致又与语境相关的模拟器由于对当前认知背景有影响仍被激活。如果语言是隐喻性的，那么主要感知模拟器由于与框架不兼容或与语境无关而被抑制，而与语境相关的次要感知模拟器在工作记忆中则被激活。它们既与"话题"模拟器交互，也常与工作记忆的其他内容交互，添加、增强或削弱活跃图式与各种其他图式和感知模拟器间的联系。简言之，在隐喻语言中，许多通常被认为是主要的或决定性的属性和关联将被抑制，只留下与语境相关的次要属性、关联、情绪和感觉。

语境限制模拟器理论秉承概念隐喻理论的一些基本假设，但其进一步阐明和扩展了概念隐喻理论的核心思想。概念隐喻理论的隐喻解释原则并不能描述或解释所有隐喻。语境限制模拟器理论中对肌肉激活与感知相关的神经过程的模拟能够解释所有认知过程。显然，从解释范围上，语境限制模拟器理论更占优势。概念隐喻理论假设隐喻理解过程中会激活与靶域相关的所有认知图式，但语境限制模拟器理论却表明只有那些与其当前语境相关的感知模拟器才会被激活，而与语境无关的感知模拟器会受到抑制。大脑的神经突触的激活过程总是激活一系列次要感知模拟器集并将其链接到主题，而抑制那些主要感知模拟器。由此可见，语境限制模拟器理论相较于概念隐喻理论的笼统认知处理，更加精细透明。其所应用的感知模拟在更深层次的理解中起着重要作用。语境限制模拟器理论能够利用意义场扼要地解释复杂隐喻，极大简化了隐喻的处理过程，不啻为概念隐喻理论的一大进步。语境决定着我们的思维如何被隐喻地建构（孙毅，2021b：39），未来研究应在此基础上进一步细化语境因素在概念加工过程中的运作方式，将概念隐喻和语境因素进行更紧密的有机融合。

巴萨卢的感知模拟器理论开创性地纳入了人际关系和文化等社会互动语境因素。根据感知模拟器理论，语言驱动的感知模拟器受认知背景、先前激活的框架和图式的共同制约。基于感知模拟器的基本假设，享誉国际的认知隐喻专家瑞奇在一系列著作中重新审视概念隐喻并建构了语境限制模拟器理论，妥善解决了概念隐喻理论缺乏关注语境维度之不足等遗留问题。通过系统比较，我们可以发现语境限制模拟器理论和传统概念隐喻理论之间最明显的差异是如何看待隐喻表达族群与其潜在概念隐喻的关系，这是隐喻认知研究的最新成果和前沿热点。

第8章 语义下行理论

8.1 引言

　　语言中的隐喻现象一直困扰着语言哲学家,是意义研究和理论探索中的一大难题。以麦克斯·布莱克(Max Black)等为代表的学者提出的"内容充分"(content sufficient)理论,诉诸某种复杂理论来探寻附着在隐喻话语中的一些特殊的或额外的隐喻意义,承担为隐喻释义不恰当性和透明度(transparency)提供解释的任务(Black,1962)。约翰·塞尔(John Searle)的语用论主张可以使用表达意义理论之外的解释原则来理解隐喻性话语,这些原则将我们引向"替代信息"(alternative message),然而这种替代信息定会违反释义的限制,并且不能解释透明度(Searle,1979b)。唐纳德·戴维森(Donald Davidson)的"无内容"(no content)解释认为不应将隐喻话语的作用理解为传递某项内容或信息,而应将其理解为展示一幅图片或某个意象,这为释义和透明度的观点提供了有力证明,尽管其不能处理隐喻中的真值(truth)(Davidson,1984)。塞缪尔·加藤普兰(Samuel Guttenplan)首次指出,现有文献中的隐喻方案难以调解隐喻不可协商的三大真值(Guttenplan,2005)。根据加藤普兰(Guttenplan,2005:35),隐喻的三大真值包括:①隐喻可以是完全断言的,并且具有真实可评估的内容,就像一般性断言一样,言者要对此负责;②试图对隐喻进行释义不仅困难,而且不恰当;③隐喻与字面表达(在语法复杂性相似情况下)一样透明。主流的概念隐喻理论自诞生以来对隐喻系统的本质产生了非同小可的影响,但其聚焦于规约隐喻,并未充分重视经典的"A is B"表达(Gibbs,2009:18)。孙毅(2020a:98)指出,大多数证明概念隐喻理论的心理语言学研究都没有涵盖"A is B"型隐喻,如何对"A is B"形式的隐喻进行充分解释构成了概念隐喻理论的短板。同时,概念隐喻理论认为我们依靠激活头脑中存储的概念隐喻来理解隐喻。该观点虽得到了很多实证研究的支持,但马修·麦克罗恩(Matthew McGlone)通过心理语言学实验证明母语使用者在加工语言时并未启用概念隐喻所提出的概念知识映射（McGlone，1996），吉布斯（Gibbs，2009：22）也认为很多隐喻表达并非基于具身概念隐喻。不依靠经验共现而具备相似性的语言隐喻对概念隐喻理论的解释力提出了挑战（孙毅，2020a：101）。仅仅诉诸属性（property）共享和相似性（similarity）并不能真正理解隐喻现象（Guttenplan，2007）。

　　语义下行理论（Semantic Descent Account）在此背景下诞生。加藤普兰（Guttenplan，2005）阐释了如何通过语义下行来调解隐喻的上述不可协商的真值，其对象式限定（object-style qualification）的隐喻语义建构观弥补了概念隐喻、属性共享和相似性等解释方案的不足，对"X is an F"型主谓隐喻的深入剖析拓展了隐喻类型的研究。加藤普兰（Guttenplan，2007）进一步解释了诉诸属性在隐喻的可理解性方面行不通的原因，指出限定是解读隐喻的关键，对象式限定的语义下行理论与属性观在隐喻解读路径中有本质区别。该理论提供了一种理解隐喻的新方式。然而，国内认知语言学界尚未关注这一前沿动态。据此，本章详细介绍语义下行理论，考究基于对象式限定的隐喻研究新范式，以期为今后的认知隐喻理论研究抛砖引玉。

8.2　语义下行理论概要

　　语义下行理论认为隐喻有一种从语词（word）到对象（object）的转移，即隐喻中的谓词把听话者的注意力吸引到某对象上。该对象具有一种独立于指称且本质上不与语词联系的语义功能，充当隐喻主语的限定词。隐喻的透明度使说话者、听话者和所有其他参与者在对对象意义的共同认识的基础上达成理性空间（space of reasons）中思想和行为的调谐（attunement）。下面论述语义下行理论的核心要义及其对象式限定的认知语义建构模式。

8.2.1　隐喻与语义下行

　　语义下行的概念是参照威拉德·蒯因（Willard Quine）的"语义上行"（semantic ascent）概念反向引入的（Quine，1970）。"语义上行"概念为人们所熟知。以普通的主谓句"The sky is blue"为例，通过真值谓词将该句作为评论的主题，即形成句子"'The sky is blue' is true"。第二个句子是元语言学的，通过说话来提升语言的层次，不是立即谈论天空（sky）这一对象本身，而是涉及所说话语本身的真假，这被视为上行。蒯因指出，"真值谓词提醒我们，尽管在谈论句子方面取得了技术进步，但我们的眼睛在关注着世界"（Quine，1970：12）。

加藤普兰（Guttenplan，2005：94）则认为隐喻话语是一种语义下行（semantic descent），这种下行从语言使用的底层（ground level）开始，聚焦于一种非词对象的基础层（basement level）。例如，在语义上行中若把莎士比亚的戏剧《罗密欧与朱丽叶》（*Romeo and Juliet*）中罗密欧所说的句子"Juliet is the sun"中的 sun 看作一个在谓词"is the sun"中只起普通自然语言作用的词，句子看上去就很荒谬。然而，我们不妨利用该句的隐喻性来探寻一种语义下行，思考 sun 这个词所代表的对象——"太阳"本身。句子中的词对象将我们从底层带到非词对象的基础层。在句子的具体情况中，the sun 被用于自然语言的述谓结构中，将我们引向太阳，太阳给了我们关于朱丽叶的信息。听话者被引导将太阳这一对象理解为对朱丽叶起限定作用。我们对 sun 这个词的接触以及对其语境的隐喻性认识，使我们在新混合谓词中使用了相关的非语言对象。为了方便起见，加藤普兰（Guttenplan，2005：116）提议用向下箭头标记（down-arrow notation）显示语义下行，如句子"Juliet is the↓ sun↓"。与语义上行中使用的引号一样，语义下行中使用的向下箭头标记成对使用。向下箭头标记旨在从语义下行观点出发，记录何为隐喻性的表达。在谓词表达式周围使用向下箭头标记来扩展这一下行过程，可被视为创造了另一种手段，这种手段允许我们使用世界的一个部分来谈论另一个部分。

8.2.2　隐喻性述谓结构与限定

当我们正确理解指示句时，它包含的关于隐喻的线索，为我们提供了一种思考和理解隐喻话语的方式（Guttenplan，2005：96），如原始隐喻句"Tolstoy is an infant"和含有指示词的句子"Tolstoy is this…（said while pointing to an infant）"。从表面观之，两个句子是错误的或怪异的。这种怪诞的原因趋同：《战争与和平》（*War and Peace*）的作者列夫·尼古拉耶维奇·托尔斯泰（Leo Nikolayevich Tolstoy）并非婴儿，也与所指的该婴儿不同。然而，如果我们接受第二个含有指示词的句子提供的暗示，把被指示的对象看作在进行限定，那么这个句子就不奇怪了。如果我们将概念表达（婴儿）视为该表达式中的对象的语义下行，那么第一个原始隐喻句也就能理解了。就第二个句子捕捉到原始隐喻句某个方面的内涵而言，语义下行便发生了。

不同于一般指示句中所提供的指称，除了构成某特定语境的细节，第二个含有指示词的句子中的指代对象还具有一种语言功能：作为回应表明该婴儿限定为托尔斯泰。实际上，句子中的表达"is this"在功能上是一个混合体，它由谓语系动词 is 和回应 this 的对象组成，系动词和对象共同作为主语："托尔斯泰"（Tolstoy）的谓语。

谓词在本质上与词有关，而限定旨在承担非语言的谓词功能。谓词式限定（predicate-style qualification）使用语词（如谓词）来限定世间事物，而对象式限定从语词下行到对象（包括事物、动作、事件、事态、事实等），我们使用这些对象而不借助语词来限定世间事物，两者是我们谈论某事的不同方式，是参与语义建构的路径。

语义下行词在限定方面起着重要的引导作用，下行对象须属于原句语词所界定的概念，这体现了语言控制（linguistic control）的观点。限定并不能保证在某个目标主体出现的情况下，仅通过推进一个对象就能起作用，语境对于任何限定实例的可理解性、适切性以及有效性均至关重要。当谈及隐喻时，我们不是在讨论限定词本身，而是在处理自然语言中的话语或题词所产生的限定。更具体地说，我们所谈论的是构成语义下行的语词是像在句子"Tolstoy is an infant"中那样，还是像在句子"Tolstoy is an early-stage but independently viable human organism"中那样。因此，语词与对象的特征一样，都是限定语境的一部分。语词作为话语语境的一部分，在某种程度上控制了语义下行时对象成为限定词的方式。两个句子中词汇的语义下行所获的对象有可能相同，但从语言表达"an early-stage but independently viable human organism"下行时得到的对象不太可能以同样方式限定主语"托尔斯泰"（Tolstoy），因为关于对象的解释取决于该话语引导听话者使用的语词。

8.2.3　语义下行和属性

在隐喻理解的讨论中，诉诸属性和相似性的观点长期存在。加藤普兰（Guttenplan，2007：2-6）认为通过诉诸属性来理解隐喻现象行不通，他指出现存的四种关于隐喻本质的看法，即直接观（direct）、间接观（indirect）、空壳观（shell）和复句观（conflated sentence）都注意到了属性的转换或替换，这种转换或替换机制往往涉及某种显性或隐性的相似性诉求，或与之有本质联系的概念，然而诉诸相关属性往往存在些许问题，如无法产生与隐喻适切的所需内容，易偏离原初的隐喻且属性转换处理时间较久，从而使得其最终所获内容不能真正发挥效用等。

从语义下行的视角看，对句子"Tolstoy is an infant"和"Tolstoy is this…（said while pointing to an infant）"的理解要求从语词下行到一个对象，即婴儿（infant），然后用该对象来限定主语"托尔斯泰"（Tolstoy）。属性解读的观点则认为两个句子调用了婴儿的属性来帮助理解托尔斯泰。前者要求人们接受关于限定的观点；后者则要求人们抛开表层解读，与熟悉的属性相联系。加藤普兰（Guttenplan，2005：103）认为形式为"is an F"的谓词表达适于属性解读，但当涉及语法上更复杂的隐喻现象时，如隐喻中的"死寂现象"和"混合隐喻"，则不适合进行属性调用处理。

属性解读将句子"Tolstoy is an infant"视为声称托尔斯泰和婴儿共享某些属性。然而，婴儿的特定特征并非就是托尔斯泰的特征。婴儿不遂心愿时可能会尖叫，托尔斯泰则不会。但如果我们重新设想婴儿的这种属性，也许能想出一些确实具有托尔斯泰特征之物，例如，托尔斯泰和婴儿在受挫时都有用言语或行为展开猛烈抨击的属性。这种属性转换看起来十分自然，尽管其并不总是如此简单，但这暗示了属性论述的困窘：倘若你不把婴儿的实际属性抛在脑后，就无法使这个句子易懂；然而，倘若你真将其置之不理，则会在不经意间已失去了隐喻。

语义下行理论坚持主张以婴儿的方式限定托尔斯泰，这牢牢保留了原初的隐喻。限定先于且至少部分解释了对任何属性或概念的探讨（Guttenplan，2007：20）。实际上，基于属性的观点也有一种隐含的语义下行：在开始思考如何转换这些属性之前，须先考虑婴儿的特定属性。加藤普兰（Guttenplan，2005：105）认为任何对属性的调用都可视为限定论述的副产品，而限定论述才是其对隐喻进行描述的核心概念。用属性来解释隐喻就像在一个满是熟人的房间里做自我介绍一样，你使用的名字可能是准确的，但不管怎么做，都起不到好的介绍效果。

8.2.4　谓词与范例

下面以句子"Juliet is the sun"和"Tolstoy is an infant"为例，探讨在主谓隐喻句和非隐喻性的普通主谓句中，谓词下行所获对象与主语在属性共享方面的差异，以及设想某个关于对象的范例（exemplar）在隐喻语义下行中的作用。

加藤普兰（Guttenplan，2005：111）认为，主谓隐喻句与普通主谓句相似而又不同，它们更类似于"Einstein is a brilliant scientist"和"Ernest is the most awful bore"这样的句子，而非"X is an F"形式的非隐喻句。上面句子本身并非隐喻性的，但除了断言一种身份，这些普通主谓句的理解中都存在类语义下行，这让我们想到一个对象，如"一位杰出的科学家"和"一个最令人讨厌的家伙"。句子"Einstein is a brilliant scientist"使用表面上看似指称表达的"杰出的科学家"（brilliant scientist）来充当更偏向于纯谓词的角色，"杰出的科学家"这个表达将我们的思想引向一项个体范例，此人未必是一位历史人物，但却是杰出科学家的典范，因此，有一种从语词到对象移动的暗示，是语义下行的特征，是一个类似限定的过程。理解隐喻的重点就在于紧抓一个相关谓词对象范例，然后将该对象当作隐喻主体的限定词。

　　然而，这种语义下行所获对象与隐喻语境中相应的对象有所不同。考虑到一个对象符合"杰出的科学家"的描述，并将该对象视为主语"爱因斯坦"（Einstein）的一个限定词，可将设想中杰出科学家的特征直接归属于爱因斯坦，这就是句子"Einstein is a brilliant scientist"成为一个字面断言的一部分的原因。就主谓隐喻句"Juliet is the sun"和"Tolstoy is an infant"而言，在朱丽叶和太阳或托尔斯泰和某些特定的婴儿身上，这种可能性并不存在。太阳是一个核熔炉，其属性很难归属于朱丽叶，除非提到一些不易讲述的属性转化的描述。关于太阳的属性如何被充分"净化"以归属于朱丽叶的疑问，在任何情况下都会削弱诉诸属性共享的解释力。

　　隐喻可被视为一种"以言行事"的手段，当把隐喻中的一些词当作面对的某个对象时，我们就能更好地理解所做之事。但这种对抗与知觉的对抗完全不同。像"婴儿"这样的词具有延展性，要想理解隐喻，我们就首先需要构想出某个确定的婴儿，这个婴儿就在这种延展中。构想某个婴儿是语义下行所要求的，但这里没有要求对象是真实的或是我们可以看到、触摸到之物。

　　若隐喻中相关谓词扩展为空，即广义上虚构的空谓词，也不会给语义下行论带来无解之难题。加藤普兰（Guttenplan，2005：115）认为在虚构方面最有前途的策略是利用假装（pretence），这种策略允许我们在使用带有虚构名称或谓词的句子时，并不真正指代虚构实体，而是假装指代真实实体。例如，有人这样描述一个令人恐惧的对手："沃尔特是巴斯克维尔的猎犬。"（Walter is the hound of the Baskervilles.）我们借助语义下行可以理解该隐喻，因为在描述中，猎犬被认为是可怕但无害的，并且被用来限定沃尔特。即使巴斯克维尔的猎犬并不存在，假装或想象其确实存在亦无问题，因此用该假装个体来描述沃尔特也一样没问题。当假装虚构的对象为真时，其在语义下行和限定方面的作用与任何其他对象都相同。

8.2.5 语义下行与真值

语义下行理论保留了关于隐喻真值的直觉，它属于"内容充分"的范畴，认为隐喻创造者通常都是直截了当地想要传达与语词相适应之物，并对其断言的事实负责。真值的意义不在于我们总是在隐喻性话语中坚持真值，而在于其确实存在的情况下我们必须找到某种东西来予以应用。罗密欧的话语"Juliet is the sun"之所以真实，是因其限定性地使用了混合谓词"is the↓ sun↓"。

用向下箭头标记法可为与隐喻断言真值相关的内容进行辩护，这种标记法反映了对适当对象进行限定性使用的背景。我们知道太阳和罗密欧断言所处的语言外语境和语言语境，这应被视为使用混合谓词的背景。加藤普兰（Guttenplan，2005：127）认为，普通谓词或混合谓词不应被理解为将其表达内容施加给说话者的手段，我们所知的关于太阳和罗密欧话语背景的意义不在于其构成了此种手段，而在于其帮助我们确定了与罗密欧说出句子时所用的混合谓词相适应的理性空间中的位置。不管谈论的是普通谓词还是混合谓词，这些谓词都并非强加某种使用模式的方式，其标志着说话者、听话者和所有其他参与者在理性空间中的思想和行为的调谐。

8.2.6 释义

隐喻中的原型谓词（包含对象）传递的是信息，而非语词本身。因为说话人是用对象而非语词来传达信息的，所以即使试图严格按技术语来解释隐喻也毫无意义。根据语义下行理论，隐喻发挥的功能类似于图片，要求对一幅图片进行释义（paraphrase）徒劳无功，要求对一个对象进行释义也同样意义不大。尽管如此，加藤普兰（Guttenplan，2005：129）依然认为与释义容易混淆的其他活动，即对隐喻的翻译（translation）和评注（commentary），在语义下行解释中仍有较大空间。

8.2.6.1 释义与翻译

在下行到原型谓词之前，我们翻译的是词或短语，只要这些翻译保留了指称，就应期待其充分性。在隐喻中，当语词被目标语中的翻译对等词所取代时，语义下行理论可以解释一个令人惊讶的事实，即隐喻效果得以保留。语义下行解释了为何隐喻翻译往往比较容易（但这并不意味着翻译总是有效的，遑论翻译总是容易的）。语义下行还提供了在翻译中看似正确的解释。假设在某种语言中，

"太阳"被翻译为"the evil staring eye of the Ox-God who rises from bed every morning"（每天早上从床上起来的牛神那邪恶的眼睛），显然该语言社区认为太阳是充满威胁和恶毒的。从语义下行角度看，把句子"朱丽叶是太阳"译成"Juliet is the evil staring eye of the Ox-God who rises from bed every morning"保留了指称，但句子却令人难以苟同。这不是因为语言问题，而是由于母语者对"太阳"这个对象本身的态度与我们截然不同。尽管某些情况下词汇存在指称重叠（referential overlap），但于翻译是无益的。例如，法语和英语中都有"卷心菜"这个词，但法国人用这种蔬菜来夸赞别人，而操英语者则不这样使用。

以布莱克（Black，1962，1979）为代表的学者提出的"内容充分"理论试图解释诸如句子"Juliet is the sun"之类的隐喻，认为语词不仅具有最小真值和严格固定的（字面上的）真值条件，而且当这些语词出现在隐喻中时，语言使用者能据具体情况为这些语词构建进一步的含义。需要注意的是，所有努力的焦点都是语词。因此，当译者尝试将句子"Juliet is the sun"翻译成其他语言，然后再翻译回英语时，考虑到当地人对"太阳"所指对象的态度，这种结果注定是不会令人满意的。语义下行解释使对象成为隐喻的焦点，而对于"内容充分"理论的解释而言，这种焦点则是语词。

8.2.6.2　释义和评注

隐喻往往会引起解释性的评注。关于上文所引用的罗密欧的话语，可能会引发以下解释。

（1）a. Romeo thinks that Juliet is necessary to his very existence.

　　b. Romeo thinks that Juliet is responsible for his seeing the world aright.

　　c. Romeo thinks Juliet is time itself.

（2）a. The sun is the ultimate source of light and warmth.

　　b. The sun is the measure of time.

　　c. The sun makes life on earth possible.

加藤普兰（Guttenplan，2005：135）称呼例句（1）中的评注 a、b、c 为隐喻的合理化，例句（2）为阐释，他认为语义下行解释不仅揭示了如何将合理化和阐释这两种活动与释义分开，还展示了如何区分合理化与阐释。

隐喻是一种传达思想的强大手段，有足够的空间进行非释义性的评注。鉴于隐喻是一种通过语言认识世界的手段，并用所发现之物来表达和传递信息，我们实际上应找到采用以下两种形式的评注：一方面是合理化的考虑，主要集中在所谓的"思想交流"上，这里所讨论的与其说是隐喻断言的内容，不如说是由此而来的思想轨迹。合理化本质上是关于隐喻主体思想的非隐喻性归因，即要么归于说话者，要么归于听话者。另一方面是针对隐喻本身的阐释，强调相关对象在原型谓词中的作用。不同于普通谓词的情况，在原型谓词中，人们不能依赖被认为是共享的语词所标记的调谐。就隐喻而言，调谐必须建立在对对象意义的共同认识的基础上。我们对罗密欧的话语"Juliet is the sun"的调谐并非来自对语词含义的了解（尽管语词及其语境具有重要作用），而是来自对太阳的了解。就这种调谐不够完美而言，或者仅仅是为了让其更明确，做出上述例句（2）中所示的阐释就十分自然。语义下行理论有助于理解这类评注。

8.2.7　透明度：意象解释和语义下行

当听到一个母语句子时，人们能很容易听出句子的意思，这不是自愿的或可选择的，这体现了透明度，透明度对于隐喻句和非隐喻句一样都是真实的。透明度对隐喻描述的要求是其能提出一个与话语隐喻诉求相关的概念，但这仍为这些诉求的本质留下了更多的评注空间。根据戴维逊（Davidson，1984）的研究，加藤普兰（Guttenplan，2005：138）提出了意象解释（image account），以表明透明度是可以适应的，同时他认为意象解释和语义下行理论在透明度方面存在重叠。

根据意象解释的观点，罗密欧的话语"Juliet is the sun"并非某种荒谬的字面主张，亦非在一个由熟悉的语词组成的框架中寻求隐喻解释的一般建议。相反，当我们听到罗密欧说"Juliet is the sun"时，这句话将一种罗密欧对朱丽叶的思考方式呈现在我们面前，只要我们不只关注"视觉意象"，即可称之为"意象"。

意象解释认为隐喻语词可以说是将一个事物的意象映射到另一个事物上，并在该意象中描绘对象的属性。语义下行理论则认为，这些词迫使我们面对一个对象，然后传达信息给一个被调谐的听话者。然而，意象解释和语义下行理论都有一个至关重要的特征：它们各自的映射和对抗需要对所用语词的一般意义有初步把握，而且两者都认为这种把握是必须的。正是这一点使其能以不同方式适应透明度。因为上述两者仅依靠隐喻中语词的普通含义，所以自一开始就有某物可以提供理解，而这正是透明度所需的一切。

意象解释适应透明度的方式是从完全普通的意义层面看待隐喻中的语词，这样做不是为了表达一种思想，而是为了把一个意象展现在我们面前。一旦理解了该意象，听话者就拥有了进一步评注所需的一切。语义下行理论以相同的方式适应透明度，语词被认为有其普通意义，但这些语词将我们引向的不是意象，而是对象。"理解"一个隐喻就是认识到对象具有语义功能，而且与意象解释一样，即使这种最小限度的理解也能进一步将隐喻的合理化和阐释顺利融合在一起。

如果隐喻理解依赖于发现字面错误，那么理解隐喻要比理解单纯的字面句子更费时。但即使没有这种依赖性，意象解释也需要某种整体的话语解释，其所要求的两种"意义"（字面意义和意象解释）的共振（resonance）是整个话语内容间的。为了理解罗密欧将朱丽叶描绘成太阳这一意象，我们必须首先面对她就是太阳的观点。也就是说，我们必须首先从非意象呈现的某种意义上理解"Juliet is the sun"这个句子，这在理解上造成了一个内在时滞。然而语义下行理论则不会以某种方式在处理时间上产生任何差异。句子中的表语"太阳"很可能具有两个相关意义，并且在整个话语被理解之前都被激活了。

意象解释要求从系动词 is 转换到介词 as，在做出该句法转变后，听话者就可从完全普通的意义层面来使用句子中的语词了。这种转变尽管看似很小，却比语义下行理论所要求的转变更为激进，且没有明显方法使其适应非主谓形式的隐喻需求。语义下行理论则保留了原句结构，并能处理从主谓形式到更复杂的形式的转移，其所需的透明度就是"太阳"所显示的那种双重性。无论该下行主体的语词句法位置如何，只要从一开始便获得了两种解读，透明度就会得到保持。

8.2.8　调谐

训练（training）、文化和语境对人们思维中隐喻对象的调谐发挥着重要作用，语境与作为限定词的对象往往紧密联系在一起，对象往往承载着文化意义（cultural significance）。

8.2.8.1　训练与文化

典型的语言谓词往往是通过某种训练获得的，人们很自然地认为语词所标记的调谐在很大程度上是该训练的产物，对语词处理更多是语义上的而非语用上的。然而无人认为我们是受过某种方式的训练来使用"太阳"（sun）以理解"Juliet is the sun"这个句子的，该句的语境依赖是显而易见且不可避免的。

尽管如此，人们仍会质疑狭隘单一的训练在语言习得中的作用。现在，训练被更广泛地理解，并能从我们思考对象的许多方式中被辨别出来。事实上，行动和思想上的协调，无论是由语词还是由对象所标记的，调谐的潜在机制都非常相似。

诺姆·乔姆斯基（Noam Chomsky）认为人具有某种特有的语言遗传天赋，并通过训练或接触语言词条来习得自然语言的词汇（Chomsky，1957）。例如，我们使用"女人"一词，主要不是因为训练，而是因为我们生来就有此概念，或更确切地说，是因为在我们的认知中，已经为这样的概念准备好了位置。如此一来，语言谓词和非语言谓词间的差别就微不足道了。我们思维中对诸如"太阳"之类的对象的调谐并非明确灌输之结果，它取决于我们共同的人性（common humanity），决定了我们以类似方式对世界的反应。隐喻所涉对象通常都与丰富的、后天习得的思维和行为模式交织一处。隐喻所需对象不仅是我们与之因果互动的个别事物、动作、事件和事态，通常还承载着文化意义。隐喻在语言社区生产、生活过程中积淀下来，是集体记忆中"文化沉淀"的一部分（孙毅、王媛，2021：138）。我们都会在对象中找到意义，是因为遗传禀赋、反应共享和训练（在某种意义上，可以归入"文化"范畴）的有效结合（Guttenplan，2005：147）。

8.2.8.2　意义和语境

语义下行理论保持了自然语言语词、意义和所有事物的原貌，只是把这些语词当作在其未重组用法中所延伸之物来使用。

解释复杂的意义需要将语境考虑在内，对于谓词来说，几乎没有比"is the sun"更不依赖语境的了，几乎所有"内容充分"理论的解释也都坚持认为，语境有助于我们理解诸如句子"Juliet is the sun"的表达。当涉及"is the sun"之类的谓词时，如果人们对语境没有十足的把握，便很难想象该句中与语境关联的"挂钩"。

在语义下行理论中，整个问题被巧妙地绕开了。语义下行理论不仅表明了语境为何对隐喻至关重要，还提供了一种原则性的方法来理解语境为何对隐喻重要，这种方法并不仅仅依赖于"没有语境就无法理解隐喻"这一事实。句子"Juliet is the sun"中负责传递信息的是对象，而非原始谓词表达式。对"太阳"（sun）的解释虽然不受任何语境的约束，但当用作限定词时，语境的作用不可忽视。与"is the sun"之类的谓词相比，对象在信息传递中完全依赖于语境，某些独立存在的真实之物需要在某种隐喻中被赋予可理解性。一个对象被要求充当一个限定词，我们就有理由认为该对象有一个与语境关联的"挂钩"，将对象作为限定语使用是一种与语境相关的活动。

隐喻中的谓词表达通常无须通过语境来理解，因而语境在某种程度上是强加其上的。相反，语境与作为限定词的对象联系在一起，对象的限定本质上依赖于语境。因此，与谓词进行比较的不是对象本身，而是语境中的对象。隐喻的可理解性从一开始就需要诉诸对象和语境，但许多使用对象作为限定词的语境参数在很大程度上由对象本身决定，我们应该认为对象给隐喻带来了某些限定的潜力。

语境约束有两个主源，它们直接关注对象作为限定词的使用，第一个是语言知识，第二个是共享而广泛的经验知识。在语言方面，语义下行的语词对相关对象的使用方式进行管控。非语言但有重点的语境由我们对隐喻中所描述的对象的知识和信念组成。

8.3 启发与展望

8.3.1 语义下行理论对隐喻的语言学研究启示

虽然诉诸属性共享和相似性的观点由来已久，但加藤普兰（Guttenplan，2005：104）指出，属性共享存在一个问题：当我们转换属性使其足够普适并可同时适用于对象和主体时，我们就忽略了隐喻。我们抛开了对象特有的属性，而正是这些特性使该隐喻起初变得恰当，这就造成了属性论述时的困窘。语义下行理论反对的就是一些此类共享属性的观点，认为把对象视为以某种方式对主体进行限定，就可以牢牢保留原初的隐喻，这为我们提供了一种理解隐喻话语的新方式。

8.3.2 语义下行理论对隐喻的翻译研究启示

上文提及，假设在某种语言中人们认为阳光是充满威胁和恶毒的，且在该语言中唯一的方法是将"太阳"译为"the evil staring eye of the Ox-God who rises from bed every morning"，则句子"Juliet is the sun"的翻译结果显然是不尽如人意的。该语言中有一个关于"太阳"的表达，那么问题不在于语词"太阳"的翻译，而在于当地人对"太阳"所指对象的理解。语义下行理论以对象为隐喻焦点，不仅解释了容易翻译的隐喻，还提供了上述在翻译不起作用的情况下的合理解释。隐喻植根于不同的文化沃土，因此不可避免地夹杂着特定的文化印记（孙毅、周锦锦，2021：137）。我们在翻译隐喻时不能停留在指称的保留或是语词在源语和目的语中的对等上，而应尝试从语词下行到对象，注重对象所处语境因素和语言文化差异，采用灵活的翻译策略和方法。

8.3.3 语义下行理论对隐喻的认知心理学研究启示

意象解释认为需要加工罗密欧隐喻话语的全部内容，然后才能理解隐喻中包含的原型谓词的用法，甚至有时还需要一些类似谬误或异常的表述来触发诸如从谓词 "is the sun" 到 "is the↓ sun↓" 的转移。戴维逊（Davidson，1984）认为在发现字面意义解读不正确之后，人们通常会寻找隐喻解释，据此隐喻的处理与字面句子相比存在系统的时滞。语义下行理论坚持隐喻的透明度，认为隐喻句子的理解需要发挥双重解释的共鸣：一种完全是语言谓词，另一种是该谓词指定的对象。这两种相关意义在理解整个话语之前都被激活了，因此语义下行理论不会以某种方式在处理时间上产生任何差异。语义下行理论关于隐喻句和非隐喻直白句在加工顺序、加工过程、处理时间等方面的观点可为隐喻的认知心理学研究提供借鉴。

8.4 结语

毋庸置疑，语义下行理论为目前学界中概念隐喻理论所倡导的从源域向靶域单向系统映射的一边倒论调提供了宝贵的学术选项。属性共享和相似性两种学说虽由来已久，但其阐释力不足。主流的概念隐喻理论使人深刻地认识到隐喻是一种认知手段，在人们理解抽象概念的过程中发挥了重要作用，其本质是概念性的。然而这种理论的解释力范围有限，主要用于解释静态的且稳定性极高的隐喻表达，关注的是固着性的概念关系。本章引入探讨的语义下行理论使我们能够更加动态、更加深入地认识隐喻的本质。语义下行理论认为存在一种从隐喻性述谓结构中的语词到对象的转移，这些语词将目光引向对象，我们借助这些对象而非语词来限定隐喻主体，这是一种参与语义建构的方式。对象具有一种独立于指称且本质上不与语词联系的语义功能。此外，隐喻具有透明度，语义下行需要对隐喻中语词的普通意义有初步把握，从而一开始就有某些事物可供理解，这是透明度所需的，也正是这种透明度使说话者、听话者和所有其他参与者在对对象意义的共同认识的基础上达成了理性空间中思想和行动的调谐。语义下行理论坚持隐喻的透明度，通过对象式限定保留了原句结构，能处理从主谓形式到更复杂形式的转移，解决了属性共享易偏离基本隐喻以及加工语言时未启用概念隐喻映射的情况下产生的问题，拓展了概念隐喻理论所阐释的隐喻类型范围。语义下行理论的提出不仅弥补了以往隐喻研究之不足，同时也在对象式限定的基础上探索了隐喻研究的新路径。近年来，陈朗（2015）、何中清（2016）、孙毅（2021a）等学者已在探索隐喻研究新范式方面取得了一定的成果。虽然目前对象式限定的隐喻语义下行研究尚处于起步阶段，但这种基于对象式限定的隐喻解读方式对隐喻的语言学、翻译和认知心理学研究均有很大的启发价值，必将成为引领今后隐喻研究的一大动向。

　　诚然，语义下行理论亦存在一些不足之处。首先，语义下行理论对语义下行过程缺乏详细阐释（Hills，2009）。例如，在句子"Tolstoy is an infant"中，语义下行理论认为可以从语词"婴儿"（infant）下行到非语词的对象"婴儿"，用该对象限定隐喻主体"托尔斯泰"（Tolstoy）以理解该隐喻，但是婴儿的众多属性中哪些属性适合托尔斯泰尚不明确，甚至对象婴儿在其他隐喻表述中也可用来限定其他的隐喻主体，换言之，人们理解特定隐喻表达中对象的属性以及限定的依据是模糊的（O'Donnell，2011）。若上述理解依据的是语境，那么是什么类型的语境？语境在语义下行中如何起作用？这些细节似乎都缺乏探讨。其次，加藤普兰没有解释隐喻的对象在何种意义上存在，现实中不存在的、未知的对象如何限定其他物体或人，以及限定式对象不需要存在的原因为何（Hausman，2007）。加藤普兰（Guttenplan，2005：187-188）认为，人们理解隐喻时并非都会涉及莱考夫和约翰逊所提出的跨域映射；同样，人们也并不总是需要想象、假装（pretend）或虚构某种对象来理解隐喻。此外，加藤普兰在整个解释中使用了一些心理学概念，如意象（image）、假装，但其未对隐喻的限定式对象或语义下行进行心理解释（Runke，2008），而若结合心理学视角对其加以解释，能更加有助于人们理解隐喻。上述这些问题有待进一步解决，语义下行理论也有待进一步发展和完善。

第9章　多模态隐喻理论

9.1　引言

所有的话语均有一定的说服力，它能在受众目标中传达一种认知、情感或审美效果，或者三者兼而有之。但是如今，许多大众传播中纯言语或纯文本信息通常辅以其他符号系统的信息，甚至直接被取代。无论是人们的日常交流还是如今的大众传媒，都日渐呈现出多模态化的趋势。多模态话语领域广阔，包括大量的物质载体（纸张、胶片、录像带、位元和字节、石头、布料等）、模式（书面语、口语、视觉、声音、音乐、手势、气味、触觉）和体裁（艺术、广告、说明书、电影等），其中许多还可以进一步分类。显而易见，多模态话语整体蓝图版幅宏大，单方向的研究尚未能将上述话题穷尽其详（Kress & van Leeuwen，2001；Baldry & Thibault，2006；O'Halloran，2004）。相比之下，系统地追踪一个特定概念的表现形式将为我们分析多模态话语的其他方面提供可借鉴的学术途径，例如隐喻在不同的物质载体、模式和体裁中的表现形式。在符号学与认知语言学的启迪下，多模态话语领域的研究可以从跨学科隐喻学者的工作中获益。多模态隐喻理论融合了多模态话语分析和认知语言学的新兴观点。一方面，多模态隐喻理论工作者认为，隐喻不仅是一种修辞方式，更是一种思考和思维方式，多模态隐喻体现了人类基于身体和经验，利用视觉、听觉、触觉等多种感官系统，从而产生对世界多模态的感知与认识；另一方面，多模态隐喻理论强调隐喻认知背后所体现的文化、意识形态等，这需要借助话语分析领域的方法得以阐释。因此，多模态隐喻理论逐渐演化成一个炙手可热的、具有交叉学科性质的研究领域。

9.2　多模态隐喻概念及研究缘由

9.2.1　多模态隐喻概念厘定

　　要定义多模态隐喻，首先应该阐明"模态"的含义。从当代语言学发展角度来看，该词是英文 modality 的汉译，而且当今备受国内外学界关注的"多模态话语研究"之英文表述也是 multimodal discourse studies；但李战子（2003）最初引进该词时，将 modal 引译为"模式"，这使其与人们熟知的另一英文词语 mode 发生术语重叠。目前，术语 mode 和 modality 都在使用。"模态"概念界定的模糊性，是多模态隐喻理论必须要面对与解决的一个棘手问题。一般来说，模态被认为是由某种特定感知过程产生的可解释性符号系统。这种研究视野将模态与人体五种感知系统一对一联系起来，因此有以下分类：①视觉感知（visual sense）；②听觉感知（auditory sense）；③嗅觉感知（olfactory sense）；④味觉感知（gustatory sense）；⑤触觉感知（haptic sense）。然而，该分类标准与界定过于粗糙，难以精细定位。例如，听觉感知模态将口语、音乐和非语言声音糅合在一起；同样，书面语言和手势都是视觉的一部分。如果要公正地对待意象和手势之间，口语和书面语之间，以及口语、声音和音乐之间的区别，则需要考虑其制作方式（如文字印刷与盲文刻印）或符号性质（如肢体符号与自然语言语法和词汇的规约符号），以及其他因素。

　　简而言之，现阶段对"模态"的定义无法做到尽善尽美，也无法对"模态"进行详尽的分类。然而，我们暂且可以假定，以下几种模态值得我们研究：①图形意象；②书写文字；③口头语言；④手语身势；⑤声响音乐；⑥视频融媒；⑦气味介质；⑧口感味蕾；⑨触动抚摸。总而言之，模态是不同社会文化语境下人们沟通交流与具身实践的符号资源和意义系统。在界定"模态"的基础上，查尔斯·福塞维尔（Charles Forceville）等把"多模态隐喻"定义为"源域和靶域分别或主要用不同的模态来呈现的隐喻"（Forceville et al.，2006：384）。福塞维尔以一部动画电影中"猫是大象"的隐喻为例，电影制作通过一只发出大象叫声的猫来构建这一隐喻。在这种情况下，源域会被视觉触发，而靶域则会被声音触发。该隐喻映射的实现方式分属视觉和听觉两种不同的模态，所以产生的是真正的多模态隐喻。这个新定义体现了莱考夫和约翰逊的观点，即隐喻的出现并不局限于语言（Lakoff & Johnson，1980）。同时，该定义揭示了这样一种现象：隐喻思维可以通过构成不同组合的表征方式呈现。但上述定义略显狭隘，在实际分析中难以操作；广义的多模态隐喻则是指两种或两种以上的模态共同参与建构的隐喻。本章采用的是"多模态隐喻"的广义界定。福塞维尔提出了识解多模态隐喻的三个条件。第一，构建相似性所涉及的两个概念必须属于不同的范畴。第二，这两个概念应呈现靶域和源域，唤起"A is B"的范式（Forceville，2008：468）。此外，源域和靶域应该在一种或多种组合方式中具有可识别性，即视觉、声音、口语和书面语（Forceville，2007：20）。第三，这两个概念属于不同的符号系统和（或）感觉模式，如语言、视觉、声音、镜头的某种蒙太奇和相机角度，以及任何其他方式（Forceville，2008：469）。这也是多模态隐喻特有的标准。

9.2.2 多模态隐喻理论缘由

9.2.2.1 纵向：概念隐喻从纯言语到多模态

多模态隐喻理论与当代隐喻学研究一脉相承。1980 年，莱考夫和约翰逊在合著的《我们赖以生存的隐喻》一书中提出了概念隐喻理论，标志着隐喻研究从修辞范式到思维和认知范式的重大转变。他们指出，隐喻绝不仅仅活跃于传统修辞学和文学批评辖域，而是存在于日常生活的方方面面，是人类认知外部客观世界和内部主观世界的强大武器。经历了 40 多年的发展，具有奠基意义的概念隐喻理论及其升级、优化后的概念整合理论走向成熟，隐喻已彻底摆脱传统修辞学的窠臼，在真正意义上从屈居于附属地位的辞格升格为独立的认知科学门类（孙毅，2019：126）。自 1993 年莱考夫的《当代隐喻理论》发表之后，在 1994—2013 年的 20 年间，11 种外国语言学 CSSCI 来源期刊共计刊发以"隐喻"为标题的论文 405 篇（孙毅，2015：18）；在随后的 2014—2018 年，16 种外国语言学 CSSCI 来源期刊共计刊发以"隐喻"为标题的论文 226 篇（孙毅，2020b：51）。隐喻已经成为语言学界富有价值和意义的研究课题和研究领域，当代隐喻学发展方兴未艾。概念隐喻理论被称为是一个非常富有成效的理论（如 Gibbs，1994a；M. Johnson，1987，1993，2007；Kövecses，1986，2000，2002；Lakoff，1987，1993；Lakoff & Johnson，1999；Lakoff & Turner，1989；Sweetser，1990）。根据概念隐喻理论，隐喻不仅是一种传统的话语修辞手段，而且是一种具身认知思维方式，促使人们从一个概念域来理解另一个概念域。人们概念系统中的概念隐喻在很大程度上影响着他们在日常生活中如何感知、体认、思考、理解、推理和想象，而且许多概念，尤其是抽象概念，都是用隐喻来构造和表达的。概念隐喻理论提出，许多社会文化生活现象的概念化都有根深蒂固的隐喻形式，隐喻的靶域是抽象的，源域是具体的。然而，概念隐喻理论在某些方面还是无法脱离其局限性。尽管莱考夫和约翰逊将隐喻的本质描述为"用一种事物来理解和体验另一种事物"，着重避免了"言语"或"语言"这个词，概念隐喻理论还是认为"概念隐喻是否存在"这一说法几乎完全取决于言语或语言中概念隐喻的可检测性（Lakoff & Johnson，1980：5）。这一观点存在循环论证的风险："认知语言学研究受到循环论证的影响，因为它从对语言的分析开始，推断出一些关于心灵和身体的东西，而这些东西反过来又激发了语言结构和行为的不同方面。"（Gibbs & Colston，1995：354）

在概念隐喻理论建构之初，其适用研究对象主要为单模态隐喻。概念隐喻理论的拥护者认为，"隐喻不是一种修辞手段，而是一种思维方式"，这一坚定信条同时也指向了一个重要推论（Lakoff，1993：210），即隐喻可以出现在语言之外的其他模态中。这是隐喻研究的必由之路，因为如果研究非语言隐喻或非纯粹的语言隐喻不能产生强有力的发现，那么，莱考夫和约翰逊（Lakoff & Johnson，1980）提出的"我们用隐喻来思考"的假设就被破坏了。正如福塞维尔（Forceville et al.，2006）所指出的，概念隐喻理论迄今为止一直局限于语言维度。自马歇尔·麦克卢汉（Marshall McLuhan）提出"媒介即信息"（The medium is the message）这一论述（McLuhan，1964：24）以来，笔者发现，一旦改变了传达信息的媒介，这个信息的内容意义也随之改变，这是一个不争的事实。每种媒介，即信息的物质载体（material carrier）和信息传播介质（transmitter of information），通过一个或多个信号系统实现交互沟通。例如，非图画书籍的媒介完全依赖书面文字以及穿插其间的标点符码；电台广播则依赖口语、非语言声音和音乐；广告牌则是依赖书面语言和视觉意象以及色彩灯光；视频影像则借由文字字幕、静态/动态意象、音乐声响甚至虚拟仿真。如上文所述，这些符号系统（即"模态"）中的每一个都能独立地或组合地激活靶域和源域，所以说一个完整的隐喻理论就不能局限于其语言表现，否则会对隐喻构成的理解造成偏差。因此，一个完备的（认知）隐喻理论必须系统地研究非语言隐喻（non-verbal metaphor）和多模态隐喻。随着研究的深入，福塞维尔、爱德华多·尤里斯-亚帕拉西（Eduardo Urios-Aparisi）、郑志明（Dennis Tay）等学者提出，作为人类的一种基本认知方式，隐喻的体现形式应该是多样化的。同时，他们结合日常交际中的实例，就多模态隐喻的概念、工作机制和认知特征展开了卓有成效的探索（如 Forceville & Urios-Aparisi，2009）。解读和阐释集文字、声音、意象、颜色、空间等多模态元素于一体的多模态隐喻，成为备受学界关注的重要课题之一（孙毅，2020c：30）。

9.2.2.2 横向：多模态语篇从视觉语法到多模态隐喻

多模态语篇分析的兴起与科技发展息息相关。进入后现代时期以来，数字科技飞速发展，各种多模态现象充斥着人们的生活，改变着人们表达意义的方式。多模态语篇分析是指对由多种模态或不同的符号系统等构成的复合语篇进行的分析。这些符号资源包括副语言特征（如语调、声响、字体大小等）和非言语行为（如手势、面部表情、姿势等）以及其他的表征形式（如电影、音乐、绘画、摄影等）。

多模态语篇分析以系统功能语言学理论为框架，把有关语言符号相关的理论拓展到其他符号资源。M. A. K. 韩礼德（M. A. K. Halliday）最初构建的系统功能语言学理论主要将语言作为分析对象。多模态语篇的分析方法继承了系统功能语言学中三大元功能理论，把概念功能、人际功能和语篇功能的意义构建推向一个更高、更广的符号学层面，如视觉意象（Kress & van Leeuwen，2006）、展览艺术（O'Toole，1994）、动作行为（Martinec，1998）、电影（Bateman & Schmidt，2011）、音乐（Zbikowski，2008）。其中，对视觉意象的研究引起学者们的广泛关注，视觉语法（Kress & van Leeuwen，2006；O'Toole，1994；O'Halloran，2004）成为多模态语篇分析的主要路径。视觉语法将系统功能语法理论应用于意象，在概念、人际和语篇这三个功能语法的元功能基础上，创建以再现意义、互动意义、构图意义为核心内容的意象分析框架，再现意义对应功能语法中的概念功能，互动意义对应其人际功能，构图意义则对应其语篇功能，由此分析意象意义的建构与产生。但是，由于多模态语篇分析并不关注整体意义构建的动态操作和认知机制，如果要对多模态语篇的审美和劝谏功能进行阐释，以及对多模态语篇的认知机制进行解释，则需要聚焦不同模态对隐喻的识解作用。因此，多模态隐喻的研究是多模态语篇分析的横向延展。

9.3 多模态隐喻的特征及表征方式

9.3.1 多模态隐喻的特征概述

从已有的研究成果来看，多模态隐喻的特征可以概括为以下四个方面。

9.3.1.1　具体向具体的映射

经典的概念隐喻理论一直强调，人类只有通过隐喻性地将抽象与具体结合起来，即与可感知的事物结合起来，才能抓住抽象。但同时我们不应该忘记隐喻也可以用具体的概念表达具体的事物。莱考夫和特纳（Lakoff & Turner，1989）亦意识到了这一点，他们详细地讨论了伊丽莎白时代的"存在大链条"概念，该概念认可了天使、人类、鸟类、哺乳动物等各种生物（含虚拟生物）的"自然"等级观念，并指出"大链条隐喻可以在与源域一样的大链条层面应用于靶域"。换言之，隐喻的源域和靶域都可以是感官直接感知到的。但是，由于概念隐喻理论非常强调用具体实物来表达抽象概念，这种可能性很少受到关注，然而，一旦离开纯粹的语言领域，"具体映射具体"隐喻就显得尤为重要。

多模态隐喻的靶域和源域都可能是具体的实体，因而衍生出一个重要变体——拟人化或拟物化。商品的拟人化或拟物化是一种非常常见的市场营销策略，并且与概念隐喻理论观点有关（Lakoff & Turner，1989：72）。例如，在诸多商业广告中，隐喻性的靶域通常与促销的产品相吻合，所描绘出来的事物必然是具体的：优雅的手表被描绘成蝴蝶，贴身的泳衣被描绘成海豚紧致柔软的皮肤（Forceville，1996）。无论靶域是人类还是手表、泳衣等具体事物，源域都倾向于选择生物体和动物。这一说法的合理性在于：动物为映射异质特征提供了丰富的机会（蜗牛行动缓慢，孔雀骄傲而美丽），布莱克称之为"含蓄的复杂体"（implicative complexes）（Black，1979），德德·根特纳（Dedre Gentner）和杰弗里·罗文斯坦（Jeffrey Loewenstein）称之为"排列的结构"（aligned structures）（Gentner & Loewenstein，2002）。由此可见，多模态隐喻和传统的概念隐喻最大的不同在于前者通过图片、声音、手势等多种模式相融合的方式，更具感官上的直接性，使得隐喻描述的对象不再局限于抽象概念。视觉隐喻和多模态隐喻因其感官上的直接性而更为具体。

9.3.1.2　受体裁的影响

文本（以任何媒介）呈现的体裁，或其归属的体裁，决定并限制了其可能的诠释，其程度难以估计（参见 Charteris-Black，2004；Forceville，1999b，2005；Steen，1994）因此，研究体裁如何影响多模态隐喻的产生和解释十分重要。

最受关注的体裁是广告。在广告中，隐喻的靶域往往与宣传的产品一致

（Forceville，1996）。这一观点的必然性在于：一个广告对某个产品、品牌或服务的某些特性的肯定，完全符合隐喻中"靶域是源域"的表达式。此外，从源域映射到靶域的特征是积极的。艺术表现中的隐喻也可能与商业信息中的隐喻在某些方面有所不同。在商业广告中，很少会有关于隐喻的靶域和源域互换的问题，而艺术叙事可能会产生两种不同的隐喻解释：A 是 B，B 是 A。这两种都是恰当的。诺尔·卡罗尔（Noël Carroll）称这种隐喻为"可逆性的"（Carroll，1996）。在艺术叙事中，与现象相关的隐喻都会被创作者凸显。这些现象可以是主角，也可以是物体，甚至是事件。与广告中的特征相比，艺术叙事映射的特征通常不那么清晰，并且可能具有更丰富的"对齐结构"（aligned structure）（Gentner & Loewenstein，2002），艺术语境中的隐喻可能比商业广告中的隐喻有更大的解释自由。此外，图标或图徽（logo）中的隐喻介于商业和艺术之间。图标在人类长期社会交流实践中形成，是一种程序化地标识特定身份的视觉设计，易于辨别和识解，为受众提供更加有效、清晰和亲切的形象。图标的设计可以实现多模态共同作用，通常意象和文字符号可以呈现出象征和被象征的互动关系（孙毅、杨莞桐，2016：24）。

体裁影响的系统相关性是值得进一步研究的参数，主要体现在两个方面：其一是多模态隐喻的呈现方式与文本体裁的系统相关性；其二是源域和靶域模态的选择与文本体裁的系统相关性。以商业广告为例，商业广告的呈现方式中罕见 MP2s（源域和靶域融为一体）类型；另外，商业广告通常使用视觉模态呈现靶域。

9.3.1.3 跨文化性

因为多模态隐喻不完全依赖于语言，所以更容易被来自不同文化背景的人理解。换言之，多模态隐喻比简单的语言隐喻更具跨文化性。例如，当提及一个国家的时候，人们最先想到的事物之一就是代表这个国家的国旗。孙毅和周婧（2016）运用概念隐喻理论和概念整合理论分析了异彩纷呈的世界多国国旗中的多模态现象，从国旗的颜色、图形等元素中挖掘出其背后的文化底蕴、宗教信仰等等。虽然不同民族具有不同的文化，但对于某些基本概念如颜色、动物、天体以及空间位置关系的认知大体相似，这使得多模态隐喻文本能够广泛传播并被大多数人理解。由此可见，多模态隐喻既是充分表达多民族、多文化特点的工具，同时又有利于消除理解不同民族之间的文化、宗教信仰等时的隔阂，增进来自不同文化背景的人们之间的相互理解。

9.3.1.4　激发情感

多模态沟通能更有效地唤起追随者的潜意识反应，因此更有可能产生魅力品质（Charteris-Black，2011：1）。两种或两种以上模态的组合，可以传达出更全面、更具体的感性话语效果，使文本比单一的语言模态更具立体感和真实感。多模态隐喻在各种应用型语篇中的使用充分体现了多模态隐喻相比单模态隐喻在激发情感共鸣方面所具有的优势。例如，在广告语篇中，使用与靶域（即某个商品、品牌或服务）特征相关的具体源域图片或声音，更容易引导消费者产生关于某件商品的美好幻想，进而肯定该产品的质量并进行消费；在纪录片中，颜色隐喻的使用为整个纪录片铺垫出一种或积极或压抑的情感基调，明亮鲜艳的颜色代表着正能量或积极、乐观的态度，容易引起共鸣，令人心情愉悦，而灰色深暗的颜色则通常预示灾难、战争的来临或代表反道德的观念，使人产生敬畏或厌恶的情绪。由此可见，多模态隐喻因其对丰富多彩的多模态信息的融合使用，使得语篇的目标对象更容易调动多感官的体验，进而在内心产生更丰富的情感。

9.3.2　多模态隐喻的表征方式

由于非言语交际方式在定义上不具有"是"或"似"的含义，在给定的语境中，两个实体属于不同的范畴，那么这种相似性是通过什么样的表征方式触发的呢？当然，这也适用于范例格式不是"A is B"的语言隐喻（Goatly，1997）。但在后一种情况下，无论选择何种手段，线索本身都是一种语言性质。在非语言隐喻和多模态隐喻中，暗示两种概念之间隐喻相似性的信号是不同的，并且必然会因隐喻术语的表达方式而不同。以下是一些单独或组合部署的可能方式。

（1）知觉相似（perceptual resemblance）。这只能在单模态隐喻的情况下起到触发作用：只有视觉表征才能在感知上与另一种视觉表征相似；只有声音才能在音量、音色或音调上与另一种声音相似。在视觉相似的情况下，有更大的选择范围：两个事物可以因为它们具有相同的大小、颜色、位置、姿势、质地、物质性等而彼此相似。需要注意的是，相似性不必存在于"事物"本身之间，也可以存在于它们的表征方式之间。例如，人们可能从不寻常的角度拍摄，或者用不寻常的摄像机拍摄。

（2）意外填充图式插槽（filling a schematic slot unexpectedly）。把某一事物放入特定的语境中可能会强烈地甚至不可避免地触发另一事物，这种事物使语境更自然，更加符合人们的传统认知。换言之，我们可能会得到典型的格式塔（Gestalt）或图式的变体。例如，2002 年韩日世界杯比赛进行期间，有一幅漫画把地球绕太阳公转的示意图中的太阳换成足球，足球意外填充了太阳的位置，形成了"足球是太阳"这一隐喻，这让读者容易联想到，世界杯是足球领域最重要的体育赛事。

（3）同步暗示（simultaneous cueing）。如果两个事物以不同的模态表达，那么隐喻识别就是通过同时显著地表达靶域和源域来实现的；或者在前一种机制的变体中，两个完全不同的事物由于意义填充图式插槽而相互联系起来。

9.4 多模态隐喻的言语化

在概念隐喻理论范式中，大多数表层隐喻都应该遵循一个预先存在的"A 是B"范式。为了讨论隐喻，这个 A 和 B 必须被命名，即用语言呈现。孙毅和周婧（2016：5）曾指出，"图像是文字主要内容的汇集与凝聚，使之更加生动形象"，"对于一些抽象的意象，图像又无法直白的表明，必须借以文字来清楚的表达"。因此，在分析和讨论意象隐喻以及多模态隐喻时，研究者就不得不求助于言语化。然而，习惯性地使用小型大写字母来描述表面隐喻下的意象图式结构，可能会掩盖一些事实，这会妨碍非（完全）语言性语篇的讨论。例如，大小和空间维度在源域中的作用在视觉话语中比在言语话语中更为明显，无论是在面对面的互动中，还是在动漫里表征主人公行为的程式化变体中，手臂和手势都是具体化的动作，其隐喻性的利用传达了语言隐喻中难以传达的观点和情感，例如，"有力的是巨大的"（POWERFUL IS BIG）和"诚实的是直立的"（HONEST IS STRAIGHT）这两个隐喻。因此，将这些非语言隐喻和多模态隐喻"翻译"成语言隐喻充其量只能反映"准概念"（quasi-concept）（Bartsch，2002：50）。隐喻学者应该敏锐地意识到这一点，并反思选择一种多模态隐喻而不是另一种多模态隐喻可能带来的后果。多模态隐喻的语言简化表达暗示了一种明确性和精确性，而这种明确性和精确性在它们最初的非语言或多模态形式中很可能是不存在的。由于不同模态对事实、情感和审美效果的传达是不同的，因此，多模态隐喻的使用者对特定模态的选择必然会影响其整体意义。一种模态呈现"意义"的潜力永远不可能完全"翻译"成另一种模态的潜力——有时二者之间是不可互译的。此外，非语言隐喻的解释是否需要观众在心理层面对其进行言语化的描述仍是一个悬而未决的问题。换言之，接收者在理解非语言隐喻或多模态隐喻时是否需要在心理上转化为语言隐喻？这是一个重要的问题，但很难进行实证检验。

9.5 多模态隐喻的理解过程

在分析多模态隐喻时，语言隐喻和视觉隐喻被错误地视为需要不同解释策略的不同现象。本章则认为，对语言隐喻和视觉隐喻的理解涉及相似的心理过程。虽然对意象的感知明显不同于语言解码，但对视觉隐喻的理解也需要对概念信息进行调整——概念上传（理解过程的一个阶段）——与语言隐喻的方式相同。因此，在多模态隐喻中视觉和语言输入的结合确实可以产生有趣的解释结果。这两种类型的隐喻（以及文本和意象结合的多模态隐喻）都由专门的心理模块"解码"（decoded），这些心理模块传递的图式信息必须经过推理才能得到预期的解释。下文以视觉隐喻为例，说明多模态隐喻的阐释过程。

9.5.1 · 感知：视觉与语言

处理视觉隐喻和处理语言隐喻主要的区别在于输入被传递到中央推理处理器（central inferential processor）的方式。语言模块对语言字符串的无语境解码遵循杰里·福德（Jerry Fodor）的心理模块化（modularity of mind）理论，它向中央推理处理器发送一个去语境化的语言信息串（language module），以便在推理上丰富成一个完全语境化（最佳相关）的解释，该解释应该与说话人的预期解释相匹配（Fodor，1983）。然而，视觉信息由另一个模块解码，即感知模块（perceptual module）。感知模块和语言模块具有相似的特性。当适当类型的输入到达这些心理模块时，它们会自动被激活，并且两者都会产生脱离语境的证据，证明发送者想要传达一些与上下文无关的信息，然后通过丰富推理，获得一个与语境相关的口头或视觉输入。

然而，尽管感知模块似乎已经参与了宾语和所指对象之间的一对一匹配，它也必须对它实际处理的视觉信息做出选择。具体来说，当读者识读一个视觉隐喻时，他们首先要感知意象，识别视觉输入。这是通过潜意识或无意识的比较来完成的，与先前存储的关于所描绘的一个或多个物体的视觉属性信息进行多向比较（参见 McMahon，2003）。当意象被认为是有意识地传达给读者的，而不是简单的感性认识时，神经认知处理过程就超越了一步，进入了一个更具意识能动性和推理活动的阐释阶段。我们拥有的原型参照物的这种心理存储由以下两种基本类型的信息组成，这两种信息通过随后的视觉感知不断更新和趋于稳定。

（1）原型视觉所指物/所指（prototypical visual referent）：包含视觉元素和属性的百科全书式条目，意象中描述的项目通常由这些元素和属性构成。

（2）原型视觉语法（prototypical visual syntax）：通常指与意象中描述的对象相关联的其他项。一般来说，如果意象中对象的视觉排列方式符合我们对这些对象的原型视觉语法的存储要求，则处理速度更快，这是一种先于并影响实际感知的"视觉图式"（参见 McMahon，2003：266）。例如，第 31 届夏季奥林匹克运动会的会徽采用的原型是里约热内卢的地标——面包山。三个抽象人形手脚相连的形状以面包山为原型，代表各国人民在巴西相互拥抱、分享友谊，传递全人类相互帮助扶掖的信息。受众对这一标识事物形成深刻印象，记忆持久，不易遗忘（孙毅、张俊龙，2015：322）。

一般来说，随着意象中属于原型视觉所指物的视觉特征数量的增加，其原型视觉语法与存储的模式相匹配，其处理的工作量也会相应减少。高度形象化的意象通常充满了与读者拥有的意象的原型视觉所指物相匹配的特征，但也可能有一少部分其他意象的原型特征，从而产生不同程度的象似性（iconicity）。

此外，视觉感知具有自下而上（bottom-up）和自上而下（top-down）的特性。自下而上指读者从可用的视觉元素（格式塔理论所声称的）中构造并整合原型视觉所指物；自上而下指的是读者测试视觉输入时，会与他们对原型视觉所指物的心理存储预期进行对照，这可能会影响对意象中所描绘对象的识别。感知模块利用了一个概念库，其中包含一系列视觉所指物，并且是主体通过对相似意象的后续视觉感知不断修正和更新形成的。知觉从来不是孤立的，过去接触的物体会影响甚至限制未来的知觉。因此，对与所指物相关联的物理对象或图片的每次感知，都有助于读者更新在其第一次感知时创建的原型视觉所指物。

9.5.2 特殊提示

从意象的纯粹的指示性解释（denotative interpretation）（通常是次注意）到隐喻的隐含性解释（connotative interpretation），推理加工负载发生了转移，其关键在于发现感知过程中存储的原型视觉所指物的激活与构成视觉隐喻的意象的实际视觉配置不匹配（Forceville，1996：115）。这种不匹配被称为"特殊提示"（ad hoc pointers）（Yus，2005），意思是作者为了特定的交际目的而创造的一种特别的视觉安排或结构，其不匹配性提醒读者此处需要某种隐含性的解释，尤其是隐喻的解释。这一观点要求我们在心智上做出更大努力，从一种下意识的视觉感知转变为一种需要专注推理的活动，以寻求从源意象到靶意象的正确隐喻映射。

当然，当我们进入这一推理阶段时，读者有责任把握所要进行的隐喻性解释（或其个人解释），而意象的作者只能希望读者能够选择与意象和意象的视觉所指物相关的百科全书特征，以此选择合适的隐喻解释（Refaie，2003：81）。

诚然，意象偶尔也可能存在视觉歧义，导致很难得出意象的隐含性解释，但指示性解释也是有效的。在没有明显的"特殊提示"的情况下，读者会根据纯指称性解释寻求一种最佳相关的解释，这将引导他们得出超越纯粹指称性解释之外的外延解释。一般来说，视觉隐喻被整合到其他话语中（如广告中的意象、新闻中的漫画），读者知道这些意象是用来传达特定的、非指称的信息的，因此在认知方面，他们不会满足于纯粹的指称层面。

9.5.3 视觉概念界面

在检测到特殊提示后，意象的读者进入另一个解释阶段，即视觉概念界面（visual-conceptual interface），介于对意象的次注意感知和对意象的相关内涵（即隐喻）解释的完全推断之间。在此阶段，以最佳相关解释为目标的读者必须提出一些初步假设，这些假设涉及所描绘的意象与所存储的关于这些意象的所指物的百科全书（概念）信息之间的预期关系，这些信息大多具有定型性。简而言之，读者会问自己以下问题。

（1）这两个意象在隐喻上有哪些联系？图片上都有吗？

视觉隐喻是一种信息从一个意象到另一个意象的映射，我们分别称之为源意象（source image）和靶意象（target image）。通常两个意象都出现在图片中（要么融合交杂在一起，要么分离并置），但有时其中一个意象（通常是源意象）不存在。因此，在处理视觉隐喻时，有不同程度的心理加工，这取决于在隐喻的视觉结构中源意象和靶意象是否都被描绘出来，或者其中一个意象是不存在的，并且只能通过一个关于其原型参照物的百科全书信息的推理操作来获得意象。同时，必须首先分辨源意象和靶意象，即使两个意象都存在，它们也不总是清晰可辨的。

（2）意象之间有什么样的视觉安排？意象本身的百科全书原型所指是为了获得隐喻解释而进行推理调整的对象，还是意象代表了不同的百科全书原型所指？

笔者认为，视觉隐喻理解的过程与语言隐喻理解类似，涉及对一个或多个意象的百科全书原型所指中存储或依附的概念信息进行获取和调整。因此，解释视觉隐喻还涉及大量的概念上传和调整，遵循一个以寻找关联为导向的标准。这意味着许多视觉隐喻都是原创的，它们通过一种不规则的视觉排列创造了隐喻联系，而另一些则似乎锚定以前使用的语言隐喻，这些隐喻只是转移到一个视觉媒介，大部分存储为常规隐喻。在这些情况下，源意象的百科全书原型所指的一个特定特征已经通过先前使用的言语手段变得突出，甚至视觉隐喻的产生仅仅是因为潜在的语言隐喻，因为这能加速隐喻的概念评估。在某种程度上，语言隐喻也利用了视觉感官图式的概念库，这有助于隐喻的归因，以至于这些意象往往最终在语言中变得常规化，并被剥夺了它们的感官隐喻能力。

因此，毫不奇怪的是，许多隐喻充当着其意象图式中所包含的视觉感官信息传播的中介（参见 Lakoff，1987），或者被漫画家广泛使用，以促使规约语言隐喻的再形象化（re-visualization of conventionalized verbal metaphors）。理解符合这一特征的漫画需要以下几个步骤：①最初，一幅意象比一系列编码选项更有效（即生动性），可以用来传达思想；②创建一个隐喻，该隐喻的意象图式中包含视觉感官信息；③隐喻的反复使用使它失去了感官的生动性，最终成为一种常规，人们不再把它当作隐喻；④漫画家将这个传统化的隐喻重新形象化，迫使读者将隐喻已经丢失的所有感官生动性重新融入其推理过程与意义生成过程中。

例如，一位漫画家绘制的一幅卡通画将地球分裂成两半，南北半球之间有一个巨大的鸿沟，有人试图从南半球跳到北半球，但不可避免地陷入了这个巨大的鸿沟。这个隐喻可以说是"南北之间有一道深渊"，这一例子再现了上述步骤：①深渊的感官信息比其他编码选项更生动地传达了南北半球之间的深度和距离；②隐喻南北之间的差异是一个包含视觉感官信息的深渊；③隐喻最终变得规约化并失去其感官力量（人们在说出该隐喻时不再看到深渊）；④漫画家重新形象化该隐喻中包含的信息，迫使读者观察意象图式因规约化而丧失的或者被遮蔽的感官特质。

总而言之，对视觉隐喻的理解与对语言隐喻的理解没有本质的区别。这两种隐喻都是由一个专门的心理模块（Fodor，1983）来解码的，该模块提供的图式信息必须经过推理加工，以获得预期的解释（最佳相关的解释）。对意象的去语境化感知是不足以甄别视觉隐喻的（意象的不一致作为特殊提示引导读者进行隐喻性解释），读者必须参与随后的解释步骤。在这个阶段，读者将在一系列视觉图片所指物中搜索并调整概念信息，进而生成适当的特殊概念。事实上，呈现给读者的编码信息的模式在隐喻推断的数量和质量上起着重要的作用。通常，图片因其整体进行格式塔化的处理，对读者的影响更为强大，同时更利于传统概念的"形象化"。

9.6　多模态隐喻择选的批判旨趣

长期以来，多模态话语研究多侧重认知理论层面的探讨，对其他方面挖掘的深度不够。事实上，话语者对模态的选择既是出于模态本身的特性，也要基于历史、文化和现实的动因。因此，分析多模态隐喻的整体意义，绝不能流于表面和形式，有必要再联系历史、文化、现实等其他宏观社会意义系统做深层分析，探索其话语背后深远的蕴意内涵（孙毅，2012：46）。因此，多模态隐喻理论的概念释义、多重特征与表征方式、言语意识、复杂识解等，无不显示出强烈的批判意味。这主要体现在隐喻源域、隐喻逻辑、隐喻话语三个维度上。

9.6.1　隐喻源域

概念隐喻理论指出，隐喻是从源域到靶域的系统化映射，体现的是心智层面的概念化的过程。应用到多模态话语的修辞案例表明，源域的选择决定着基于图片得出的隐喻类型。例如，有些图片通过选择令人出乎意料的源域和反常规的视觉安排，创造新的相似性，提供看待某一事物的新视角，从而构建或重新构建社会认同；有些图片通过源域的文化内涵创建身份，因为有些隐喻可能不是建立在身体经验的基础上，而是建立在纯粹的文化考量和认知过程的基础上。文化内涵通过转喻与源域建立关联，再通过源域映现到靶域上。源域的选择和源域的文化内涵决定了隐喻意义的形成。

但更重要的是信息形式的说服力（如图片的相似度和尺寸大小）以及确定无凿的结论。这些都取决于修辞的选择，尤其是源域的策略选择，以及所提供问题的概念化和对问题的批判立场的视觉细节。因此，笔者认为漫画中隐喻的解释很好地说明了隐喻形式在建立意义方面的普遍效力。

9.6.2　隐喻逻辑

概念隐喻在认知层面上的运作和在表层（surface level）隐喻表达中的双重性指引着研究者进行归纳推理（inductive reasoning），通过分析隐喻表达来推断潜在隐喻模型。在语言隐喻表达的情况下，要把推断出的概念隐喻用言语表达出来在一定程度上受到表层言语形式的驱动。例如，一位公司高管在谈到他们的财务战略时说："我们倡导与我们公司的 DNA 并行的投资。"这句话可以推断出隐喻"公司是有机体"。显然，任何言语表达都反映了研究者对观察到的表达的解释，并反过来指导对相似短语的分析。在多模态隐喻中，这种偏见会加剧，特别是当源域以非语言形式被表达时。例如，一家公司用赛车的图片来表达其商业原则，我们由此推断出的概念隐喻应该是"X 公司是一个赛车队"或者"生意是一场比赛"。但是在接力赛的情况下，隐喻的意义就发生了变化，赛车队预示着团队合作而不是竞争。更为复杂的是，其口头合作文本则实现了旅程隐喻，将商业原则作为指南针来指导旅程。鉴于这种复杂性，我们可以认为传统的"A 是 B"类型的隐喻本身是有限的，隐喻推理应该被视为隐喻场景的一部分（Musolff, 2006），具有不同的抽象层次和因果关系。在上述例子中，这可能意味着"X 公司是一个赛车队"和"生意是一场比赛"两个隐喻是并行的。此外，由多模态隐喻触发的隐喻场景可能包括半隐喻成分，如"X 公司更快地提供了结果，并在竞争中脱颖而出"。由此可见，在进行概念隐喻的推理过程中会受到言语表层形式的驱动和限制，言语可能为隐喻推理提供一种新的不同的情境，进而在认知层面推导出不同的隐喻框架。

9.6.3 隐喻话语

在给定的话语中，特定概念或实体的结构化知识形式及其关联概念、评价和情感成分将优先于其他形式。随后，由隐喻模型衍生出的隐喻表达及其评价成为该话语的典型模式。反复接触同一组隐喻表达，并以不同的方式加以扩展和阐述，可以被认为激活了它们背后的隐喻心理模式，从而加强了这一模式。根据心智模型（mental model），话语强化包括评价，也称"道德化的活动"（moralized activities），即"通过抽象术语来表示的活动，这些抽象术语提炼出一种正面或负面评价"（van Leeuwen & Wordak, 1999：105）。某种模式是否能在话语中脱颖而出，在一定程度上受话语参与者（制度）权利的影响。就企业品牌推广而言，当受众是员工时，企业拥有相当大的权利；而当受众是消费者时，他们的注意力、兴趣和金钱也拥有相对的权利。消费者的这种相对权利使他们更倾向于进行反解读，即愤世嫉俗地解构品牌的信息（Rumbo, 2002）。根据批评话语分析中的社会认知传统（van Dijk, 2005），隐喻因其双重性而被视为处于认知与话语的界面。此外，它在话语中的选择性使用代表了一种意识形态上的既定策略，以塑造社会现实的模型，例如呈现和灌输某些积极可取的特征以外的特定特征。通过研究这种策略是如何通过多模态隐喻来实施的，将对多模态尤其是多模态隐喻的批判性研究做出贡献。

9.7　结语

本章主要梳理多模态隐喻理论的发展轨迹，指出多模态隐喻是概念隐喻纵向延伸和多模态话语分析横向扩展的产物，接着评述其显著的特征、表征方式、言语化挑战及识解过程。本章还提出，应加强对多模态隐喻的批评话语分析，挖掘隐喻背后的深层含义和意识形态，这一综合分析视角将为多模态隐喻理论开启新的研究转向。

随着社会日新月异的发展，科学技术突飞猛进地前行，传统意义上的人类交际模态的语言文字正在被迫让位于更加引人注意的、集声光电于一身的多模态隐喻。多模态隐喻理论的学者基于认知隐喻和多模态话语两大研究路径，在以下四个方面做出了突出贡献。其一是语言隐喻与非语言隐喻的区别。语言隐喻的根本性特征在于其时间的单向排列性，从前往后，一字排开，先发生的先说；而非语言隐喻的区别性属性在于其复杂的空间组合性，有的置于中央，有的置于边缘，有的置于前景，有的置于背景，各种穿插设计，不一而足。其二是模态的概念界定和多模态隐喻的识别条件。福塞维尔（Forceville，2006，2008）提出模态既与具身体验相关，又与不同社会文化语境相连，不同的模态代表着不同的符号资源，并在模态概念基础之上提出识别多模态的三大条件。这为多模态隐喻之后的研究设定了框架，指明了方向。其三是多模态隐喻的特征和表征方式。多模态隐喻理论所发现的多模态隐喻的特征，如"具体映射具体"、体裁的影响、跨文化性、激发情感等揭示了隐喻的动态建构，并更加丰富地表达了隐喻的文化性和叙事性。其四是多模态隐喻的理解过程。它有助于完善概念隐喻理论体系，并在探索人类的思维方式及认知机制方面提供更充实的证据。

由于多模态隐喻理论是从单一的言语媒介向多个符号层面延伸，与经典语言隐喻研究相比，多模态隐喻理论也面临着一些挑战，其中最大的挑战是多模态隐喻的言语化，多模态隐喻翻译成"A 是 B"范式后，充其量只能反映一种近似概念，存在主观性，甚至可能产生歧义。另外，大多数多模态隐喻研究是从认知角度出发，容易流于表面和形式，因此，有必要从批评话语分析的视角探索其话语背后深远的蕴意内涵。总之，学者倘若试图用语言隐喻的理论和认识简单粗暴地扣设、套用在其他模态的隐喻之上，削足适履，其结果必然是失败的。唯有在认知隐喻的语言性判断的基础上，充分结合和倚重美术学、设计学、计算机科学等相关临近学科，统筹观察，整合考量，才能一方面穷尽性地甄别、提取所有精心设计的多模态隐喻实例，另一方面令人信服地阐释这些以空间性为本的隐喻背后的深层含义和意识形态。作为新鲜事物的多模态隐喻无论是作为社会产物还是作为研究对象都是方兴未艾的产品，在很多方面都是一片蓝海，亟待开发、深究的方方面面不胜枚举，需要多方的共同努力。

第 10 章　概念隐喻理论的新发展

——扩展概念隐喻理论

10.1　引言

1980 年由生成语义学学者莱考夫和哲学学者约翰逊联袂出版的巨著《我们赖以生存的隐喻》石破天惊地提出了隐喻不是一种其貌不扬的修辞方式，而是人类须臾难离的概念化机制，自此掀起了学术界争先恐后地从各自领域和专业角度探索隐喻机制、表现和功能的一股股浪潮。40 多年来，由两位学者开创的概念隐喻理论已经逐渐枝繁叶茂地成长为独立于其他语言学分支的认知显学——当代隐喻学。站在新的历史起点上，作为当代隐喻学的第二代领军人物——科维西斯教授近年来笔耕不辍，敢为人先，著述不断，在《我们赖以生存的隐喻》出版 40 年这一重要历史节点上再次发力，于 2020 年提出了扩展概念隐喻理论（Extended Conceptual Metaphor Theory）。本章不揣冒昧，在扼要追溯经典概念隐喻理论取得的成绩和饱受诟病之处的基础上推介该理论，并尝试指明当代隐喻学在接下来的新的 40 年中发展的方向和路径。

10.2　概念隐喻理论的成绩和不足

过去 40 余载，概念隐喻理论在众多学科领域都显示出了非凡的成就，但也受到了各个方面的质疑（参见 Fusaroli & Morgagni，2013；Gibbs，2017a）。本部分将对概念隐喻理论 40 多年的成就和缺憾分别加以总结。

10.2.1　概念隐喻理论的成绩

概念隐喻理论是一个复杂而连贯的理论，且能够解释与隐喻有关的各种问题，例如：为何人们可以使用一个经验域的语言去系统地谈论另一个经验域？为什么词库（lexicon）的多义词性会遵循一定的模式？为什么有些词的意义会从具体扩展为抽象？为什么儿童会按照顺序习得隐喻？为什么词汇的意义在历时上按照特定的顺序出现？为什么有些概念隐喻具有普遍性或潜在普遍性，而许多其他概念隐喻在跨文化语境中是可变的？为什么许多概念隐喻在不同的表达方式中是共通的（如语言表达和视觉表达之间的互通）？为什么民间观点和专家理论（folk and expert theories）对于某一特定主题有着相同的概念隐喻？为什么日常语言和文学性语言（以及其他形式的非日常语言）之间共享了如此多的概念隐喻？为什么新颖隐喻（novel metaphors）会不断地出现，以及它们是如何涌现的？这些问题不一而足。没有其他理论能够像概念隐喻理论那样充分地解释以上问题（参见 Gibbs，2008a，2008b，2008c）。

可见，从其建立伊始至今，概念隐喻理论以其独有的思维模式使得当代隐喻学研究上升到了一个前所未及的层次，也吸引了越来越多的学者对其展开分析。但是同时，概念隐喻理论也存在一些固有的问题亟待解决。

10.2.2 概念隐喻理论的不足

概念隐喻理论的固有问题分述如下。

（1）概念隐喻理论的一个基本假设在于：字面意义这一概念是存在的。那么，是否可以根据字面意义来理解隐喻意义？相关学者更深层的质疑在于：字面意义到底是什么？对这些问题的回答将如何影响当今的概念隐喻理论？

（2）如果基本隐喻假设一个概念单位（conceptual unit）或概念场景（conceptual scene）与相关元素有关联（例如，愤怒和热往往有关联），那么是否可以考虑基本隐喻是通过转喻阶段（metonymic stage）[如愤怒和热在一个紧密组织的结构（tightly organized structure）中相互关联]来实现的，而不是直接来源于两个不同的经验域？

（3）识别概念隐喻的恰当层次为何？是语域、框架、场景、图式、空间还是其他？有关这些问题，学者们尚未达成共识，即使是同一学者的前后研究中也会存在不一致的观点。

（4）如果我们能够澄清概念隐喻的恰当概念层次问题，那么这会不会对概念隐喻理论有重大影响？例如，它会改变我们对隐喻研究方法的思考方式吗？

（5）上面提到的几个隐喻层级是否同等重要？在隐喻概念系统

（metaphorical conceptual system）的整体描述中，有没有哪一个层级特别重要？

（6）如何将最近提出的蓄意隐喻（deliberate metaphor）观点纳入概念隐喻理论的整体框架？这是否会对概念隐喻理论构成挑战？

（7）如何解释隐喻性语言表达在自然语篇（naturally occurring discourse）中的社会语用功能？什么样的概念隐喻理论能够解释隐喻的概念结构，并在一个统一的框架（a unified framework）内实现隐喻表达的话语功能？

（8）我们应该把隐喻看作一个正在发生的在线认知过程，还是看作长期记忆中稳定概念系统的部分产物？

（9）隐喻理解理论广泛地运用了语境的概念，但在认知语言学中，隐喻生成（metaphor production）理论几乎完全忽视了语境的概念。是否有可能在认知语言学范式中提出一个概念隐喻理论，将隐喻生成理论的语境整合到概念隐喻理论中？

（10）概念隐喻理论的主要思想是隐喻的具身性，此为基本隐喻的基础，但是具身性在概念隐喻理论中的排他性（exclusivity）受到明显的质疑。在隐喻的产生过程中，是否有其他因素在概念或者语言层面均起了重要的作用？

（11）关于隐喻的创造性（creativity），概念隐喻理论在日常生活和文学话语中都能够对新颖隐喻进行详尽的解释。然而，这些对隐喻创造性的阐释也有其局限性：它们只能以独特的方式，或是通过少数概念性手段如扩展、细化、质疑、组合将具有潜在普遍性的基本隐喻组合在一起。但是，在多数情况下，创造性隐喻（包括概念隐喻和语言隐喻）要求我们考虑各种语境因素，而不仅仅是普遍的基于身体的隐喻（universal body-based metaphors）或普遍的认知过程（universal cognitive processes）。

（12）如果借助概念隐喻来思考问题，那么还会产生如下疑问：人们在话语的实际产出过程中为何使用混合隐喻（mixed metaphors）？在一个给定的语篇中使用相同的概念隐喻显然对于理解会更容易、更高效。但在实际情况中，同质隐喻语篇（metaphorically homogeneous discourse）比异质隐喻语篇（metaphorically heterogeneous discourse）（即语篇中的混合隐喻）要少得多。出现这种情况的原因为何？是否存在一个连贯的概念隐喻理论能够解释语篇中的混合隐喻？

（13）认知语言学家喜欢把隐喻看作"概念隐喻"，而忽略了隐喻现象的多样性（diversity）。还有哪些其他类型的隐喻？它们的特征是怎样的？它们与概念隐喻有何关联？

总的来说，以上问题可以综合为以下五个方面：①方法论问题；②分析方向问题；③图式性（schematicity）问题；④具身性问题；⑤隐喻与文化的关系问题。但是，这些问题有一部分源于对概念隐喻理论的误解，因此下面本章尝试为之进行阐释和辩解。

10.2.3　关于概念隐喻理论问题的若干驳斥

本部分将对概念隐喻理论在过去 40 多年里受到的批评进行一一回应。

10.2.3.1　方法论

对概念隐喻理论最常见的批评之一是，大多数概念隐喻理论研究都是采用直觉判断的方式建立概念隐喻，研究缺乏系统性（Pragglejaz Group，2007）。许多概念隐喻理论研究者通过研究自己的心理词汇（mental lexicons），辨析词典和同义词表（dictionaries and thesauri）中的数据，并据此得出一些语言实例，提出概念隐喻。例如，如果在词典里动词 boil 也意味着"非常愤怒"（to be very angry），explode 意味着"失去对愤怒的控制"（to lose control over anger），hothead 意味着"容易动怒者"（someone who loses control over anger easily），seethe 意味着"随时失去对愤怒的控制"（to lose control over anger at any moment），概念隐喻理论研究人员就会据此得出结论："愤怒是容器里的热流体"（ANGER IS HOT FLUID IN A CONTAINER）是一个概念隐喻（Lakoff & Kövecses，1987）。持批评观点的人认为，这种方法主要存在两方面问题。一方面，概念隐喻理论研究人员想当然地认定哪些表达是隐喻性的，研究比较主观；另一方面，这种分析方法忽视了自然语篇中说话者在靶域中使用了哪些实际表达（actual expressions）（参见 Pragglejaz Group，2007）。他们认为，概念隐喻理论缺乏可靠的方法（reliable methodology）来识别隐喻性表述，在识别这些表达的过程中应该使用真实语料（real corpora）。这些反对意见固然有一定的道理，但是这并不能推翻以往的概念隐喻理论研究。事实上，自然语篇语料库中隐喻的系统识别和概念隐喻理论语言学家所从事的隐喻分析研究不在同一个层面。在认知语言学的方法中，隐喻的存在可以分为三个层次：超个体（supraindividual）、个体（individual）和亚个体（subindividual）（参见 Kövecses，2002：17）。超个体层级上主要是去语境化的隐喻性语言表达（如词典中的隐喻表达），研究人员可以以此为基础理解概念隐喻。在个体层级上，特定的说话者在特定的交际情境中使用与某些目标概念相关的特定隐喻语言表述。亚个体层级是隐喻出现的原因，即隐喻具有身体或文化基础。换句话说，自然语篇中语言隐喻的系统识别是个体层级的研究，这并不会影响超个体层级研究的有效性。超个体层级的研究目的在于：研究人员根据直觉判定隐喻表述，并在此基础上提出概念隐喻。可见这两种研究方法对应不同的层次，能够实现不同的目标。事实上，这两个层次的目标是相辅相成的，在直觉基础（intuitive basis）上提出的隐喻有助于将系统识别的语言隐喻组织成个体层次上"更大"的概念隐喻，同时在真实话语中系统地识别语言隐喻会有助于发现迄今为止未被识别的超个体层级的概念隐喻。

10.2.3.2　分析方向

此外，一些批评家提出了分析方向的问题，即隐喻分析是自上而下还是自下而上的（Dobrovols'kij & Piirainen，2005；Stefanowitch，2007）。显然，崇尚概念隐喻理论类型分析的"传统"实践研究者遵循自上而下的方向，他们基于少量非文本化的例子，假设概念隐喻，然后研究这些隐喻的内部结构（建立映射、蕴涵等）。在这种方法中，研究重点是概念隐喻本身作为一种（假设的）高级认知结构。相比之下，在自下而上的方法中，学者们按照一定的规约研究大量的概念隐喻表达（如一个完整的语料库），辨析概念隐喻表述在具体上下文使用中不同的语义、结构、语用、审美等特点，并通过多步程序建立概念隐喻（Pragglejaz Group，2007）。

在自下而上的方法中，人们关注的焦点是语言和语言隐喻，以及它们在特定语境中的功能。选择这种方法的学者通常对自上而下的方法提出两项反对意见。第一个指向不规则支配（dominance of irregularity）原则，第二个指向为什么要确定每一个与特定靶域相关的语言性和概念性隐喻。针对第一个反对意见，如果我们主要关注语言结构和过程（而不是假设的认知结构和过程），那么在语料库中会发现很多不规则的表述。不规则支配原则意味着个体的隐喻表达在语义行为上是不规则的，然而这些不规则的隐喻表述是由规则的认知过程（如概念隐喻）支配的（Dobrovol'skij & Piirainen，2005）。反对意见的关键在于，自上而下的方法重视规则，但却不能解释语言隐喻表述中独特的和不规则的语义行为。德米特里吉·多布罗沃尔斯基（Dmitrij Dobrovol'skij）和伊丽莎白·皮赖宁（Elisabeth Piirainen）认为，即使规约修辞单位（conventional figurative units）的产生受到人类认知一般原则（general principles of human cognition）的制约，它们仍然是词汇的不规则单位。旨在发现规则特征的元语言工具无法捕捉到真实语言中的语义结构和散乱的言语行为。规约修辞单位的很大一部分是在特定文化现象

（culture-specific phenomena）的影响下产生的（Dobrovol'skij & Piirainen，2005：355-356）。在多布罗沃尔斯基和皮赖宁看来，这种不规则性的原因是：（假定的）不规则隐喻表达（irregular metaphorical expressions）（如基于隐喻的习语）常常是受特定文化因素的影响而产生的（Dobrovol'skij & Piirainen，2005），因此不能用广泛而普遍的概念隐喻来解释这种不规则的表述。

换言之，反对者指出自上而下方法的一个主要问题是，该方法无法为隐喻表达中许多不规则的语言-语义行为（irregular linguistic-semantic behavior）提供解释。这些批评传统概念隐喻理论的人认为隐喻的语言行为是不规则的，这种语言隐喻的主要特征隐藏于假想的普遍认知结构（global cognitive structures）中。事实上，这种观点只有部分是正确的。让我们举一个例子：在"split hairs"这个隐喻表述中，如何根据传统的概念隐喻理论来解释其意义（即语义行为）？首先必须理清表达的普遍性隐喻基础为何。事实上，这个隐喻能激发人们将其理解为"争论中斤斤计较、吹毛求疵"，要找到一个能够自然地解释这一意义的普遍概念隐喻并不容易，因为它不同于我们熟知的隐喻，如"愤怒是容器里的热流体"（沸腾隐喻）[ANGER IS HOT FLUID IN A CONTAINER （for boil）]、"理论是建筑物"（基本隐喻）[THEORIES ARE BUILDINGS（for foundation）]或者"生活是一段旅程"（崎岖不平的道路隐喻）[LIFE IS A JOURNEY （for bumpy road）]，这些都是很容易想到并解释的隐喻表达。如果无法找到在人脑中易检索的概念隐喻来解释"split hairs"这一隐喻表达，该表述的意义就是不规律、不规则的。但是，即使有这样的普遍隐喻，可能也无法找到统一的概念隐喻（global conceptual metaphor）来解释这一表述的隐喻功能。鉴于此，并不是每个概念隐喻表述背后都有一个普遍的或者潜在的概念隐喻。因此，从这个角度来说，学界对于概念隐喻理论的质疑是合理的。

但是，对概念隐喻理论的质疑也存在缺憾。在多布罗沃尔斯基和皮赖宁看来，很多时候概念隐喻理论无法解释相同概念隐喻中隐喻语言表达的不同功能（Dobrovol'skij & Piirainen，2005）。根据多布罗沃尔斯基和皮赖宁的观点，两个或两个以上的语言表达属于同一概念隐喻无法解释这些表达所具有的不同含义（Dobrovol'skij & Piirainen，2005）。然而两人所忽视的是，概念隐喻理论并不会止步于建立普遍概念隐喻，比如"争论是火"（ARGUMENT IS FIRE）、"愤怒是容器里的热流体"，或者"理论是建筑物"。事实上，建立这样的隐喻只是分析过程中的第一步。之后，我们还需要查看源域中的哪些元素对应于靶域的哪些元素。这些对应（或映射）是构成概念隐喻的关键。在"争论是火"这一隐喻中，映射显示出复杂的质地结构（complex fine-grained structure）。由于"争论是火"这一隐喻从属于一个更加普遍的隐喻（"强度是热的"），因此在这个更普遍的隐喻框架内理解"争论是火"这一隐喻是合理的（参见 Kövecses，2002，2005）。因此当研究者能够建立恰当的图式层级（schematicity hierarchy）结构的时候，无规律支配原则就能够得到较好的解释。

接下来看一下针对分析方向的第二个反对意见。反对意见认为在隐喻分析中的总体目标应该是在给定的语料库中找到每一个与目标相关的语言概念隐喻。该类批判声音主要来自语料库语言学研究（参见 Stefanowitch，2007 等）。在这方面，我们需要问的更深一层的问题是：为什么为特定的目标域寻找隐喻是如此重要，是为了找到一套完整的隐喻并将它们呈现出来，还是因为这种呈现有价值？毫无疑问，这是有价值的，建立一个完整的隐喻清单并不是认知语言学研究隐喻最重要的目的。其最重要的目的是分析隐喻在多大程度上、在哪些内容上对抽象概念的概念化以及它们的认知表征做出了贡献。毕竟我们的最终目标是尽我们所能地理解思想，这种思想的一部分是由大量的概念组成的，这些概念在同样数量的源域中起着目标域的作用。语料库语言学方法比直观的传统方法能识别出更多的特定目标领域的隐喻表达（如 Stefanowitch，2007）。但是这种数量优势（quantitative advantage）并不一定等同于质量优势（qualitative advantage）。阿纳托尔·斯特凡诺维奇（Anatol Stefanowitch）研究了英国国家语料库中与情绪相关的 5 个词（愤怒、恐惧、快乐、悲伤和厌恶）（Stefanowitch，2007）。他的研究结果基本上支持了自上而下研究者的研究成果：愤怒最具特征的隐喻是以热为源，快乐的隐喻是向上的，等等。语料库语言学方法并没有发现大多数特定层次的情感隐喻来源于特定情感概念。这些隐喻也是我们认识情感概念的基础。诸如"情感是对手"（EMOTIONS ARE OPPONENTS）、"情感是自然力"（EMOTIONS ARE NATURAL FORCES）、"情感是精神错乱"（EMOTIONS ARE INSANITIES）等等有关情感的隐喻定义了情感概念的关键特征（如控制、被动、缺乏控制）（参见 Kövecses，1986，1990，2000）。这种结果之间的差异清楚地表明，对语料库语言学结果的解释不可避免地会受到直觉的影响。在斯特凡诺维奇的研究中，类属层次隐喻（generic-level metaphors）构成了大部分情感隐喻。这些属于事件结构隐喻（event structure metaphors），如"（情绪）状态是容器"［（EMOTIONAL）STATES ARE CONTAINERS]、"（情绪）状态是对象"［（EMOTIONAL）STATES ARE OBJECTS]、"（情绪）原因是驱动力"［（EMOTIONAL）CAUSES ARE FORCES]和"（情绪）变化是运动"

[（EMOTIONAL）CHANGES ARE MOTIONS]。这些类属层次隐喻适用于任何状态、原因或变化，因此它们在描述情感概念原型模型的具体内容和结构方面作用有限，尽管我们发现情感概念在普遍隐喻层面上存在一些有趣的差异。

总之，针对分析方向的第一个反对意见，如果我们考虑到个体概念隐喻及其层次系统映射这一大系统，语言隐喻中的不规则性比反对者提出的要少得多（Kövecses，1995b，2000）。借助于详细的映射系统，我们可以解释大量细微的意义差异。至于第二个反对意见，语言隐喻和概念隐喻的识别应尽可能完整。但是正如我们前面所看到的，定量分析的结果往往与定性分析的结果一致；定量隐喻分析（quantitative metaphor analysis）必须辅以直觉的定性分析（intuitive qualitative analysis）。

10.2.3.3 图式性

一些评论家提出了隐喻的图式性问题，即我们应该在何种图式水平上构建概念隐喻。例如，克洛瑟内和克罗夫特（Clausner & Croft，1997）注意到莱考夫和约翰逊（Lakoff & Johnson，1980）的研究中引入了著名概念隐喻"理论/论据是建筑物"（THEORIES/ARGUMENTS ARE BUILDINGS），这一隐喻并没有在适当的层次上概括语言事实。比如，我们可以说"理论有一个坚实的基础"（The theory has a solid foundation），但是我们不能说"理论有长长的走廊和高高的窗户"（The theory has long corridors and high windows），这意味着不是每个源域的元素都可以用来谈论靶域的。因此，克洛瑟内和克罗夫特（Clausner & Croft，1997）提出了针对这个隐喻的弱图式化的版本："理论/论据的说服力是建筑物的物理完整性"（THE CONVINCINGNESS OF THEORIES/ARGUMENTS IS THE PHYSICAL INTEGRITY OF BUILDINGS）。用他们的话来说，在源域和目标域中，这种新的隐喻理解在源喻和靶域层面上都呈现出较弱的图式化（理性的论点是建筑物）。但是"理论/论据的说服力是建筑物的物理完整性"这一分析很好地展现了隐喻在恰当图式层级上的特征（Clausner & Croft，1997：260）。换句话说，如果没有建立适当的图式层级，就不可能回答源域的哪些元素映射到靶域上，以及哪些元素没有映射到靶域上等问题。如果源域和靶域过于图式化，那么源域的元素可以映射现实无实物的元素；如果概念隐喻没有足够的图式化，那么现实中的实物元素就不能映射到靶域上。那么对于概念隐喻来说，合适的图式水平是什么？约格·津肯（Jörg Zinken）认为传统概念隐喻理论的说法经不起推敲（Zinken，2007）。在罗施（Rosch，1978）看来，源域和靶域之间的映射处于上位层面。例如，在莱考夫和约翰逊（Lakoff & Johnson，1980）看来，"爱情是一段旅程"（LOVE IS A JOURNEY）的映射在于汽车，而不是轮船或火车。然而，根据津肯的观点，在自然语篇中，映射不是发生在上下位之间，而是发生在基本概念之间（Zinken，2007）。他认为，如果它们是在上一级属于同一源域，具有类似含义的基本概念将仅仅是高级映射的替代表述（因此必须是可互换的），因为它们适用同样的映射（Zinken，2007）。然而，津肯提了一些不符合以上观点的例子：道路和航道属于路径（path）的范畴，船舶和船只属于运输（transportation）的范畴，水壶和壶属于容器（container）的范畴。津肯发现，在德语和英语的政治语篇中，说话者使用的这些词属于同一个靶域，但却以不同的方式具有相似的含义。如果这些词是同一类属层次映射的语言实例，并且它们具有相似的含义，这怎么可能呢？

　　为了解释这一点，我们需要两个不属于莱考夫和约翰逊标准理论的概念工具：来源范围（scope of the source）和主要意义焦点（Kövecses，2002，2005）。来源范围是指每一个隐喻源域都适用于某一特定的靶域群或集合。借助于这两个概念工具，我们可以处理津肯的反例如下：容器（container）的源域有一个主要意义焦点，即张力或者压力，从而产生（子）隐喻"抽象张力是物理压力"（ABSTRACT TENSION IS PHYSICAL PRESSURE）。为了表达这一主要意义焦点，水壶似乎比锅更为恰当，因为水壶内部有蒸汽，产生压力，甚至有汽笛声，而锅主要用于储存和煮沸大量的水。尽管我们在这两个容器中都可以加入热水（在这方面它们有相似的含义），但它们的主要意义和隐喻用法有很大的系统性差异。接下来让我们分析 way 和 course 这两个概念。津肯的论点只适用于当 way 和 course 是同一映射时。这两个概念的含义确实非常相似，但它们通常被看作两个不同的映射。way 的概念隐喻有："（行动的）方法是路径"[MEANS（OF ACTION）ARE PATHS]。course 是如下隐喻映射的实例："计划实现目标就是计划到达终点"（SCHEDULING HOW TO ACHIEVE ONE'S PURPOSE IS SCHEDULING HOW TO REACH ONE'S DESTINATION）。在这个例子中，course 是指预先计划好的到达终点的路线。津肯的第二个例子与 ship 和 boat 这两个词有关。他指出，这两个词在德语和英语政治语篇中的隐喻意义非常不同。ship 一词在隐喻意义上通常表示一个国家或一个政党，而 boat 一般指的是人或者党派彼此合作的需要。同样，存在的问题是这两个意思相似的词的隐喻用法是否基于相同的映射。显然不是。在 boat 的例子中，使用的是"国家是容器"（STATES ARE CONTAINERS）的隐喻；而在 ship 的例子中，有两个映射激发了这个词的使用，一个是"长期有目的的活动是漫长的旅程"（LONG-TERM PURPOSEFUL ACTIVITIES ARE LONG JOURNEYS），另一个是"复杂的抽象系统是复杂的物理对象"（COMPLEX ABSTRACT SYSTEMS ARE COMPLEX PHYSICAL OBJECTS），这两个都不可能成为 boat 以国家或者政党意义出现的概念隐喻基础。总而言之，津肯认为有相近意义的词汇不能被冠以相同的隐喻意义。隐喻映射是在上一层次被发现的，具有相似意义的词具有不同的隐喻用法是由于与特定源域相关联的意义焦点，以及词基于不同映射的事实。

10.2.3.4 具身性

具身性是认知语言学的核心思想之一，它将认知语言学中的意义概念与其他认知取向理论区分开来。在意义的产生过程中，即在事物变得有意义的过程中，人体（human body）扮演着一个特殊的角色（M. Johnson，1987；Lakoff，1987；Lakoff & Johnson，1999；Gibbs，2006）。在这一过程中，意象图式发挥了重要作用。意象图式是建立在我们最基本的物理经验基础上的，在理解我们周围的世界时是不可避免的。然而，有研究者指出，具身性观点的某些方面可能导致理论内部的矛盾（如 Alverson，1994；Rakova，2002）。具身性试图同时解释普遍性（universality）和文化特异性（cultural specificity）。一般来说，建立在意象图式基础上的理论若同时以基本身体经验的普遍性为基础，则不可能用于支撑文化变异（cultural variation）的观点，特别是在其具身性是自然构思的这一前提下。以下引言表明了她的立场："问题是简化论和相对主义（reductionism and relativism）不应该同时存在。我们认为，未能平衡这两种倾向是具身现实主义（embodied realism）哲学的第二个缺陷（Rakova，2002：228）。因此，我的主张是，新经验论（experientialism）通常是强意义上的相对主义，直接意义概念和动觉意象图式的普遍性与特定文化概念化是完全不同的。"（Rakova，2002：228）空间关系概念化存在认知上的显著文化差异这一看法与遵循意象图式理论的自然主义立场不相容（Rakova，2002：238）。毫无疑问，莱考夫和约翰逊提供的例子（如容器图式）可能会给人一种印象，即他们认为意象图式和具象是使事物（包括语言）以"自然方式"变得有意义的普遍经验，即从某种程度上说，具象普遍地、机械地产生一般性的意义。然而，我们可以对这一意义具象的概念进行提炼和完善，从而驳斥上述批评。为此，我们需要改变思考具象的方式，我们不应该把它看作一个同质的、单一的因素（homogeneous, monolithic factor）。具体而言，具象由若干部分组成，其中任何一个部分都可能被不同的文化（或者文化中的个体）挑选出来，并得到该文化的重视。科维西斯将其称为"差异经验焦点"（differential experiential focus）（参见 Kövecses，2005）。

10.2.3.5　隐喻与文化的关系

然而，上述有关具象概念的认识仍旧难以阐释文化对隐喻概念化的影响。准确地说就是，生成普遍隐喻的具身性过程与生成语言和文化特定隐喻的本土文化之间究竟有何关系？也就是说，概念隐喻理论能否同时解释隐喻概念化的普遍性和文化特殊性？这是《文化中的隐喻：普遍性与变异性》（*Metaphor in Culture: Universality and Variation*）一书中试图提出和解决的重要问题。自然情境中的隐喻概念化同时受到两种压力：具身压力和语境压力。语境是由当地文化决定的。这种双重压力相当于在隐喻概念化过程中努力实现身体和文化的一致性——既具有普遍的具身性，又具有符合本土文化的特异性，有时可以做到二者兼而有之，有时则需要有所侧重。语境具有物理、社会、文化、话语等方面的特征，它由背景、话题、受众、媒介等因素构成，这些因素都会影响隐喻的概念化。在特定的情况下使用哪种隐喻不仅取决于哪种（潜在的）普遍隐喻可用于给定的目标领域以表达给定的意义，而且还取决于隐喻概念化发生的背景和主题。

隐喻概念化不仅仅是简单地使用现成的或普遍的隐喻，语境压力（pressure of context）是隐喻使用的另一个必然组成部分。在理解自然语篇隐喻的使用时，说话者会努力地与当地语境保持一致（coherent with the local context）。隐喻使用中的语境压力尚未引起传统概念隐喻理论的兴趣和广泛研究。

以上针对传统概念隐喻理论的五种批评分别进行了回应。这些批评涉及方法论、分析方向、图式性、具身性以及隐喻与文化的关系等问题。第一，在方法论问题上，笔者指出，批评界提出的隐喻研究目标与传统概念隐喻理论中隐喻研究的目标是不同层次的。认知语言学家在最初的莱考夫和约翰逊（Lakoff & Johnson，1980，1999）的框架下研究的目的是在超个体层级上假设某些概念隐喻，而语料库语言学者的主要目的是在个体层级上系统地识别语言隐喻（然后得出假设的概念隐喻）。这两种方法在各自的层面上都是正确的。此外，二者不同的目标相辅相成。第二，另一组批评关注隐喻的分析方向。那些自下而上的隐喻研究者认为，语言层面的隐喻比自上而下研究隐喻更不规则。我们认为这种观点只是部分正确，因为通过详细的隐喻映射，我们可以在语言层面上解释许多微妙的意义差异。在这方面，我们还建议，如果概念隐喻分析的目的是尽可能详细和深入地揭示抽象概念的性质和结构，那么定量隐喻分析需要辅以直觉的定性分析。第三，我们探讨了隐喻的图式层级问题。一些评论家如津肯认为，在真实的话语中隐喻可以在基本层面上找到，而不是在上义层。他认为，如果隐喻处于上义层，那么属于同一物理领域、意义相似的词就必须具有相同的隐喻意义。但我们认为，映射不是发生在上义层，而是发生在更具体的基本层面上。如上所述，如果我们假设特定的物理源域可能具有不同的意义焦点（例如，容器域可能具有"压力"和"数量"的意义焦点），那么我们可以用不同的方式解释该现象，因此，属于这些源域的概念可能参与不同的映射，不同的隐喻含义自然产生。第四，具象在认知语言学中的核心思想也成为批评的对象。诚然，如果具象是机械化的，并且在所有文化中都是单一的，则很难同时解释隐喻的普遍性和文化差异。但是用差异经验焦点代替具身性的机械概念就可以避免这一问题。第五，拉科娃等学者批评概念隐喻理论，认为它试图用一种解释普遍性的手段来解释文化差异。这个问题与隐喻创造性（metaphorical creativity）的跨文化性有关。如果我们把隐喻概念化看作一个说话者处于两种相互竞争的压力中，即普遍具象性（universal embodiment）和局部语境（local context）的压力，就可以更好地解释这一问题。最后，我们试图勾勒出一个隐喻研究的框架，力图推出"标准的"和"传统的"莱考夫-约翰逊观点的一个新版本或替代品。这一框架能够使概念隐喻理论变得更加灵活、开放和强大。该框架消除了标准理论的一些弱点，能够更好地回应有关概念隐喻理论的质疑。

10.3　扩展概念隐喻理论

以下我们将介绍扩展概念隐喻理论的主要成分，呈现该理论的特征，勾勒出该理论的概貌，并指明该理论对于隐喻研究的意义所在。

为了更好地解释概念隐喻理论和理解隐喻，需要回答两个问题：说话者为什么在特定的语境中会无意识地选择这些特定的隐喻？说话者是如何创造（听众是如何理解）文中隐喻的特定意义的？这需要建立一个图式层级，作为心理空间表达意义到意象-图式层级（image-schema level）的概念途径（conceptual pathway）。

为什么说话者在特定的语境中会无意识地选择这些特定的隐喻？我们可以从"阿姆斯特朗兴奋剂丑闻"一案中"山路地段"的隐喻表达中窥见端倪。比如，为什么危机管理专家会使用这个特别的隐喻？显然，专家对这个话题和阿姆斯特朗本人的参赛经历有丰富的背景知识，包括姆斯特朗参加了几次环法自行车赛，在这个比赛中有若干山路地段的赛程。换句话说，这些背景知识使说话人能够选择一种隐喻来表达其特定观点，因此危机专家说，为了澄清事实，阿姆斯特朗还有一段"漫长而艰难的路要走"。

那么，说话者如何创造隐喻的特定意义？听话者又是如何理解的？在以上例子中，阿姆斯特朗在忏悔时提到，他还有一段"漫长而艰难的路要走"，其含义是通过"山路地段"这一隐喻表达出来的。换言之，心理空间层面的意义通过作为概念路径的图式层级结构被转换成意象图式层级的表达。也就是说，具有图式层级结构特征的隐喻会在多个重要层面形成大量概念隐喻系统和隐喻表达，包括心理层面和框架层面等，但也存在无法唤起图式层级的隐喻例子，它们属于零散的隐喻表达。然而，后一种可能性并不意味着零散的隐喻，如耳语是在没有适当的概念途径的情况下产生和理解的。零散的隐喻表达确实需要一个概念性的路径，只不过该路径可能是自发的或临时的，抑或是混合型的。除此之外，还有第三种概念路径，该路径中的两个域共享一个意象图式。这不是一个具有两个不同框架的意象图式隐喻，而是一个描述隐喻类比（或相似隐喻）的单一意象图式。共享的意象图式可以是规约的、根深蒂固的（如容器、运动、链接等），亦可以是非常规的、新奇的。

扩展概念隐喻理论能够很好地将具象特征和话语隐喻所要表达的观点结合起来。具象或来源于经验关联，或来源于语境。当然，这只适用于标准概念隐喻理论观点关照下的隐喻，因为只有这些隐喻具备图式层级结构。然而那些被研究者视为"语篇"的隐喻、基于相似性而非关联性而产生的隐喻又该如何解释呢？科维西斯认为有必要区分三种类型的隐喻意义：意义、去语境化意义和语境意义。这些概念的区别主要在于图式层级结构和科维西斯对隐喻的亚个体、超个体和个体层级的区分（参见 Kövecses, 2002）。意象图式隐喻为隐喻概念化的特殊情况提供了自然性和具身理据。这是通过高级图式隐喻来实现的——通常是基本隐喻，尽管正如格雷迪（Grady, 1997a）所指出的，绝大多数意象图式隐喻都是基本隐喻，如"状态是容器"（STATE IS CONTAINER）、"更多是向上"（MORE IS UP）、"动作是运动"（ACTION IS MOTION），并非所有的基本隐喻都是意象图式隐喻，如"目标是目的地"（PURPOSE IS DESTINATION）。一些基本隐喻是域或框架层面的（如所知即所见）。意象图式构成了意义的层级，其之前被称为"亚个体层级"（Kövecses, 2002）。意象图式隐喻使特定的隐喻层级具有具身性，容易理解。

去语境化意义建立在语域和框架层面上。与意象图式相比，去语境化意义有更加明确的构成隐喻的映射。在去语境化意义中，隐喻的两个语域和框架成分往往基于人们固有的传统观念（映射）而存在。例如，"火冒三丈"意味着强烈的愤怒。这种传统隐喻通常有很多固有的词汇表达。因此去语境化意义存在于超个体层级，并且在某一语言社群中为人们所共识。去语境化意义即去符号意义。语境意义是个体层级的。与个体层级相对应的是隐喻图式层级结构的心理空间，在这一层面上去语境化结构和去语境化意义在概念内容上变得更加个性化、明确、详细而丰富。这是因为完整的语域和框架层级结构在某些方面缩小了，同时又以某种方式得以扩大。也就是说语境意义的出现往往是为了实现社会、语用、情感、修辞等功能。传统术语将其称为隐含意义，因而语境意义即隐含意义。

意义建构才是概念整合的真正"要素"，并使得概念整合可以打破传统的概念结构，以新的方式重新组合并构建新的意义。这同样适用于以概念隐喻为基础并带有图式层级的蓄意隐喻。然而，这并不是说混合隐喻或蓄意隐喻只能依赖于概念隐喻（那些基于经验相关性的隐喻）。在基于经验关联的概念隐喻中，这三种意义均存在于隐喻表达的使用中。

有学者指出，概念隐喻理论学者最常研究的隐喻类型（即基于经验相关性的概念隐喻）并不是唯一的隐喻类型（参见 Evans，2013；Grady，1999）。例如，格雷迪认为隐喻本质上有两种：一种是基于经验的相关性（即关联隐喻），另一种是基于某种相似性（即相似隐喻）。维维安·埃文斯（Vyvyan Evans）将概念隐喻与他所称的"话语隐喻"区分开来（Evans，2013）。后者包括图式隐喻，如安德烈·布勒东（Andre Breton）的诗意隐喻"我妻子的腰是沙漏"（My wife's waist is an hourglass）（Lakoff & Turner，1989）；带有谓词主格形式的隐喻，如"我的工作是监狱"（My job is a jail）。这一分类部分与吉布斯的"语篇隐喻"范畴重叠，即两者都包括津肯（Zinken，2007）所称的语篇隐喻。埃文斯认为"credit card tart"（信用卡诈骗犯）这个例子属于津肯的狭义的话语隐喻概念。该隐喻是由古英式英语演变而来的（Evans，2013）。这里的 tart 指的是"在任何领域都不可靠的人"，包括银行业，因为 tart 有"妓女"的意思，因此"credit card tart"指那些为了维持信用卡借款零利息而频繁更换银行申请信用卡的人。话语隐喻的共同点是基于某种相似性。此外，它们的特点是以新奇隐喻开始，要么停止使用，要么以词汇化单位的形式留存在语言中。如果是后者，它们通常会获得更普遍的意义。

格雷迪和埃文斯对隐喻的分类基本上可以归结为一种双向的区别：基于经验

关联的概念隐喻和基于某种相似性的话语隐喻。那么隐喻的多层次和语境观对隐喻的分类有何贡献？如果这一分类是有效的，那么隐喻的使用者就不能无意识地建立图式层级结构，从而在语篇中创建或理解词汇的隐喻使用。但是，如果没有图式层级结构，也没有基于意义的相似性，人们如何才能自然地产生和理解隐喻呢？事实上可能存在一个自发的混合概念路径，以确定词汇在上下文中的含义。

　　以下是概念隐喻（相关类型）的概貌，可称为概念隐喻的多层级观，这是一个完整的图式层级结构，即"意象图式层级—域层级—框架层级—心理空间层级"。在这种情形下，意象图式、域和框架层级上有多个映射，使得源框架、域和意象图式中的元素 A 映射到目标框架、域和意象图式的元素 A；源框架、域和意象图式中的元素 B 映射到目标框架、域和意象图式的元素 B；在这三个层级中的元素 C、D、E 等等依次类推。第四个层级，即心理空间层级，致力于一个单一的映射，以传递隐喻的语境意义。在一些相似隐喻的情况下，有一个从源实体到目标实体的单一映射，而在相似隐喻中，仅有一个从源实体到目标实体的单一映射，共享一个特征：心理空间层级的隐喻"实体 1：特征 a—实体 2：特征 a"二者具有相似特征。

　　结构类比（或相似性）意味着源域和靶域共享某种意象图式。在上面的四个映射中，最后一个出现在心理空间层级。这种隐喻可以表现为：心理空间层级的隐喻基于框架层级的隐喻或域层级的隐喻形成元素 A—元素 A—元素 B—元素 B—元素 C—元素 C 等彼此之间的连结。这种情况不同于相似性隐喻，因为它有一个共享的意象图式且元素之间的映射是单一的，映射要么是在框架中，要么在域中（而不是在意象图式、域和框架中的三组映射）。在心理空间层级，仅限于一个映射，以传达预期的语境意义。如果我们将更广泛意义上的概念隐喻定义为从源域到靶域的多重映射（而不仅仅是基于相关性的映射），那么许多基于相似性的隐喻（映射整个结构的隐喻，而不仅仅是单一特征的隐喻）也可以称为概念隐喻（如"原子是太阳系"等）。这些通常被称为隐喻类比。但是，当谈及概念隐喻时，认知语言学家通常指的是具有四个图式层级结构的关联隐喻。

　　关联隐喻和相似隐喻的区别可以帮助我们避免关于概念隐喻的普遍性和文化特异性的争论。一些学者甚至在概念隐喻理论框架内（如 Gibbs，1999a，1999b；Kövecses，2005）也注意到，尤其是在概念隐喻理论研究的头 20 年里，研究重点是概念隐喻的普遍性，而不是其特定的文化性。最近，安德烈亚斯·穆萨洛夫（Andreas Musolff）还发现，在初级的概念隐喻理论中，基于经验和神经生理表现的隐喻构成的"意象图式"被视为"具象的概念共性"（Musolff，2016；Gallese & Lakoff，2005；Lakoff，1993，2008a；Lakoff & Johnson，1980，1999）。穆萨洛夫反对从文化语言学的角度对隐喻进行研究（参见Sharifian，2011，2015，2017a，2017b），即反对隐喻源于文化概念化。为了证明这一点，穆萨洛夫还引用了他自己的研究，即不同语言/文化的人是否以同样的方式，即以普遍的方式，构想"身体政治"（一个国家的成员将自己的国家概念化为人体）的概念。他的研究结果表明：不同民族的人以不同的方式系统地看待人体在"民族"概念化中的作用。他发现，研究参与者以几种不同的方式（即非一致性）将国家解读为身体隐喻，包括国家作为解剖/功能实体（主要针对西方）和地理实体（主要针对中国）的最基本的区别。穆萨洛夫认为，这些（和其他）解释可以归因于不同文化的特定传统。

换言之，他表明，在解释一个预期会触发自动和普遍反应的概念隐喻时，却没有自动和普遍反应。这个问题与关联隐喻及相似隐喻的区别有什么关系？我们相信，当概念隐喻理论的主要代表（如莱考夫和约翰逊）谈论概念隐喻时，他们主要指的是带有意象图式层级的关联隐喻。这种概念隐喻（因为它们的意象图式基础是经验上的关联）往往是普遍的。相比之下，笔者认为国家作为主体概念隐喻不是一种关联隐喻，而是一种基于相似性的隐喻。人体与国家的概念没有任何关联，但它们可以有一些共性和相似之处。读者可以将国家与人体的等级功能组织（如头部被视为支配手臂和腿）或身体器官的排列（其中嘴和鼻子对应于国家的特定地理位置）进行比较。换言之，区分关联隐喻与相似隐喻时，我们不能说这两种隐喻都产生了普遍性（只有关联隐喻产生了普遍性），也不能说关联隐喻不能产生非一致性（尽管主要是相似隐喻产生了非一致性）。我们之所以说"主要"，是因为在某种程度上，意象图式结构也会产生非一致性。非一致性的程度随着我们从意象图式隐喻到心理空间隐喻的层级结构的降低而增加。换言之，普遍性程度在意象图式层级最高，在心理空间层面最低。究其原因，是心理空间层面的隐喻概念化深深地植根于语境之中，受到语境的影响。这是"文化概念化"的真正层面。这种语境影响同样涉及相关隐喻（图式层级）和相似隐喻（共享意象图式）。

扩展概念隐喻理论建立在意义、概念结构、记忆、本体层面和语境的区别之上。在此，让我们简单回顾一下它们之间的关系。前文我们提到了三种不同的意义：意义、去语境化意义和语境意义。它们都参与了概念隐喻，构成了概念隐喻的不同层级（意象图式、域、框架、心理空间）的概念结构。概念隐喻由意象图式、域、框架和心理空间隐喻组成。它们形成了一个环环相扣的层级结构，这个层级结构是基于图式性程度的降低（或增加）与意象图式和心理空间隐喻的结束。意象图式隐喻（包括基本隐喻）定义了概念隐喻的一般意义。域和框架层面的隐喻（以及它们的映射）负责与之相关并基于它们的去语境化意义。心理空间隐喻允许并捕捉正在进行的话语中的语境意义。这便是概念隐喻的多层级观。

以上任何语境类型和语境因素都可以促使说话人根据语境创造特定的语言隐喻，也就是说，它们都具有潜在的启动效应。将隐喻的认知因素和语境因素整合在一个连贯的框架中，使用扩展概念隐喻理论框架就可以解释说话者是如何创造隐喻，以及听话者是如何理解这个隐喻的。尽管该解释不够成熟和完备，但我们现在正试图把关于概念隐喻的认知和语境因素转化为隐喻意义建构过程中动态的心理过程模型。

设想一个有说话人和听话人的话语交际情境（情景语境）。他们共享大量信息，例如说话人的身份、听话人的身份和话题内容，此为话语语境。此外，语篇中有着大量的物理、社会和文化信息，其中大部分信息是说话人和听话人共享的。他们会假设各自的身体以同样的方式运作，并熟悉自己和他人的身体状况和身体特征，使一些身体体验与其他概念相关联，此为身体语境。最后，在很大程度上，他们共享一个隐喻系统，认同文化中的某些意识形态，对生活有某些兴趣和关注，共享一些群体或个人历史，此为概念认知语境（conceptual cognitive context）。在语篇中，说话人的交际意图似乎最能通过隐喻来表达。说话者（无意识地）形成了一种语境意义，并由适当的意象图式隐喻加以支撑。上述语境因素都在说话人的工作记忆中被激活。其中一个因素促使说话人从语境意义出发，在意象图式隐喻的支持下，在心理空间层面上构建一条由概念隐喻表达的概念路径。这一路径是通过在框架和域层级上对意象图式隐喻的具体化来完成的。至此，隐喻的语境环境得以创建。然而，有时这一内容是为了达到某种同时的语用效果而创建的，语用效果和概念内容共同出现，相辅相成。幽默、情感、叙事功能、修辞效果等，可以和"承载"这一功能或效果的概念内容一样，成为隐喻语境意义的突出部分。换言之，我们对隐喻过程的非正式描述大致如图 10.1 所示。其中向上的箭头并不真正显示时间序列，它们表示在处理过程中可以假定的一些逻辑顺序。

隐喻的新型内容部分由一个语用功能或影响补充

↑

文本意义的合理隐喻工具在示意性层次结构的基础上出现

↑

示意性层次结构由于语境因素的影响而建立

↑

意义图示隐喻被发现并支持了语境意义

↑

需要表达一个特定隐喻性文本意义

↑

大量的语境因素活跃在工作记忆中

↑

出现语境内容-情景内容-身体内容-概念认知内容

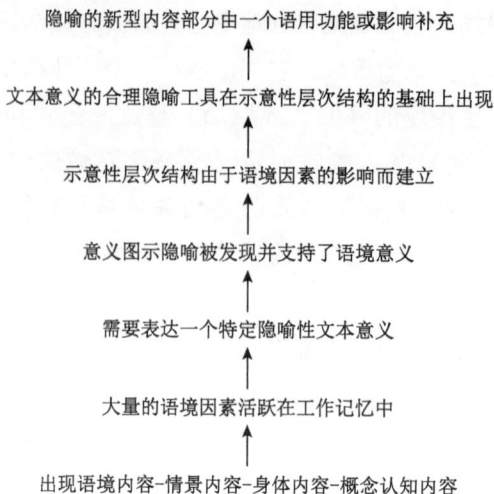

图 10.1　概念隐喻处理模型

　　就其多层次性而言，概念隐喻包含多种成分。它们被定义为某些类型的隐喻意义（意义、去语境意义和语境意义）、某些类型的概念结构（意象图式、域、框架和心理空间）、某些类型的记忆（长期记忆和工作记忆）和某些类型的本体状态（超个体、个体和亚个体）。在语境化方面，扩展的视角涉及四种语境及其所包含的语境因素：①情景语境，即物理、社会和文化语境；②话语语境，即周围话语、先前话语、关于话语主要成分的知识和话语的主导形式；③身体语境，即经验、身体状况和身体特征的关联；④概念认知语境，即隐喻性概念系统、意识形态、关注和兴趣以及历史。在新的观点中，我们可以区分三种类型的概念路径：意象图式层级路径、特殊路径和共享意象图式路径。这些不同路径的应用产生了不同类型的概念隐喻：系统隐喻（基于意象层级路径）、非系统隐喻（基于特殊路径）和系统相似隐喻（基于共享意象图式路径）。最后，本章提出了一个尝试性的非正式概念隐喻处理模型，该模型旨在描述话语中隐喻表达的产生者的思维过程。

10.4　扩展概念隐喻理论与传统概念隐喻理论的区别及发展

　　由上文可见，扩展概念隐喻理论通过厘清传统概念隐喻理论的核心概念和观点，在建立自己的隐喻理论体系的基础之上，对传统理论的缺憾进行了弥补和发展，主要表现在以下三个方面。

10.4.1　概念整合理论观

关于概念整合理论（概念隐喻理论本身的延伸），目前的扩展观认为隐喻整合（metaphorical blending）是一个过程，发生在工作记忆的心理空间层面上，且长时记忆中所有更高层次的隐喻结构都得以调用。换句话说，域和框架之间既兼容又不兼容，在不相容之处（incompatibilities）便产生了隐喻整合。扩展观和蓄意隐喻理论（Deliberate Metaphor Theory）之间的关系也是如此。基于关联隐喻（correlation metaphor）的蓄意隐喻具有完整的图式层级。然而，当其基于相似性（resemblance）时，情况显然并非如此。前一种蓄意隐喻是具身性的，它们的理解激活了相关的层级。与蓄意隐喻理论者的主张不同，许多研究表明隐喻意义的规约化（conventionalization）并不等于激活不高。扩展观与结构映射理论（Structure Mapping Theory）都认为隐喻是两个域或框架之间的系统映射集（Gentner，1983）。但是，结构映射理论主要研究的是不涉及图式层级的相似隐喻（resemblance metaphor）或曰隐喻类比（metaphorical analogy），而扩展观研究的却是涉及图式层级的关联隐喻（correlation metaphor）。

10.4.2　关联理论观

扩展概念隐喻理论与关联理论对隐喻的解释亦有共同之处。关联理论在隐喻意义建构（metaphorical meaning construction）中所采用的推理过程（inferential process），建立在相互认知环境（mutual cognitive environment）的概念之上。这一概念与语境概念很接近。在这两种观点中，隐喻的生成与理解都深受语境的制约（context-bound）。两种观点的不同之处在于关联理论的解释不接受概念隐喻的存在，更不用说图式层级的存在。但是，最符合扩展观的隐喻观是吉布斯（Gibbs，2013，2017b；Gibbs & Cameron，2007）提出的动态系统隐喻观（dynamic system view of metaphor）。动态系统模型（dynamic system model）利用大量的信息，使自适应行为系统（system of adaptive behavior）向前推进。该系统接收有关身体（现在和历史）、参与交际情形的概念制定者（conceptualizers）、话语本身、参与者的目标、交际情形中的对象和事件以及更广阔的环境信息。动态系统隐喻观和扩展概念隐喻理论假设这些信息的整体性

（totality）和我们所有的经验都有助于隐喻的生成和理解。为了捕捉这种整体性，扩展概念隐喻理论调用了四种类型的语境：情景的（situational）、话语的（discoursal）、概念认知的（conceptual cognitive）和身体的（bodily）。它还假设在动态系统模型中，随着话语的发展，这些信息和经验中的任何一项都可以促进隐喻的使用。考虑到它们所依赖的因素的多样性，这两种观点在解释隐喻创造性（metaphorical creativity）和语境敏感性（context sensitivity）方面都有很好的解释力。吉布斯将隐喻活动（metaphoric activity）视为"一个动态、自组织的过程"，并将隐喻视为在不同时间尺度（time scales）上运行的多重约束的突显产物（emergent product）（Gibbs，2013：72-73）。吉布斯（Gibbs，2017b：331-332）展示了促成隐喻出现的各种力量或约束，如在演讲者和听众、作家和读者之间的特定互动过程中的大脑和神经活动（neural activity）。

在扩展概念隐喻理论中，进化力（evolutionary forces）扮演着基本隐喻塑造者的角色，因此是身体语境的一部分。基本隐喻本身是概念认知语境的一部分。对于某一主题，不同文化有其特定的想法，吉布斯称这种力量可能会融入其所提出的作为文化语境一部分的系统之中——如果"文化特定想法"是指言语社区成员关于主题共享的知识和经验。历史力量可能作为作者的个人历史在概念认知语境中得以被容纳。在更具包容性的情景语境类型中，"使演讲者能够在特定语境中协商特定意义"的社会力量融入了情景语境。常见的做法是人们使用航海术语来谈论一般生活和人类经历的语言因素，这本质上可以归结为概念隐喻是如何在话语中被赋予语言表达的，即"生命是一次海上旅行"。这将再次成为概念认知语境的一部分，表述将构成附加到概念系统的心理词汇（mental lexicon）的一部分。在扩展概念隐喻理论框架中，显著的语境信息对应于情景上下文（更具体地说，是物理环境）。例如，飓风的所有可感知的后果都是隐喻使用中潜在的语境因素。即时交际动机（immediate communicative motivation）（在交际目标的意义上）涉及实际的内容性体验（contentful experience），并非四种语境类型中的任何一种。

先前所说的与飓风造成的损害有关的术语的力量被称为"先前同一主题的话语"（previous discourse on the same topic），是话语语境的一个方面，它可以包括以前在新闻界使用的所有与划船和水有关的词，而这与无法坚持的想法相关的身体经验的力量是不能并存的，但可以在扩展概念隐喻理论框架中清楚地解释——既作为身体语境的一部分[经验关联（experiential correlation）]，也作为概念认知语境的一部分（一个基本隐喻的变体）。

10.4.3　神经或经验关联观

大脑和神经活动可以被纳入扩展概念隐喻理论当中，即关于经验关联或曰身体语境（bodily context）的神经关联（neural correlate），而不是关于说话者和听话者之间的神经耦合（neural coupling）。就两种方法的异同而言，从上面的比较可以看出，动态系统观中的某些力或约束无法匹配或者不容易被扩展概念隐喻理论所兼容。这使得动态系统观的辐射范围更广，导致这两个框架之间的不平衡耐人寻味。到目前为止，扩展概念隐喻理论的主要目标是捕捉不同类型语境中的"内容性体验"如何在特定话语情境中启动隐喻的使用（参见 Kövecses，2015）。为达到此目的，我们假设了四种不同的语境类型，包括情景语境、话语语境、身体语境和概念认知语境。这些都是由各种各样的语境因素构成的，这些语境因素对应着一些实体的经验。内容性体验可以是身体的，也可以是基于情境、话语和认知表征的。最后一个概念认知语境仅仅意味着内容性体验已经被储存起来，就像规约概念隐喻（conventional conceptual metaphor）一样。

如果看看动态系统观，就可以发现所有四种语境类型都出现在吉布斯的列表中，但其列表中包含了更多的内容，比如"即时交际动机"，其在内容性体验列表上没有明显的相似之处，原因是有些类别的缺失具有行为组织系统（behavior-organizing system）和内容性体验术语的双重属性。以"即时交际动机"为例，我们可以看到交际动机是人类交际行为的一种组织原则，而不是一种内容性的体验。隐喻相关行为的其他组织原则包括行为的目的成分、情感和态度系统等。例如，我们在生气时倾向于使用与高兴或悲伤时不同的隐喻。行为组织系统通常是对内容性体验的约束，但它们不是内容本身，只作用于内容。以上便是未将其列入隐喻来源的语境因素列表中的原因（Kövecses，2015）。然而，笔者并没有多谈诸如说话人/听话人的情绪状态，以及说话人/听话人对某一特定话题的态度或使用隐喻的目的，包括娱乐、有趣或严肃等重要因素。我们需要关心的是，什么样的内容性体验（可总结为语境因素）可以引发特定概念内容的特定隐喻，而不是像情感、态度和目的等中限制或局限其表征的因素。换句话说，我们一方面区分了约束条件，另一方面区分了具有启动效应的因素。当然，在某种程度上，具有启动效应的因素（即一些经验内容）也可以被视为一种特殊类型的力或约束。吉布斯谈到的力或约束，在很大程度上包含了以上两个方面。在这方面，动态系统观提供了一个更完整的隐喻表现的画面，因为除了具有启动效应的因素外，它还提醒我们注意隐喻使用的社会嵌入性（social embeddedness），即每次我们使用隐喻时所产生的社会动力（social dynamics）（话语参与者与其环境之间）（参见Landau，2017）。然而，这并不意味着情感、情绪、动机、目的等不能用作经验内容（experiential content），当它们存在时，它们可能是隐喻的启动源（priming sources）（而不是行为组织系统）。

总的来说，隐喻的动态系统观是一个主要的心理空间层面的理论（mental-space level theory）。它试图捕捉作为工作记忆中的一个在线过程的隐喻现象。从这个意义上说，这是一个"心理空间重"（mental-space heavy）理论，它并没有过于重视可能存在于长期记忆中的更稳定的概念结构，如框架和语域。相比之下，扩展概念隐喻理论认为所有这些概念结构都在一起发挥集合作用，将在心理空间层面上发生的一切与具有一定稳定性的概念结构结合起来。这种结合一方面是通过塑造心理空间的高层次结构来实现的，另一方面是通过激活其更高层次的结构来实现的。此外，由于心理空间嵌入在信息丰富的语境中，各种语境因素也影响着进入层创心理空间（emerging mental spaces）的内容。需要注意的是，并不是说扩展概念隐喻理论比动态系统观更优越。事实上，由于笔者的论点假设了长期概念结构的存在，但如果事实证明在人类头脑中没有这样的概念结构，那么显然动态系统观是首选的。

10.5　结语

本章在回顾传统概念隐喻理论的成就和缺憾的基础上，介绍了扩展概念隐喻理论对传统理论的改进和发展。同时，该理论也有许多其他的问题有待解决。第一，如果扩展概念隐喻理论和动态系统观是兼容的，那么如何将两者融合转换成单一的理论呢？如何才能最好地利用其各自的优势，又如何消除其各自的缺点呢？第二，怎样才能把一个单一的版本，变成一个隐喻使用的处理模型（processing model）？第三，如何能够设计出与我们总体经验一致的实验，使这两种观点在其框架内均可以被利用？第四，如果继续讨论同样的问题，这种令人困惑的信息、经验、时间尺度、处理和互动的复杂性和多样性如何才能转化为隐喻的神经理论？任何计算模型（computational model）都能考虑到这一切，包括来自语境要素的挑战吗？第五，我们如何研究人类受试者的这些隐喻思想？这些都是未来的重大问题和挑战。不过，就目前而言，我们可能应该先降低目标。首先，让我们看看除了语言证据之外，可否从其他模态中找到图式层级的支持性证据。其次，让我们看看语境对语言隐喻和非语言隐喻以及相应的层级结构在隐喻意义形成的实际案例中的具体影响。最后，我们可以开始更广泛地思考语境诱导的层级（context-induced hierarchies）在社会认知中的作用和重要性。考虑到这些因素，我们可以开始建立更精确的模型，来描述在物理和社会世界、话语、身体、概念系统和大脑中，隐喻相互作用的方式。隐喻研究中的"互动转向"（interactional turn）也正以其最大限度的复杂性展现在我们面前。

第11章 当代隐喻学巡礼：回眸与沉思

11.1 引言

早在 2500 年前，东西方先贤便先后就隐喻的定义和功能展开了精彩的论述。西学鼻祖亚里士多德曾高度颂扬隐喻为"天才的标志"（the hallmark of genius），无法后天习得，"无以隐喻，何以交谈"（all people carry on their conversations with metaphors）（亚里士多德，1996）。东方儒学创始人孔子虽未单独论述隐喻，但其"言之无文，行而不远"的概述，亦在强调隐喻等修辞手段的装饰作用。鉴于两位学术泰斗的"定调"，尤其是亚里士多德"天赋论"一呼百应的号召力，中西方学界均将隐喻视为一种稀松平常、其貌不扬的辞格，而将其置于修辞学和文学批评的狭域，着力刻画隐喻作为一种惯用辞格在文学经典中扮演的角色。

在隐喻作为辞格的研究历史中，先哲学者前仆后继，锲而不舍地探求隐喻，研究成果车载斗量。但令人惋惜的是，一众研究仅逗留在语言层面，热衷于细分隐喻的类型和范畴，剖析和阐释其在语篇和话语中不可或缺的作用，但这些研究终究只是隔靴搔痒而难以深入本质。

直到 20 世纪后半叶，随着 70 年代末认知科学的腾飞，隐喻研究在修辞范畴徘徊了 2000 多年后才重焕生机，派生出一系列举世瞩目的新理论、新流派。1979 年，美国哲学家约翰逊远赴加州大学伯克利分校拜访好友兼乔姆斯基的弟子莱考夫。两人通过大量查阅大学生习作并研读迈克尔·雷迪（Michael Reddy）于 1979 年刚发表的《管道隐喻：我们语言中关于语言的框架冲突案例》（"The Conduit Metaphor: A Case of Frame Conflict in Our Language about Language"）一文，于次年在《我们赖以生存的隐喻》中石破天惊地宣称：隐喻在人们日常交谈中俯拾皆是，是人类将无限膨胀的外部世界和无比深邃的内心世界进行概念化的强大武器。隐喻是指人们以简单熟悉、触手可及的事物来理解和处理复杂陌生、遥不可及的事物，它贯穿于人类交际过程的始终，无论是口语还是书面语均离不开隐喻。究其原因，世界上各种语言的语汇资源终究有限，加之新生事物层出不穷，人类无法为日常交际中的这些新现象一一匹配专有词汇。鉴于此，我们便诉诸先前已经牢固掌握的语汇为新知、未知的外部世界和内部世界铺路、服务，因而成就了隐喻作为概念化工具义不容辞的光荣使命。

究其本质，隐喻就是从源域向靶域的系统性单向映射。人们习惯并善于将已经获取的知识换用、套设在新兴事物上，以期了解、挖掘它们，进而为己所用。隐喻将新旧两个概念连接并置，大大减轻了人们的认知负担，成为人们借旧事物掌握新事物、"温故知新"的路径和渠道。自此，隐喻不再囿于语言层面。相反，人类的思维过程在很大程度上是隐喻性的，这就是人类概念系统由隐喻构架和限定的原因。隐喻之所以能成为一种语言表达方式，是因为在人类概念系统中存在隐喻（Lakoff & Johnson，1980：7）。

白驹过隙，日月如梭。2023 年正值《我们赖以生存的隐喻》付梓 40 周年又三。该巨著的正式出版，标志着隐喻研究实现了从传统修辞学和文学批评视角向认知概念化研究视野转变的范式革命。40 余年间，学界对隐喻的热情有增无减，中外各大学术期刊争相登载隐喻研究的最新成果与发现，隐喻热潮经久不息。隐喻研究当前的首要任务便是总结当代隐喻理论，尤其是概念隐喻理论发端以来中外学界在隐喻研究领域取得的辉煌成就，同时也应归结仍然存在的不足与疏漏，从而为其进一步发展指明方向，拓展路径。

11.2 由"论"向"学"：当代隐喻理论的学科嬗变与进阶

1993 年，心理语言学学者奥托尼再度发力，在 1979 年第一版《隐喻与思维》论文集的基础上，隆重推出了该书的第二版。该版最大的修订亮点在于收录了"概念隐喻理论之父"莱考夫所撰写的、长达 50 页的《隐喻的当代理论》。这篇重量级长文回顾了在《我们赖以生存的隐喻》付梓后十余年间隐喻研究取得的成绩及其存在的不足和缺憾。以此文为标志，概念隐喻理论大踏步迈进了当代隐喻理论的新时代。

在传统语言学理论中，隐喻被视为一种与思维无关的语言表象。隐喻表达式被当作与普通、日常语言完全相左的事物：日常语言之中没有隐喻，而隐喻使用的是日常规约性语言之外的机制（Lakoff，1993：202）。该经典理论在千百年来的研究史中被想当然地认为是正确的，因而并未遭到过多质疑。"隐喻"被定义为一种新颖的、诗性的语言表达，其中一个或几个词语使用了非日常规约意义，以传递相似的概念（Lakoff，1993：202）。但是，莱考夫的当代隐喻理论认为思维中的隐喻并非偏误或稀少，恰恰相反，隐喻在人类的许多经验领域当中具有高度的规约性、普遍性和高频使用率。这是因为人们除了要与客观具象的物理世界打交道之外，还要量大面广地触及众多抽象范畴，而这些抽象范畴就需要借助隐喻，由此及彼，由表及里，由简单、具象、临近向复杂、抽象、遥远来迁移和跨越。隐喻从原始的修辞学和文学批评的藩篱中跃升而出，使得思维成为其第一性，而语言退居为第二性。安德斯·英斯特龙（Anders Engstrøm）将当代隐喻理论的基本假设总结为：①隐喻不仅是语言问题，更是概念思维问题；②规约隐喻是一个概念格式塔（完形）结构（源概念）到另一个概念格式塔（完形）结构（目标概念）的部分映射；③隐喻映射是从源域到靶域的单向映射；④在规约隐喻中，目标概念由源概念的部分内容构成，如果目标概念独立于源概念，我们就会联想到另一个概念；⑤规约隐喻不是命题；⑥规约隐喻可浓缩为"目标概念是源概念"（Engstrøm，1999：53-54）。此后，皮尔·邦德加德（Peer Bundgaard）归纳出当代隐喻理论的四大主张：①人类认知具有具身性，即概念结构的生成和获取都是通过人类身体在微观、中观和宏观三个层次的作用而实现的。②诸如物体、位置、动物等概念和结构不是与生俱来的，而是经由与环境的具身性和知觉性互动达成的。③现实生活中除了存在大量衍生于自身经验和互动之中的概念和概念结构，还有不少并非直接通过经验和互动获取的抽象概念。这些抽象概念的内容是通过来自生理的、直接体验到的源域结构的隐喻映射得到的。④隐喻映射不仅是一种语言操作，更是认知机制。隐喻表达之所以在语言中普遍存在，是因为人们只需要跨越字面意义，通过间接获取方式，就能够以更具体的语域来思考更抽象的语域。作为跨域映射的概念隐喻具有心理和神经－生物的真实性，在大脑创造意义的过程中真实运作（Bundgaard，2019：2）。

当代隐喻理论从多层面、多角度考察隐喻现象，极大拓展了隐喻研究的疆界。学术的发展、理论的成熟、学科的构建和立足，主要关注两个指标：①是否具有一致的、稳定的学科框架，以及是否拥有足够重要且高度聚焦的研究对象？②是否具有相当规模的研究队伍来保证该学科的持续性发展？1993 年由莱考夫率先开创的"当代隐喻理论"已经在昂首阔步前进，并且完全具备了这两个条件，形成了颇具声势和威望的"当代隐喻学"。我们可以初步将其视为以"隐喻"为研究基础来探索我们赖以生存的隐喻门类和领域的一门平行于语音学、音位学、形态学、词汇学、语义学、语用学、语篇学、话语分析、计算语言学、神经语言学、应用语言学等传统学科分支的新兴语言认知科学。本章接下来将从理论和方法两个角度探讨当代隐喻理论跃升为当代隐喻学的学科演进历程。

11.2.1　当代隐喻学的理论滥觞与进展

在理论构建方面，中外隐喻界学者分别从自身学养和兴趣出发，提出了一系列各具特色的隐喻理论。当代隐喻学已经取得的理论成果主要包括概念隐喻理论、概念整合理论以及词汇语用理论等，各理论的发展历程和脉络论述如下。

11.2.1.1　概念隐喻理论

以莱考夫和约翰逊为代表的概念隐喻学者认为，隐喻不仅是语言性、修辞性的，更是概念性、认知性的，是全人类认识并进一步把握世间万事万物的捷径和法宝。概念隐喻是高度稳定甚至是固定的跨域实体对应范式（Lakoff，1993：220）。一言以蔽之，隐喻的核心不在语言，而在于我们以一个心理域去概念化另一个心理域的方式（Lakoff，1993：203）。总体而言，概念隐喻理论从源域向靶域的单向映射，可以将原本属于源域的特征、属性、动作、关系等诸多元素映射至有待填补的靶域当中，从无到有，从零到一，以映射为核心的运作工具，能够简便而清晰地阐释绝大多数规约隐喻用法。

无限扩容的、日新月异的外部世界与人类个体相对狭小且更新不及的知识储备之间日渐拉大的差距，迫使我们刻不容缓地借助隐喻机制来泛化、扩大化已经储存在自身长时记忆中的隐喻概念，通过隐喻催生新概念，并以现有词汇的形式将其固定下来。这就是科学领域中"黑洞""宇宙大爆炸""电流"，经济学中"熊市""牛市""通货膨胀""通货紧缩"，以及政治学中"道路""旗帜""舞台""赞歌""核心"等术语的派生依据。

11.2.1.2　概念整合理论

1998 年美国学者福康涅和特纳（Fauconnier & Turner，1998）指出，倘若隐喻机制集中体现了人类大脑的运行机制，那么大脑这个"黑匣子"绝不可能像莱考夫和约翰逊假设的那样简单易行，他们犯了严重的还原论（reductionism）错误。究其本质，隐喻具有阐释的不可预测性，这完全取决于具体的语境。基于此批判性认识，两人联手提出了三维立体和更为复杂的概念整合理论。他们认为，隐喻的关键在于两个输入空间的跨空间映射，这使其成为整合构式的绝佳选项。的确，我们已然发现整合空间在隐喻映射过程当中发挥着至关重要的作用。换言之，除了学界所熟知的从源域到靶域的单向映射以外，整合空间也是隐喻运作的重要认知机制（Fauconnier，1997：168）。隐喻话语的意义可以在概念整合网络当中得以表征。在该网络中，源域和靶域各自架构一个输入空间，类属空间表征其输入空间的共同之处，而整合空间从其输入空间当中继承部分结构并产生自身的层创结构。在隐喻中，源域的兼容性本质及程度与映射所发生的概念整合网络息息相关，其中涵盖单边网络、对称双边网络和非对称双边网络（Coulson，2001：166）。福康涅和特纳（Fauconnier & Turner，2002：40）提出，隐喻的源域和靶域是隐喻阐释的来源或曰母体，即输入空间 1 和输入空间 2。两者在隐喻发生时分别向第三个空间（类属空间）映射出两者共享的元素，为隐喻的最终阐释奠定扎实的前提和基础，最后再选取相关的元素投向第四个空间（整合空间），在该空间中交织、碰撞，最终形成既具有两个输入空间母体的原本基础，又有为其自身所独有的隐喻阐释项。该理论大大加强了二维、固定的概念隐喻理论的阐释力度和可信度，可用以解释后者长期以来无能为力的诸多新显的、在线的、实时发生的甚至个性化强的、难度高的隐喻。由此，该理论的信度得到了极大提升。

11.2.1.3 词汇语用理论

布鲁特纳（Blutner，1998：115）于《词汇语用说》（"Lexical Pragmatics"）一文中开门见山地指出，词汇语用理论是试图为词汇项目的语义不充分（semantic underspecification）系列语用现象提供一套系统的阐释方案的研究领域。但在该文中，布鲁特纳却对人类话语当中一种至关重要的语义不充分现象——隐喻只字未提。作为"关联理论"开创者之一的英国语用学者威尔逊，近年来与其得意门生卡斯顿一道，开辟了词汇语用理论的隐喻研究新路径。根据近来植根于关联理论的词汇语用理论，获取隐喻性词语的意图意义需要调整语言性编码概念，从而派生出一个外延大于词汇概念的特异性概念。隐喻用法是一种松散的语言使用，与模糊语、夸张和其他意义拓展种类形成一个连续统（Carston & Wearing，2011：283）。卡斯顿（Carston，2010a：171）将特异性概念视作类似于"界域"或"门槛"的概念，阐释者能通过调节或调整字面性编码意义的某一环节，即构建特异性概念，来适应我们的已知世界，而超越该环节则无能为力。就经典隐喻表达"这个外科医生是屠夫"（This surgeon is a butcher）

而言，承威格-门罗（Vega-Moreno，2004：298）的观点，我们对屠夫的认知并不包括屠夫是"无能的"和"危险的"这两种属性。受话者认为发话者所赋予屠夫的属性并不在"屠夫"所表征的意义范围内，所以必须通过搜索与屠夫无关的知识来解码这一隐喻。再如，"男人是狼"（Men are wolves）这一表达当中，狼作为捕猎者的属性被转换到男人的竞争属性当中，但这并不意味着男人是肉食性的，即使这一特征确实为男性和狼所共有。相反，该隐喻表达意味着男人在社会交往的过程中具有攻击性，而这一特征并不专属于狼。笔者提出，所有类型的隐喻阐释都遵循同一个衍推理解程序，即在互调（mutual adjustment）过程中的明晰内容之上添加特异性概念，以确保获得预期的语境含义。威尔逊和卡斯顿（Wilson & Carston，2006：429）指出，隐喻总体的最终阐释项只有在满足受话者的关联性预期以及在衍推理解程式得以保证的情况下，才能真正明白发话者的语义意图。词汇语用理论主张虽然隐喻可以发生在词语、短语、小句、整句、段落、篇章等各个语言层次上，但归根结底，绝大多数隐喻还是词汇性的，尤其是名词性的，也就是亚里士多德早已认定的"A 是 B"的程式。破解隐喻问题的前提和基础便是厘清和确定隐喻的词汇属性。与关联理论一脉相承的是，词汇语用理论认为发话者一张口便是在发出明示刺激信号，而受话者就要据此解析、阐释信号。在隐喻阐释的过程中，词汇的内涵和外延会发生适当的扩大或缩小，与原本意义出现不小的偏差。隐喻阐释的第一步，也是最关键的一步，就是搞清楚其内涵和外延在哪些方面得到了拓展，以及在哪些方面得到了缩减。词汇语用理论充分考虑隐喻发生的语境因素，对隐喻进行鞭辟入里的合理衍推，为纯粹认知路径的概念隐喻理论和概念整合理论提供可选的第三条路径。

诚然，当代隐喻学理论日新月异的发展远不止于此。比较具有代表性的还有隐喻神经论（Lakoff，2008a）、凸显论（Giora，2003）、隐喻生涯论（Bowdle & Gentner，2005）、知觉模拟论（Ritchie，2009a）、"词汇概念和认知模式"（Lexical Concepts and Cognitive Models，LCCM）理论（Evans，2010）等，不一而足，各具特色，从各个角度不断丰富、充实着当代隐喻学，促其日渐成熟。

继往开来，承续当代隐喻理论过去 40 余载的辉煌学术成就，学界如今的首要任务便是将其提升和优化为更高层次、更高级别的当代隐喻学。这一艰巨工作的第一要务便是为其给出更精确的定义。基于以上对当代隐喻学的理论脉络梳辨，本章将"当代隐喻学"权益性地界定为：当代隐喻学是一门以概念隐喻理论、概念整合理论和词汇语用理论等为主要理论来源，以一揽子人类"隐喻"概念化现象为关键词和研究对象的语言认知科学门类。当代隐喻学已经成为语言学、哲学、美学、艺术学、心理学、神经科学、经济学、社会学、政治学等众多人文社会科学考察隐喻机制的一条"赖以生存"的重要线索。

11.2.2 当代隐喻学的研究方法盘整

就研究方法而言，当代隐喻理论鼻祖莱考夫和约翰逊主要依靠本族语者的敏锐语感和经年积累的学者直觉。这样做的漏洞和弊端是显而易见的。一方面，出现在《我们赖以生存的隐喻》当中的隐喻示例是学者凭空"创造"和炮制出来的，不具普遍性，不足以采信；另一方面，无论是初始的概念隐喻理论，还是作为最新发展的概念整合理论，抑或是词汇语用理论，归根结底都还是一种理论假设，既不能证实，也不能证伪，这也是迄今为止各家流派各执一词的根本原因所在。基于以上研究方法的劣势和本源性缺陷，当代隐喻学者痛定思痛，为了实现自我救赎进行了不懈的努力，提出了以下的研究方法。

11.2.2.1 语料库研究法

目前隐喻研究方法所采集的语言证据通常来源于学者的直觉或者少量的文本集合。随意提取出来的隐喻语例，通常并不具备代表性和典型性。在此背景下，自然语篇当中的证据对于引导和补充学者的直觉至关重要（Deignan，1999：21），语料库研究法对隐喻研究的价值显得弥足珍贵。语料库研究法为可靠描述语言性隐喻的定性语境和用法提供了不可多得的便利与保障。研究者可以手动搜索的小型语料库和超过千万词条的、运用关键词索引（concordancing）和自动生成频率表（automatically generated frequency lists）的大型语料库，为隐喻分析带来了规模可观且合理可靠的语言数据（Cameron & Deignan，2003：150-151）。

隐喻用法的甄别和理解如同硬币的两面。长期以来，学者只片面地关注后者，而极大地忽略了前者的存在。其实，隐喻的识别与提取是对其进行理解和阐释的前提和基础，绝不能等闲视之。由于隐喻不具备如明喻一般明显的"修辞标记语"，没有特定表面形式可寻，这为隐喻的甄别带来了不小的挑战，所以早期的当代隐喻研究过度依赖于研究者的内省语料并予以泛化，具有方法论上不可避免的漏洞，饱受实证主义的诟病。

基于扎实的隐喻理论训练的语料库语言学者为传统的当代隐喻学研究带来了方法论方面的革命性进步。该方法倡导定性与定量分析相结合。具体而言，首先，研究者尽可能构建大规模的特定话语类型语料库；其次，研究者多次、反复地细读小规模语料（至少占语料收集总量的 10%）；又次，根据研究者自身经年累月的学者直觉大体确定隐喻的范畴和领域；再次，查阅全文词典，核实与前一步确定的隐喻范畴和领域相近的备选项和关键词；然后，通过 Wordsmith、AntConc 等语料库工具初步检索出可能性的隐喻用法；最后，再次定性地根据学者直觉筛查语料库检索结果，剔除可能的字面性用法，最终敲定隐喻用法的总数。另外，还可借助英国兰卡斯特大学的保罗·雷森（Paul Rayson）教授开发的 Wmatrix 软件为一切词语切分并标注语义域，用作界定和区分隐喻类别的尝试和方法（孙毅，2013：16）。需要指出的是，雷森教授设计该软件的初衷并非是解决隐喻的提取问题。在初步借助索引程序 Wmatrix 执行搜索的前提下，唯有经验丰富的分析者方能剔除那些"不地道的隐喻"。某些隐喻出现在半固定的搭配短语中，或出现于暗示隐喻用法的某个主题中。语料库仅呈现了某词汇场（lexical field）诸多类型中的一个表征，尚有大量的语词分居搜索词（形符）左右。研究者需按照自身对"隐喻"的理解，依循学术直觉，方可判断语词是否为隐喻。

11.2.2.2　神经、心理实证研究法

当代隐喻学的传统研究完全依赖于学者直觉的内省法和文献法。早期隐喻认知研究多采用的反应时技术和同时期以奥托尼、根特纳、戈拉斯伯格等为代表的认知心理学家相继提出的比较模型、结构映射模型和范畴赋予模型，从心理学角度进一步丰富了隐喻的跨学科维度。

神经语言学和心理语言学近 40 年突飞猛进的发展为当代隐喻学的进一步发展提供了契机和可能。尤其是眼动跟踪（eye tracking）、电生理学及脑成像技术在隐喻理解研究中得以应用，为揭示隐喻加工过程提供了更可靠的证据（孙毅等，2019）。具体说来，眼动仪可以观察受试者在阅读隐喻过程中眼动的具体区域和注视点停留的精确时间和轨迹；事件相关电位（event-related potentials，ERPs）可以通过采集头皮脑电来窥探脑区的活动情况，以毫秒级的精确度记录隐喻加工的确切时间；功能性磁共振成像（functional magnetic resonance imaging，fMRI）是一种新兴的神经影像学方式，其原理是利用磁共振造影来测量神经元活动所引发的血液动力方向的改变，可以精确地锁定隐喻发生时受影响的具体脑区，并可以根据实验目的进行相关干预，适用范围很广泛。结合此类先进设备和仪器，我们可以更加科学、客观地实时在线观察发话者和受话者交谈时的所思所想，这不仅为当代隐喻研究提供了强大的科学实验保障，还为其跻身为

一门令人信服、客观公允的人类社会科学做出了巨大的贡献。已有当代隐喻学同人尝试倚仗神经语言学、心理语言学等领域的先进设备和仪器，设计眼动跟踪、ERPs、fMRI 等实验来实时在线考察人类大脑在加工隐喻时的运作机制、左右脑区、激活程度、加工时长、脑电波动、精确激活部位等一系列问题，为其理论假设提供了坚实的实证基础。隐喻是允许我们创造性地拓展词语意义限制的普通语言元素，但不同的隐喻具备的新颖性程度各不相同，这决定了人们必须在线创造新意义或者从记忆中索回先前已知的隐喻意义。这些变体影响着获取隐喻加工的执行控制力（executive control），而这可以通过记录受试者自然地阅读含有隐喻的句子时的眼动情况而实现（Columbus et al.，2015）。人类语言所具备的高度动态性使得所感知的意义能够与不断快速变化的语境相适应，该适用性的一个重要方面即是以新颖的方式去形成原创的意义。ERPs 有助于发掘规约隐喻和新奇隐喻，以及二者相互切换背后的神经-认知机制（Goldstein et al.，2012）。近年来，认知神经科学实验研究作为能够直接观察活体大脑内部运作的新工具而得以蓬勃发展。同时，语言实验研究剥离其初始阶段对字面性语言的聚焦，转而关注更加复杂和有趣的隐喻语言领域。ERPs 实验中所检测出来的大脑的电生理性（electrophysiology）便对隐喻语言研究助力不少（Blasko & Kazmerski，2006：267）。此外，根据佐哈尔·伊唯塔（Zohar Eviatar）和马塞尔·贾斯特（Marcel Just）所做的 fMRI 实验，语言刺激的新颖性影响着人类脑半球的参与度（Eviatar & Just，2006）。新颖隐喻比直白句在右后颞上回（right posterior superior temporal gyrus）的激活度更高，而熟悉隐喻在左额下回（left inferior frontal gyrus）和双侧颞下皮层（bilateral inferior temporal cortex）部位的激活度更高。认知心理、认知神经实验的贡献在于其为评估人们无意识地知晓不同抽象概念的隐喻性和具身性理解提供了多种间接方法（Gibbs，2011：534）。

　　纵观当代隐喻理论，在过去 40 余年间，它在理论建构和研究方法上均取得了斐然成就。本章不揣冒昧，将"当代隐喻学"进一步界定为：当代隐喻学是一门以概念隐喻理论、概念整合理论和词汇语用理论等学术派别为主要理论来源，以语料库和学者直觉充分结合为基本隐喻甄别方案，以眼动跟踪、ERPs、fMRI 等认知心理、神经生理实验为依托，以一揽子人类"隐喻"概念化现象为关键词和研究对象的语言认知科学门类。然而，要将当代隐喻学提升和优化为更高层次、更令人信服、在语言学之林占据一席之地的独立学科则任重而道远。本章接下来将从七个方面沉淀和归结该学科目前仍然存在的漏洞与弊端，以期为未来的可持续发展提供借鉴。

11.3　当代隐喻学发展之沉思

斐然成绩已然成为过去，当代隐喻理论作为相对年轻的理论，仍需继续理论探索并寻求更多实证支撑。这不仅需要更加细致地探索语域的概念，尤其是隐喻操作中语域的类型和抽象度的问题，还需要通过参考一系列补充视角来探讨隐喻，包括涉及语域的实体性本质（ontological nature）、类属层次（level of genericity）、源域与靶域对应的方式，以及隐喻运作的复杂性程度（Ruiz de Mendoza Ibáñez & Hernandez，2011：183）。当代隐喻学已经屹立于传统语言学门类之林，受到了越来越多语言学者的青睐与关注，学术标签日益显著，在学术界的承认度也越来越高。与此同时，当代隐喻学发展到今天，成绩与不足同在，主要表现在以下一些方面。

11.3.1　理论体系整合有待完善，框架搭建还未稳固

与其他地位稳固的语言学派及其相对清晰的脉络相比较，当代隐喻学虽然历经 40 余年的发展历程，但仍缺乏一套可靠的、广为学界承认的、具有较强涵盖性和说服力的理论体系。已有的众多理论流派，包括概念隐喻理论、概念整合理论、词汇语用理论等各自为政，无法说服彼此，理论可信度有限，学术漏洞比较明显。即便已有学者尝试将当前的理论分支盘整、汇聚到一起，将各自的理论优势和特长汇为一处，熔为一炉，比如耶沙亚胡·舍恩（Yeshayahu Shen）将图式模型和范畴模型结合（Shen，1999），以及腾达尔和吉布斯（Tendahl & Gibbs，2008）将认知语言学与关联理论结合的尝试较为典型，但总体上规模较小，还未成气候，未见统一。特别要指出的是，近年来，蓄意隐喻理论和语法隐喻理论将单纯以"认知"为朝向的隐喻研究大大推进了一步。

隐喻不仅是语言和思维的事物，还隶属于交际的范畴。蓄意隐喻揭示了隐喻的交际维度，与隐喻语言使用者之间的一种特定交际途径的价值有关，这一维度在当代隐喻理论的发展过程中被弃之不顾。隐喻不仅是一种借由概念结构来嫁接概念域或心理空间的思维产物，还是运用语境中的表达式来标识思维中跨域映射某个方面的语言要素，更是该表达式提示该隐喻对于话语者是否具有特定价值的交际工具。基于隐喻"语言—思维—交际"这三个相互依存的维度，杰拉德·斯蒂恩（Gerard Steen）提出，当隐喻的结构暗示出受话者必须暂时将其注意力从话语的靶域转移至由其激活的源域时，该隐喻用法就是蓄意性的（Steen，

2015)。蓄意隐喻理论质疑无意识隐喻的解释力，这让我们不得不重新审视当代隐喻理论所忽视的意识性问题，这一切都是对目前学术方向的修正，能够极大地拓展当代隐喻理论的外延，为其可持续发展平添了一条富有开拓精神的进路（孙毅、陈朗，2017：723）。重新审视隐喻交际维度呼吁我们将传统修辞学最为重视的新颖隐喻与认知语言学流派更加关注的规约隐喻统筹起来，将有意识和无意识结合起来，二者同等重要，缺一不可。

除了蓄意隐喻理论，尤为值得一提的是系统功能语言学鼻祖韩礼德顺应隐喻研究汹涌澎湃的大潮而开创的语法隐喻理论。他指出，语言由不同的层级构成，下至词语、短语，上至段落、语篇，它们之间可以相互切换转移。例如，在英语典型的名物化现象当中，动词 modernize 可以转换为名词 modernization。语言单元之间的移转腾挪促使语言能够以不同的形式表达符合特定场合的意义。英语当中存在许多与"Mary saw something wonderful"意义相同的表达，诸如"Mary came upon a wonderful sight"和"A wonderful sight met Mary's eyes"等语法隐喻变体，尽管其结构的复杂度有所不一（Halliday，1985：322）。语法隐喻学者将具有语义矛盾的隐喻称作词汇隐喻（lexical metaphor），而语法隐喻是相对于缺省性过程的选择，具有语义学方法（又称语义派）（semasiological approach）和符号学方法（又称符号派）（onomasiological approach）两条路径（Taverniers，2006：331）。令人遗憾的是，认知隐喻学派与语法隐喻学派缺少有效的交流互通，不相为谋，没有将各自的理论优势和特长充分地发挥出来，遑论齐心协力地揭开困扰学界千百年来的隐喻机制的神秘面纱。

11.3.2　隐喻甄别程序和隐喻理解的认知神经过程仍未解锁

国际知名隐喻研究团队基本上提出了一系列隐喻存现条件，并以此为契机制定了一套比较理想、可信的定性隐喻提取程序（Pragglejaz Group，2007；Steen et al.，2010），甚至有学者基于此提出了多模态隐喻的甄别程序（Bobrova，2015）。前文提到，为避免本族语者语感和学者直觉在隐喻甄别中的主观性，研究者借助语料库，利用 Wordsmith、AntConc、Wmatrix 等软件来提取隐喻，为传统的当代隐喻学研究带来了方法论方面的革新。目前学界尚未研发出一套集定性和定量分析优势于一身的、能够穷尽性地提取所有隐喻用法的甄别总程序，两派学者并未相互学习借鉴以实现充分融会贯通。

同时，隐喻理解的神经基础也还未锁定确认。关于隐喻理解究竟涉及大脑的左半球还是右半球，学界仍然争执不休。首批考察大脑右半球对隐喻刺激理解的研究所用的方法是观察大脑损伤的患者，但由于患者的损伤部分和医疗语言干预的潜在影响缺乏同构性（homogeneity），隐喻理解的神经机制研究进展缓慢（Obert et al.，2014：112-113）。此外，在神经学、心理学的研究方法中，由于各项实验的测试目的、规模大小、受试群体代表性、设计过程统一性、操作时间、设备精确度等各不相同，这些实验的数据结果还不足以支撑当代隐喻学的各项命题，内省法和示例法仍然是当代隐喻学的主体研究方法和路径。眼动跟踪、ERPs 和 fMRI 等实验还没有充分发挥出各自的优势和长项，合作分工，与行为实验前后鱼贯进行，连续设计，形成合力，勾勒出隐喻发生的整体大脑图景。要解决相关问题，需要现有隐喻研究者拓宽视野，在跨学科的视角下展开更具说服力的神经学、心理学实验。

可见，当代隐喻学在研究方法上需要进一步促进定性与定量研究融会贯通的隐喻识别程序的构建，同时在神经学、心理学实验的设计上需要保证研究结果的可检验性和可重复性，提升实验实证的信度和效度。

11.3.3　多模态隐喻理论领域缺乏普适性证据

在当代隐喻学 40 余载的演进过程中，文字性隐喻一直是研究的核心与重点。但随着当代通信传媒技术的发展，语言文字逐渐让位于声、光、电等其他传媒形式和渠道。这些交际路径或曰模态充分利用人类的视、听、嗅、味、触等感官通道，多快好省地传递信息和内容，极大地推动和增进了人们接收和吸纳知识的速度和步伐。荷兰阿姆斯特丹自由大学的福塞维尔是倡导大规模开展非言语多模态隐喻理论的领军学者，近年成果不断。福塞维尔（Forceville，2009：24）将多模态隐喻界定为：多模态隐喻是指源域和靶域分别完全或者主导性地由不同模式表征的隐喻类型。定量的"完全或者主导性地"显得十分必要，因为非语言隐喻经常同时以一种以上的模态暗示源域和靶域。概念隐喻理论的一大严重桎梏在于其长期以来在研究概念隐喻言语表现的同时宣称隐喻"不仅是一种辞格，还是一种思维方式"（Lakoff，1993：210）。这种对概念隐喻言语表现的单边研究注定会掩藏和忽视隐喻以电影、音乐、舞蹈和手势等非言语或者部分言语形式呈现的方方面面。以语言学为朝向的隐喻理论需要理解隐喻在不同媒介话语当中的作用，从而补充完善其在认知中的功能（Forceville & Renckens，2013：162）。但由于其新颖的跨学科属性，多模态隐喻的研究仍然处于起步阶段，还未与艺术学、设计学和美学充分地融合、并进，研究对象也基本局限于相对简单的和二维的漫画、图片、宣传册等媒介范围，而对长时间的和实时播放或互动的电影、视频、游戏和虚拟现实应用等高水平、三维立体的语域涉足尚浅。

11.3.4 众多辞格的认知属性有待关照

当代隐喻学脱胎于拥有 2000 余年悠久研究历史的修辞学和文学批评，但其作为先进的语言认知科学并未显著地回馈本源学科领域，实现共同发展。作为概念隐喻理论的忠实继承者和发扬者，吉布斯（Gibbs，2011：530）片面地指出，"从一开始就应该注意到概念隐喻理论不是修辞性语言理解的总体和普通理论，因为其与反语、转喻和悖论法等修辞语言形式并不相关"。这一判断直接导致来源于同一母体的"隐喻"一枝独秀、独木成林，而除了转喻以外的矛盾修辞法、顶针、夸张、共轭、对偶、移就等一揽子辞格则无人问津，长时间躺在修辞学和文学批评的摇篮里"沉睡"（Sun et al.，2017：218）。笔者坚信，如果隐喻的确是人类概念化外部世界和内在世界的核心机制和锐利武器，那么出身相同的其他辞格也绝不仅是修饰、装点性的"化妆品"，而是在人类认知进化的过程中一定扮演着不可或缺的角色。研究者接下来的任务应是条分缕析地厘定"认知隐喻"的存现条件，并将其运用在其他辞格之上，检验其是否符合这些存现标准，逐一考察这些辞格的认知属性，提升其在大脑认知中的作用和地位。

11.3.5 隐喻话语类型远未实现全景式覆盖和囊括

如果承当代隐喻学所言，隐喻是一个联结概念化和语言的凸显性认知过程，在日常交际和话语当中俯拾皆是，那么在人类各种交际场合与语篇类型当中也理应随处可见。已有学者按照隐喻方式构架的抽象概念的涉足范围予以尝试性的求证，包括情感（Kövecses，2000）、自我（Lakoff & Johnson，1999）、道德（M. Johnson，1993）、政治（Musolff，2016；Sun & Chen，2018）、科学（Brown，2003）、疾病（Gibbs & Franks，2002）、心理分析（Borbely，2004）、法律（Winter，2002）、经济（White，2003）、数学（Lakoff & Núñez，2001）等，但是学界迄今为止并没有就人们所熟知的外交、哲学、伦理、信念、理念、娱乐、教育、艺术、音乐等方方面面当中的隐喻语义进行大规模的挖掘和阐释。研究各领域共有与特有的隐喻，多维跨域地推动隐喻扇面的展开，能带动相关学科及领域对其自身进行隐喻反思。

11.3.6　隐喻尚缺少跨语言的系统对比研究

单语言内部的隐喻探索和厘定注定存在局限性。当代隐喻学的先行者莱考夫、约翰逊、福康涅、特纳、威尔逊、吉布斯等均无一例外是操单一语言的英语本族语者。他们凭借自身对隐喻事业的热爱和多年的学者直觉，假设相当一部分的隐喻概念是为全人类所共有的。位于人类认知底层、基于日常具身性体验的是数目极为有限的基本隐喻，而在具体话语情景中随机的、突发的隐喻是这些基本隐喻反复叠加、交织之后生成的复杂隐喻（Grady，1997b）。所谓"人同此心，心同此理"，全部基本隐喻均具有跨语言的相同性，不同的语言以系统的方式呈现出隐喻，这支持了隐喻作为主要概念性的、根植于人类共同经验的认知地位（Yu，2003：162）。鉴于每种语言和文化的体验性焦距彼此不一，跨语言复杂隐喻也会以千姿百态的形式出现。任何隐喻表达都是具身性体验和特定文化模型共同作用的产物。学界已经有相当数量的文献致力于跨语言、跨文化的隐喻对比研究，在若干方面深入浅出地厘清了隐喻的语际异同及其背后深刻的动因和理据。但鉴于全世界范围内有 7000 多种语言，这些努力无论是在深度上还是广度上都较浅显和狭隘，有待大规模继续深化。这样做的最大好处是用各语言中发现的反例和特例来倒逼和反哺已有的隐喻主流理论，为构建更具概括力的当代隐喻学奠定坚实的语料和语言事实基础。

11.3.7　隐喻能力尚未与语言教学紧密衔接

当代隐喻学已经充分证明隐喻是人类须臾难离的概念化机制和表达路径。如果隐喻如此普遍地存在并在语言学本体当中享有崇高的地位，那么其在语言教学尤其是外语教学当中的重要价值也是毋庸置疑的。已有学者提出并验证了隐喻是本族语者熟练操作、运用母语的核心标志，考察受试者的语言能力是否习得和成熟的重要指标即其是否完全获得了隐喻能力（metaphoric competence）（Littlemore & Low，2006；Sun & Jia，2019）。学界已经展开了隐喻能力与语言能力整体是否具有正相关性的研究，但是更加精细的隐喻能力与认知风格、性别、性格、动机、出身背景等因素的关系尚未验明，遑论在语言教学当中应当采取的具体教学方法和应对策略。同时，由于学术背景的界限，大多数学者的研究目前仅局限于英语作为二语的研究辖域之中，其他语种的隐喻能力培养和母语向二语的隐喻迁移问题还是一片蓝海，亟待开发。当务之急是教育主管部门应早日认识到隐喻能力在语言习得过程中的重大价值并将其早日编入教学大纲，做到纲举目张，以便广大教师能够按图索骥地将学习者的隐喻能力作为重要的培养目标融入并贯穿于语言教学的始终，令其体现在听说读写译等各个培养环节当中，促进语言学习者的总体水平真正贴近本族语者的操用标准。

国内学者已凭借敏锐的目光关注到隐喻研究大潮的到来，深入浅出地引介了各派西方经典理论（束定芳，2000；胡壮麟，2004/2020），也有学者成功地运用当代隐喻理论解释汉语现象（Yu，1998）。令人惋惜的是，为中国学者所独有的标签性成果还乏善可陈。尤其是自陈望道的《修辞学发凡》付梓以来，我国广大修辞学者砥砺前行，对祖国丰富的隐喻修辞资源深挖细耕，将其纵深切分为几百种类型。这些合理的、精细的分类成果可为当代隐喻学的定义、存现条件、内涵外延、类型范围等关键性问题服务，在构建具有中国特色的当代隐喻学的过程中留下国人靓丽的身影和深刻的足迹。

11.4　结语

隐喻早在 2000 多年前便已步入东西方学术研究的视野，更在人文社科研究的历史长河当中一直被奉为骄子而备受关注。本章以标志隐喻研究实现认知转向的《我们赖以生存的隐喻》一书付梓 43 周年为历史节点，充分梳理和评价已有的代表性文献，拟使当代隐喻理论跃升为当代隐喻学，提出一个较为完整的、全方位的定义，并从理论构建、研究方法、模态扩展、辞格归一、话语拓宽、语际对比和语言教学等七个方面沉淀和总结该学科目前的漏洞与弊端，以期为隐喻研究的持续、深入发展提供借鉴和参考。

当代隐喻理论经过整整一代学人的不懈努力，已经枝繁叶茂，从语言学大家族中脱颖而出，成长为万众瞩目的新兴语言认知科学——当代隐喻学。该学科成果不断，连贯有序，研究浪潮一浪高过一浪（孙毅，2019）。仅就国内"外国语言文学类"来源期刊而言，当代隐喻理论发表以后 20 年（1994—2013 年）中，以"隐喻"为关键词的论文数量已达到 405 篇（孙毅，2015），2014—2018 年又刊载了论文 226 篇（孙毅，2020b），发文量持续增长，蔚为壮观，研究队伍不容小觑，从绝对数量上来看已可冠称为"学"。与此毗邻的诸多人文社会科学也不遗余力地将当代隐喻学的相关先进原理和认识应用于自身学术领域，不断碰撞交织出璀璨火花，跨学科成果喜人。与此同时，学界同人应时刻保持清醒的是，当代隐喻学虽已走过 40 余年的发展历程，但其缺点和制约条件还很多，从理论建构到实验证明都远未成熟，未来发展之路还很长。认知语言学界也掀起了一股回顾当代隐喻理论已有重要成果和反思弊端不足的潮流（Engstrøm，1999；Ruiz de Mendoza Ibáñez & Hernández，2011；Kövecses，2011；Tretjakova，2013；Bundgaard，2019），甚至有学者更进一步提出了改进和提升后的"新当代隐喻理论"（Steen，2011）。当代隐喻学的定义和学术地位还未被学界广泛承认，隐喻的存现条件还未清晰厘定，隐喻的身份鉴定及其神经程序尚未破解，多模态隐喻的组成与表现还未浮出水面，隐喻的理解过程还未得到各种实验器材及实证设计的统一论证，隐喻在日常生活方方面面的个性表征还未见真容，隐喻的跨语言研究还未大规模展开，仅凭英语单一语言所得出的推理和结论还居于绝对的主导地位，隐喻能力也远未被纳入语言教学的议事日程等等，不一而足。但只要全世界学者同舟共济，齐心协力，沿袭自身学术背景，发挥各自学术特长与优势，集成合力，探索隐喻机制的神妙之处，就一定能够拨云见日，为解密和开启人类认知的"黑匣子"打磨出一把金钥匙。承前启后，下一个 40 年是当代隐喻学框架确定、研究路径清晰明确、各种实验反复多次多角度验证，以及多语言、多领域、细节性地研磨、考证的攻坚期，全球学术界重任在肩，系列成果值得期待！

参 考 文 献

陈朗. 2015. 复杂动态理论视角下的隐喻新释. 中国外语, (2): 39-46.

戴昭铭. 1996. 文化语言学导论. 北京: 语文出版社.

方汉文. 2006. 西方文化概论. 北京: 中国人民大学出版社.

何中清. 2016. "三重视角"下的隐喻分析范式探析. 外语教学, (2): 43-47.

何自然. 1995. Grice 语用学说与关联理论. 外语教学与研究, (4): 23-27.

何自然, 冉永平. 1998. 关联理论——认知语用学基础. 现代外语, (3): 92-107.

胡壮麟. 2004/2020. 认知隐喻学. 北京: 北京大学出版社.

胡壮麟, 朱永生, 张德录. 1989. 系统功能语法概论. 长沙: 湖南教育出版社.

黄华新, 杨小龙. 2013. 隐喻理解的台前认知与幕后推理. 浙江社会科学, (7): 104-108.

李战子. 2003. 多模式话语的社会符号学分析. 外语研究, (5): 1-8+80.

刘国辉. 1999. 关联理论的回顾与思考. 四川师范学院学报(哲学社会科学版), (2): 70-75.

刘绍忠. 1997. 关联理论的交际观. 现代外语, (2): 13-19.

刘正光. 2001. 莱柯夫隐喻理论中的缺陷. 外语与外语教学, (1): 25-29.

潘文国. 1997. 汉英语对比纲要. 北京: 北京语言大学出版社.

束定芳. 2000. 隐喻学研究. 上海: 上海外语教育出版社.

孙毅. 2010. 英汉情感隐喻视阈中体验哲学与文化特异性的理据探微. 外语教学, (1): 45-48.

孙毅. 2012. 多模态话语意义建构——以 2011 西安世界园艺博览会会徽为基点. 外语与外语教学, (1): 44-47.

孙毅. 2013. 基于语义域的隐喻甄别技术初探——以 Wmatrix 语料库工具为例. 解放军外国语学院学报, (4): 10-16.

孙毅. 2015. 当代隐喻学在中国(1994—2013)——一项基于 CSSCI 外国语言学来源期刊的文献计量研究. 西安外国语大学学报, (3): 17-22.

孙毅. 2019. 当代隐喻学的理论范式构念. 海南大学学报(人文社会科学版), (6): 126-134.

孙毅. 2020a. 概念隐喻理论能解释所有"我们赖以生存的隐喻"吗?——论隐喻类型甄别的维度. 英语研究, (1): 95-106.

孙毅. 2020b. 再议当代隐喻学在中国(2014—2018)——基于 CSSCI 期刊的文献计量研究. 外语学刊, (3): 50-55.

孙毅. 2020c. 多模态隐喻研究. 浙江外国语学院学报, (5): 30.

孙毅. 2021a. 涌现隐喻理论学术路向: 基于使用的认知研究新范式. 外语研究, (1): 15-23.

孙毅. 2021b. 扩展概念隐喻理论限阈中的视觉隐喻研究. 山西大学学报(哲学社会科学版), (5): 39-46.

孙毅, 陈朗. 2017. 蓄意隐喻理论的学术进路. 现代外语, (5): 715-724.

孙毅, 陈朗, 段翠娥. 2019. 辅以 ERP 实验技术的隐喻研究: 回眸与前瞻. 外语与外语教学, (2): 63-72.

孙毅, 李学. 2021. 基本隐喻理论发端: 肇始与演进. 外文研究, (4): 1-9.

孙毅, 唐萍. 2021. 多模态隐喻研究肇始: 缘由与进路. 天津外国语大学学报, (5): 9-24.

孙毅, 王媛. 2021. 隐喻认知的具身性及文化过滤性. 深圳大学学报(人文社会科学版), (3): 136-143.

孙毅, 杨莞桐. 2016. 多模态隐喻理论寰域中广外教师发展中心 LOGO 获奖作品览睽. 外语电化教学, (6): 22-28.

孙毅, 翟鹤. 2022. 从 CMT 到 CLST 的嬗变——兼议隐喻研究认知转向. 天津外国语大学学报, (01): 31-47+111, 112.

孙毅, 张俊龙. 2015. 第 31 届奥林匹克运动会 LOGO 多模态话语解析. 西安体育学院学报, (3): 321-325.

孙毅, 张盼莉. 2016. 汉英服饰隐喻异同的体验哲学疏议与文化渊源溯追. 解放军外国语学院学报, (1): 45-53.

孙毅, 周锦锦. 2020. 认知隐喻学畛域中汉英自我概念隐喻意涵重塑. 外语研究, (4): 13-21.

孙毅, 周锦锦. 2021. 当代隐喻学视阈下的汉英道德概念对比研究. 海南大学学报(人文社会科学版), (3): 135-141.

孙毅, 周婧. 2016. 世界国旗多模态隐喻要义诠索. 北京科技大学学报(社会科学版), (5): 1-7.

唐淑华. 2013. 非真话语的语用隐喻研究. 湖南科技大学学报(社会科学版), (5): 142-146.

许余龙. 2002. 对比语言学. 上海: 上海外语教育出版社.

亚里士多德. 1996. 诗学. 陈中梅译. 北京: 商务印书馆.

姚岚, 李元江. 2007. 解构 Lakoff 的隐喻理论——对概念隐喻的否定. 西安外国语大学学报, (2): 17-20.

Allan, K. 1995. The anthropocentricity of the English word(s) back. *Cognitive Linguistics*, 6(1): 11-32.

Allbritton, D., McKoon, G. & Gerrig, R. 1995. Metaphor-based schemata and text representations: Making connections through conceptual metaphors. *Journal of Experimental Psychology: Learning, Memory, and Cognition*, 21(3): 612-625.

Alverson, H. 1994. *Semantic and Experience: Universal Metaphors of Time in English, Mandarin, Hindi and Sesotho*. Baltimore & London: The Johns Hopkins University Press.

Baayen, H. & Lieber, R. 1991a. Productivity and English word-formations: A corpus-based study. *Linguistics*, (29): 801-843.

Baayen, H. & Lieber, R. 1991b. Productivity and English derivation: A corpus-based study. *Linguistics*, (5): 801-844.

Baldry, A. & Thibault, P. 2006. *Multimodal Transcription and Text Analysis*. London: Equinox.

Barsalou, L. W. 1999. Perceptual symbol systems. *Behavioral and Brain Sciences*, 22(4): 577-609.

Barsalou, L. W. 2008. Cognitive and neural contributions to understanding the conceptual system. *Current Directions in Psychological Science*, 17(2): 91-95.

Bartsch, R. 2002. Generating polysemy: Metaphor and metonymy. In R. Dirven & R. Pörings (Eds.),

Metaphor and Metonymy in Comparison and Contrast (pp. 49-74). Berlin & New York: Mouton de Gruyter.

Bateman, J. & Schmidt, K. 2011. *Multimodal Film Analysis: How Films Mean*. London: Routledge.

Baumrind, D. 1966. Effects of authoritative parental control on child behavior. *Child Development*, 37(4): 887-907.

Beckner, C. & Bybee, J. 2009. A usage-based account of constituency and reanalysis. *Language Learning*, 59(Supplement 1): 27-46.

Bem, D. J. 1967. Self-perception: An alternative interpretation of cognitive dissonance phenomena. *Psychological Review*, 74(3): 183-200.

Billow, R. M. 1975. A cognitive developmental study of metaphor comprehension. *Developmental Psychology*, 11(4): 415-423.

Black, M. 1962. *Models and Metaphor: Studies in Language and Philosophy*. Ithaca: Cornell University Press.

Black, M. 1993. More about metaphor. In A. Ortony (Ed.), *Metaphor and Thought* (pp. 19-41). Cambridge: Cambridge University Press.

Blasko, D. & Kazmerski, V. 2006. ERP correlates of individual differences in the comprehension of nonliteral language. *Metaphor and Symbol*, 21(4): 267-284.

Blutner, R. 1998. Lexical pragmatics. *Journal of Semantics*, 15(2): 115-162.

Bobrova, L. 2015. A procedure for the identification of potential multimodal metaphor in TV commercials. *Multimodal Communication*, 4(2): 113-131.

Bolter, J. D. & Grusin, R. 1999. *Remediation: Understanding New Media*. Cambridge: The MIT Press.

Borbely, A. 2004. Toward a psychodynamic understanding of metaphor and metonymy: Their role in awareness and defense. *Metaphor and Symbol*, 19(2): 91-114.

Boroditsky, L. 2000. Metaphoric structuring: Understanding time through spatial metaphors. *Cognition*, 75(1): 1-28.

Boroditsky, L. 2001. Does language shape thought? Mandarin and English speakers' conceptions of time. *Cognitive Psychology*, 43(1): 1-22.

Boroditsky, L. & Ramscar, M. 2002. The roles of body and mind in abstract thought. *Psychological Science*, 13(2): 185-189.

Bowdle, B. F. & Gentner, D. 2005. The career of metaphor. *Psychological Review*, 112(1): 193-216.

Brandt, P. 2005. Mental spaces and cognitive semantics: A critical comment. *Journal of Pragmatics*, 37(10): 1578-1594.

Broderick, V. 1991. Young children's comprehension of similarities underlying metaphor. *Journal of Psycholinguistic Research*, 20(2): 65-81.

Brooks, L. R. 1978. Nonanalytic concept formation and memory for instances. In E. Rosch & B. Lloyd (Eds.), *Cognition and Categorization* (pp. 169-215). New York: John Wiley & Sons Inc.

Brown, T. 2003. *Making Truth: Metaphor in Science*. Champaign: University of Illinois Press.

Bundgaard, P. 2019. The structure of our concepts: A critical assessment of Conceptual Metaphor Theory as a theory of concepts. *Cognitive Semiotics*, 12(1): 1-11.

Bybee, J. 1995. Regular morphology and the lexicon. *Language and Cognitive Processes*, 10(5): 425-455.

Bybee, J. & Hopper, P. 2001. *Frequency and the Emergence of Linguistic Structure*. Philadelphia: John Benjamins.

Bybee, J. & Scheibman, J. 1999. The effect of usage on degrees of constituency: The reduction of *don't* in English. *Linguistics*, 37(4): 575-596.

Calvo-Garzón, P., Laakso, A. & Gomila, T. 2008. *Dynamics and Psychology: Special Issue of New Ideas in Psychology 26*. Cambridge: Cambridge University Press.

Cameron, L. 2003. *Metaphor in Educational Discourse*. London: Continuum.

Cameron, L. & Deignan, A. 2003. Combining large and small corpora to investigate tuning devices around metaphor in spoken discourse. *Metaphor and Symbol*, 18(3): 149-160.

Cameron, L. & Maslen, R. 2010. *Metaphor Analysis: Research Practice in Applied Linguistics, Social Sciences and the Humanities*. London: Equinox.Carroll, N. 1996. A note on film metaphor. *Journal of Pragmatics*, 26(6): 809-822.

Carston, R. 2002. *Thoughts and Utterances: The Pragmatics of Explicit Communication*. Oxford: Wiley-Blackwell.

Carston, R. 2010a. Lexical pragmatics, ad hoc concepts and metaphor: A Relevance Theory perspective. *Italian Journal of Linguistics*, 22(1): 1-29.

Carston, R. 2010b. XIII—Metaphor: Ad hoc concepts, literal meaning and mental images. *Proceedings of the Aristotelian Society*, 110(3pt3): 295-321.

Carston, R. & Wearing, C. 2011. Metaphor, hyperbole and simile: A pragmatic approach. *Language and Cognition*, 3(2): 283-312.

Casasanto, D. 2009. When is a linguistic metaphor a conceptual metaphor?. In V. Evans & S. Pourcel (Eds.), *New Directions in Cognitive Linguistics*(pp. 127-145). Amsterdam: John Benjamins.

Casasanto, D. & Boroditsky, L. 2008. Time in the mind: Using space to think about time. *Cognition*, 106(2): 579-593.

Charteris-Black, J. 2004. *Corpus Approaches to Critical Metaphor Analysis*. London: Palgrave Macmillan.

Charteris-Black, J. 2011. *Politicians and Rhetoric: The Persuasive Power of Metaphor*. London: Palgrave Macmillan.

Chomsky, N. 1957. *Syntactic Structures*. The Hague: Mouton.

Chomsky, N. 1965. *Aspects of the Theory of Syntax*. Cambridge: The MIT Press.

Cienki, A. 1998. Metaphoric gestures and some of their relations to verbal metaphoric expressions. In K. Jean-Pierre (Ed.), *Discourse and Cognition: Bridging the Gap* (pp. 189-204). Stanford: Center for the Study of Language and Information.

Cienki, A. & Müller, C. 2008. *Metaphor and Gesture*. Amsterdam/Philadelphia: John Benjamins.

Clark, A. 1997. *Being There: Putting Brain, Body, and World Together Again*. Cambridge: The MIT Press.

Clark, H. 1996. *Using Language*. Cambridge: Cambridge University Press.

Clausner, T. & Croft, W. 1997. Productivity and schematicity in metaphors. *Cognitive Science,* 21(3):

247-282.

Columbus, G., Sheikh, N., Côté-Lecaldaum, M., et al. 2015. Individual differences in executive control relate to metaphor processing: An eye movement study of sentence reading. *Frontiers in Human Neuroscience*, 8(1057): 1-12.

Company, C. 2006. Subjectification of verbs into discourse markers: Semantic-pragmatic change only?. In B. Cornillie & N. Delbecque (Eds.), *Topics in Subjectification and Modalization* (pp. 97-121). Amsterdam: John Benjamins.

Coulson, S. 2001. *Semantic Leaps: Frame-Shifting and Conceptual Blending in Meaning Construction*. Cambridge: Cambridge University Press.

Coulson, S. 2006. Metaphor and conceptual blending. In K. Brown (Ed.), *Encyclopedia of Language & Linguistics* (2nd edition, pp. 32-39). Oxford: Elsevier.

Coulson, S. & Oakley, T. 2000. Blending basics. *Cognitive Linguistics*, 11(3/4): 175-196.

Croft, W. 2007. Exemplar semantics. Unpublished manuscript.

Croft, W. & Cruse, A. 2004. *Cognitive Linguistics*. Cambridge: Cambridge University Press.

Dabrowska, E. & Szczerbinski, M. 2006. Polish children's productivity with case marking: The role of regularity, type frequency, and phonological diversity. *Journal of Child Language*, 33(3): 559-597.

Damasio, A. 1999. *The Feeling of What Happens: Body and Emotion in the Making of Consciousness*. New York: Harcourt Brace & Co.

Dancygier, B. 2017. Figurativeness, conceptual metaphor, and blending. In E. Semino & Z. Demjén (Eds.), *The Routledge Handbook of Metaphor and Language* (pp. 28-41). Abingdon: Routledge.

Davidson, D. 1984. *Inquiries into Truth and Interpretation*. Oxford: Oxford University Press.

Deignan, A. 1995. *Collins Cobuild English Guides 7: Metaphor*. London: HarperCollins.

Deignan, A. 1999. Linguistic metaphors and collocation in nonliterary corpus data. *Metaphor and Symbol*, 14(1): 19-36.

Deignan, A. 2005. *Metaphor and Corpus Linguistics*. Amsterdam/Philadelphia: John Benjamins.

Dirven, R. 2002. Metonymy and metaphor: Different mental strategies of conceptualisation. In R. Dirven & R. Pörings (Eds.), *Metaphor and Metonymy in Comparison and Contrast* (pp. 75-111). Berlin and New York: Mouton de Gruyter.

Dobrovol'skij, D. & Piirainen, E. 2005. *Figurative Language: Crosscultural and Cross-linguistic Perspective*. Amsterdam: Elsevier.

Ekman, P., Levenson, R. & Friesen, W. 1983. Autonomic nervous system activity distinguishes among emotions. *Science*, 221(4616): 1208-1210.

Engstrøm, A. 1999. The contemporary theory of metaphor revisited. *Metaphor and Symbol*, 14(1): 53-61.

Estes, W. 1986. Array models for category learning. *Cognitive Psychology*, 18(4): 500-549.

Eubanks, P. 2000. *A War of Words in the Discourse of Trade: The Rhetorical Constitution of Metaphor*. Carbondale: Southern Illinois University Press.

Evans, V. 2010. Figurative language understanding in LCCM Theory. *Cognitive Linguistics*, 21(4): 601-662.

Evans, V. 2013. *Language and Time: A Cognitive Linguistics Approach*. Cambridge: Cambridge University Press.

Eviatar, Z. & Just, M. 2006. Brain correlates of discourse processing: An fMRI investigation of irony and conventional metaphor comprehension. *Neuropsycologia*, 44(12): 2348-2359.

Fauconnier, G. 1994. *Mental Spaces: Aspects of Meaning Construction in Natural Language*. Cambridge: Cambridge University Press.

Fauconnier, G. 1997. *Mappings in Thought and Language*. Cambridge: Cambridge University Press.

Fauconnier, G. 2008. Rethinking metaphor. In R. W. Gibbs Jr.(Ed.), *The Cambridge Handbook of Metaphor and Thought* (pp. 53-66). New York: Cambridge University Press.

Fauconnier, G. & Turner, M. 1996. Blending as a central process of grammar. In A. Goldberg (Ed.), *Conceptual Structure, Discourse, and Language* (pp. 113-129). Stanford: CSLI Publication.

Fauconnier, G. & Turner, M. 1998. Conceptual integration network. *Cognitive Science*, 22(2): 133-187.

Fauconnier, G. & Turner, M. 2002. *The Way We Think: Conceptual Blending and the Mind's Hidden Complexities*. New York: Basic Books.

Feldman, J. 2006. *From Molecule to Metaphor: A Neural Theory of Language*. Cambridge: The MIT Press.

Fitzpatrick, M. & Ritchie, L. 1994. Communication schemata within the family: Multiple perspectives on family interaction. *Human Communication Research*, 20(3): 275-301.

Fodor, J. 1983. *The Modularity of Mind*. Cambridge: The MIT Press.

Forceville, C. 1996. *Pictorial Metaphor in Advertising*. London: Routledge.

Forceville, C. 1999a. The metaphor "COLIN IS A CHILD" in Ian McEwan's, Harold Pinter's, and Paul Schrader's *The Comfort of Strangers. Metaphor and Symbol*, 14(3):179-198.

Forceville, C. 1999b. Educating the eye? Kress & Van Leeuwen's *Reading Images: The Grammar of Visual Design* (1996). *Language & Literature*, 8(2): 163-178.

Forceville, C. 2005. Visual representations of the Idealized Cognitive Model of anger in the Asterix album *La Zizanie. Journal of Pragmatics*, 37(1): 69-88.

Forceville, C. 2006. Non-verbal and multimodal metaphor in a cognitivist framework: Agendas for research. In G. Kristiansen et al. (Eds.), *Cognitive Linguistics: Current Applications and Future Perspectives* (pp. 379-402). Berlin/New York: Mouton de Gruyter.

Forceville, C. 2007. Multimodal metaphor in ten Dutch TV commercials. *Semiotics*, 1(1): 19-51.

Forceville, C. 2008. Metaphor in pictures and multimodal representations. In R. W. Gibbs Jr. (Ed.), *The Cambridge Handbook of Metaphor and Thought* (pp. 462-482). Cambridge: Cambridge University Press.

Forceville, C. 2009. Non-verbal and multimodal metaphor in a cognitivist framework: Agendas for research. In C. Forceville & E. Urios-Aparisi (Eds.), *Multimodal Metaphor* (pp. 19-44). Berlin & New York: Mouton de Gruyter.

Forceville, C. & Renckens, T. 2013. Metaphorical creativity across modes. *Metaphor and the Social World*, 3(2): 160-179.

Forceville, C. & Urios-Aparisi, E. 2009. *Multimodal Metaphor*. Berlin: Mouton de Gruyter.

Forceville, C., Tan, E. & Hekkert, P. 2006. The adaptive value of metaphors. In U. Klein, K. Mellmann & S. Metzger (Eds.), *Heuristiken der Literatur-wissenschaft. Einladung zu disziplinexternen Perspektiven auf Literatur* (pp. 85-109). Paderborn: Mentis.

Fusaroli, R. & Morgagni, S. 2013. Conceptual metaphor theory: 30 years after. *Cognitive Semiotics*, 5(1/2): 1-13.

Gallese, V. & Lakoff, G. 2005. The brain's concepts: The role of the sensory-motor system in conceptual knowledge. *Cognitive Neuropsychology*, 22(3): 455-479.

Gentner, D. 1983. Structure-mapping: A theoretical framework for analogy. *Cognitive Science*, 7(2): 155-170.

Gentner, D. 1988. Metaphor as structure mapping: The relational shift. *Child Development*, 59(1): 47-59.

Gentner, D. & Loewenstein, J. 2002. Relational language and relational thought. In E. Amsel & J. Byrnes (Eds.), *Language, Literacy, and Cognitive Development* (pp. 87-120). Mahwah: Erlbaum.

Gentner, D., Holyoak, K. & Kokinov, B. 2001. *The Analogical Mind: Perspectives from Cognitive Science*. Cambridge: The MIT Press.

Gentner, D., Imai, M. & Boroditsky, L. 2002. As time goes by: Evidence for two systems in processing space-time metaphors. *Language and Cognitive Processes*, 17(5): 537-565.

Gernsbacher, M., Keysar, B., Robertson, R., et al. 2001. The role of suppression and enhancement in understanding metaphors. *Journal of Memory and Language*, 45(3): 433-450.

Gibbs Jr., R. 1994a. *The Poetics of Mind: Figurative Thought, Language, and Understanding*. Cambridge: Cambridge University Press.

Gibbs Jr., R. 1994b. Figurative thought and figurative language. In M. Gernsbacher (Ed.), *Handbook of Psycholinguistics* (pp. 411-443). San Diego: Academic Press.

Gibbs Jr., R. 1999a. Researching metaphor. In L. Cameron & G. Low (Eds.), *Researching and Applying Metaphor* (pp. 29-47). Cambridge: Cambridge University Press.

Gibbs Jr., R. 1999b. Taking metaphor out of our heads and putting it in into the cultural world. In R. Gibbs Jr. & G. Steen (Eds.), *Metaphor in Cognitive Linguistics* (pp. 145-166). Amsterdam: John Benjamins.

Gibbs Jr., R. 2003. Embodied experience and linguistic meaning. *Brain and Language*, 84(1): 1-15.

Gibbs Jr., R. 2006. *Embodiment and Cognitive Science*. Cambridge: Cambridge University Press.

Gibbs Jr., R. 2008a. Metaphor and thought: The state of the art. In R. W. Gibbs (Ed.), *The Cambridge Handbook of Metaphor and Thought* (pp. 3-13). Cambridge: Cambridge University Press.

Gibbs Jr., R. 2008b. *The Cambridge Handbook of Metaphor and Thought*. Cambridge and New York: Cambridge University Press.

Gibbs Jr., R. 2008c. Metaphors, snowflakes, and termite nests: How nature creates such beautiful things. Plenary lecture at the VIII RAAM Conference, Cáceres (Spain).

Gibbs Jr., R. 2009. Why do some people dislike conceptual metaphor theory. *Cognitive Semiotics*, 5(1/2): 14-36.

Gibbs Jr., R. 2011. Evaluating conceptual metaphor theory. *Discourse Processes*, 48(8): 529-562.

Gibbs Jr., R. 2013. Metaphoric cognition as social activity: Dissolving the divide between metaphor in thought and communication. *Metaphor and the Social World*, 3(1): 54-76.

Gibbs Jr., R. 2017a. *Metaphor Wars: Conceptual Metaphors in Human Life*. New York and Cambridge: Cambridge University Press.

Gibbs Jr., R. 2017b. The embodied and discourse views of metaphor: Why these are not so different and how they can be brought closer together. In B. Hampe (Ed.), *Metaphor: Embodied Cognition and Discourse* (pp. 319-335). Cambridge: Cambridge University Press.

Gibbs Jr., R. & Cameron, L. 2008. The social-cognitive dynamics of metaphor performance. *Cognitive Systems Research*, 9(1/2): 64-75.

Gibbs Jr., R. & Colston, H. 1995. The cognitive psychological reality of image schemas and their transformations. *Cognitive Linguistics*, 6(4): 347-378.

Gibbs Jr., R. & Colston, H. 2012. *Interpreting Figurative Meaning*. Cambridge: Cambridge University Press.

Gibbs Jr., R. & Franks, H. 2002. Embodied metaphors in women's narratives about their experiences with cancer. *Health Communication*, 14(2): 139-165.

Gibbs Jr., R. & O'Brien, J. 1990. Idioms and mental imagery: The metaphoric motivation for idiomatic meaning. *Cognition*, 36(1): 35-68.

Gibbs Jr., R. & Tendahl, M. 2006. Cognitive effort and effects in metaphor comprehension: Relevance theory and psycholinguistics. *Mind and Language*, 21(3): 379-403.

Gibbs Jr., R., Bogdanovich, J., Sykes, J. & Barr, D. 1997. Metaphor in idiom comprehension. *Journal of Memory and Language*, 37(2): 141-154.

Gibbs, R. W., Lima, P. L. C. & Francozo, E. 2004. Metaphor is grounded in embodied experience. *Journal of Pragmatics*, 36(7), 1189-1210.

Giora, R. 2003. *On Our Mind: Salience, Context and Figurative Language*. Oxford: Oxford University Press.

Glenberg, A. 1997. What memory is for? *Behavioral and Brain Sciences*, 20(1): 1-19.

Glucksberg, S. 2003. The psycholinguistics of metaphor. *Trends in Cognitive Sciences*, 7(2): 92-96.

Glucksberg, S. & McGlone, M. S. 1999. When love is not a journey: What metaphors mean. *Journal of Pragmatics*, 31(12): 1541-1558.

Glucksberg, S., Brown, M. & McGlone, M. S. 1993. Conceptual metaphors are not automatically accessed during idiom comprehension. *Memory & Cognition*, 21(5): 711-719.

Glucksberg, S., Keysar, B. & McGlone, M. 1992. Metaphor understanding and accessing conceptual schema: Reply to Gibbs (1992). *Psychological Review*, 99(3): 578-581.

Goatly, A. 1997. *The Language of Metaphors*. London and New York: Routledge.

Goatly, A. 2007. *Washing the Brain: Metaphor and Hidden Ideology*. Amsterdam: John Benjamins.

Goldstein, A., Arzouan, Y. & Faust, M. 2012. Killing a novel metaphor and reviving a dead one: ERP correlates of metaphor conventionalization. *Brain and Language*, 123(2): 137-142.

Grady, J. 1997a. *Foundations of Meaning: Primary Metaphors and Primary Scenes*. Ph.D. dissertation, University of California, Berkeley.

Grady, J. 1997b. THEORIES ARE BUILDINGS revisited. *Cognitive Linguistics*, 8(4): 267-290.

Grady, J. 1999. A typology of motivation for conceptual metaphor: Correlation vs. resemblance. In G. Steen & R. Gibbs (Eds.), *Metaphor in Cognitive Linguistics* (pp. 79-100). Philadelphia: John Benjamins.

Grady, J. 2001. Image schemas and perception: Refining a definition. Talk presented at the 7th Annual International Cognitive Linguistics Conference, U.C. Santa Barbara.

Grady, J. & Johnson, C. 2000. Converging evidence for the notions of subscene and primary scene. In R. Dirven & R. Pörings (Eds.), *Metaphor and Metonymy in Comparison and Contrast* (pp. 533-554). Berlin: Mouton de Gruyter.

Grady, J., Coulson, S. & Oakley, T. 1999. Blending and metaphor. In G. Steen & R. Gibbs Jr. (Eds.), *Metaphor in Cognitive Linguistics* (pp. 101-124). Philadelphia: John Benjamins.

Gutt, E. 1990. A theoretical account of translation — Without a translation theory. *Target: International Journal of Translation Studies*, 2(2): 135-164.

Guttenplan, S. 2005. *Objects of Metaphor*. Oxford: Clarendon Press.

Guttenplan, S. 2007. Metaphor without properties. *Baltic International Yearbook of Cognition, Logic and Communication*, 3(1): 1-23.

Haiman, J. 1994. Ritualization and the development of language. In W. Pagliuca (Ed.), *Perspectives on Grammaticalization* (pp. 3-28). Amsterdam: John Benjamins.

Halliday, M. A. K. 1985. *Introduction to Functional Grammar*. London: Arnold.

Hare, M., Ford, M. & Marslen-Wilson, W. 2001. Ambiguity and frequency effects in regular verb inflection. In J. Bybee & P. Hopper (Eds.), *Frequency and the Emergence of Linguistic Structure* (pp. 181-200). Amsterdam: John Benjamins.

Hausman, C. 2007. Metaphorical semeiotic referents: Dyadic objects. *Transactions of the Charles S. Peirce Society*, 43(2): 276-287.

Hay, J. & Baayen, H. 2002. Parsing and productivity. *Yearbook of Morphology*, 2001, (1): 203-235.

Hills, D. 2009. Review: Objects of metaphor by Samuel Guttenplan. *The Philosophical Review*, 118(1): 134-138.

Hintzman, D. 1986. "Schema abstraction" in a multiple-trace memory model. *Psychological Review*, 93(4): 411-428.

Imai, M. 1999. Constraint on word-learning constraints. *Japanese Psychological Research*, 41(1): 5-20.

Imaz, M. & Benyon, D. 2007. *Designing with Blends: Conceptual Foundations of Human-Computer Interaction and Software Engineering*. Cambridge: The MIT Press.

Johnson, C. 1997. Metaphor vs. conflation in the acquisition of polysemy: The case of *see*. In M. Hiraga, C. Sinha & S. Wilcox (Eds.), *Cultural, Typological and Psychological Perspectives in Cognitive Linguistics* (pp. 155-169). Amsterdam: John Benjamins.

Johnson, M. 1987. *The Body in the Mind: The Bodily Basis of Meaning, Imagination and Reason*. Chicago: The University of Chicago Press.

Johnson, M. 1993. *Moral Imagination: Implications of Cognitive Science for Ethics*. Chicago: University of Chicago Press.

Johnson, M. 2007. *The Meaning of the Body: Aesthetics of Human Understanding*. Chicago: The

University of Chicago Press.

Johnson, M. & Lakoff, G. 2002. Why cognitive linguistics requires embodied realism. *Cognitive Linguistics*, 13(3): 245-263.

Katz, A. 1992. Psychological studies in metaphor processing: Extensions to the placement of terms in semantic space. *Poetics Today*, 13(4): 607-632.

Kintsch, W. 1998. *Comprehension: A Paradigm for Cognition*. Cambridge: Cambridge University Press.

Keysar, B. & Bly, B. 1999. Swimming against the current: Do idioms reflect conceptual structure?. *Journal of Pragmatics*, 31(12): 559-578.

Kövecses, Z. 1986. *Metaphors of Anger, Pride and Love: A Lexical Approach to the Structure of Concepts*. Amsterdam/Philadelphia: John Benjamins.

Kövecses, Z. 1990. *Emotion Concepts*. New York: Springer-Verlag.

Kövecses, Z. 1995a. American friendship and the scope of metaphor. *Cognitive Linguistics*, 6(4): 315-346.

Kövecses, Z. 1995b. Anger: Its language, conceptualization, and physiology in the light of cross-cultural evidence. In J. Taylor & R. MacLaury (Eds.), *Language and Cognitive Construal of the World* (pp. 181-196). Berlin & New York: Mouton de Gruyter.

Kövecses, Z. 2000. *Metaphor and Emotion: Language, Culture, and Body in Human Feeling*. Cambridge: Cambridge University Press.

Kövecses, Z. 2002. *Metaphor: A Practical Introduction*. Oxford: Oxford University Press.

Kövecses, Z. 2005. *Metaphor in Culture: Universality and Variation*. Cambridge: Cambridge University Press.

Kövecses, Z. 2010. A new look at metaphorical creativity in cognitive linguistics. *Cognitive Linguistics*, 21(4): 663-697.

Kövecses, Z. 2011. Recent developments in metaphor theory: Are the new views rival ones?. *Review of Cognitive Linguistics*, 9(1): 11-25.

Kövecses, Z. 2015. *Where Metaphors Come From: Reconsidering Context in Metaphor*. Oxford: Oxford University Press.

Kress, G. & van Leeuwen, T. 1996/2006. *Reading Images: The Grammar of Visual Design*. London/New York: Routledge.

Kress, G. & van Leeuwen, T. 2001. *Multimodal Discourse: The Modes and Media of Contemporary Communication*. London: Arnold.

Lakoff, G. 1987. *Women, Fire and Dangerous Things: What Categories Reveal about the Human Mind*. Chicago: University of Chicago Press.

Lakoff, G. 1990. The Invariance Hypothesis: Is abstract reason based on image-schemas?. *Cognitive Linguistics*, 1(1): 39-74.

Lakoff, G. 1993. The contemporary theory of metaphor. In A. Ortony (Ed.), *Metaphor and Thought* (pp. 202-251). New York: Cambridge University Press.

Lakoff, G. 1996. *Moral Politics: What Conservatives Know That Liberals Don't*. Chicago: University of Chicago Press.

Lakoff, G. 2008a. The neural theory of metaphor. In R. Gibbs Jr. (Ed.), *The Cambridge Handbook of Metaphor and Thought* (pp. 17-38). Cambridge: Cambridge University Press.

Lakoff, G. 2008b. *The Political Mind: Why You Can't Understand 21st Century American Politics with an 18th Century Brain.* New York: Viking.

Lakoff, G. & Johnson, M. 1980. *Metaphors We Live By.* Chicago: University of Chicago Press.

Lakoff, G. & Johnson, M. 1999. *Philosophy in the Flesh: The Embodied Mind and Its Challenge to Western Thought.* New York: Basic Books.

Lakoff, G. & Kövecses, Z. 1987. The cognitive model of anger inherent in American English. In D. Holland & N. Quinn (Eds.), *Cultural Models in Language and Thought* (pp. 195-221). Cambridge: Cambridge University Press.

Lakoff, G. & Núñez, R. 2001. *Where Mathematics Comes from: How the Embodied Mind Brings Mathematics into Being.* New York: Basic Books.

Lakoff, G. & Turner, M. 1989. *More Than Cool Reason: A Field Guide to Poetic Metaphor.* Chicago: University of Chicago Press.

Lakoff, G., Espenson, J. & Schwartz, A. 1991. The master metaphor list. Draft 2nd edn. Technical Report. Berkeley: University of California.

Landau, M. 2016. *Conceptual Metaphor in Social Psychology: The Poetics of Everyday Life.* New York: Routledge.

Landauer, T. & Dumais, S. 1997. A solution to Plato's problem: The latent semantic analysis theory of acquisition, induction, and representation of knowledge. *Psychological Review,* 104(2): 211-240.

Langacker, R. W. 1987. *Foundations of Cognitive Grammar (Volume 1: Theoretical Prerequisites).* Stanford: Stanford University Press.

Langacker, R. W. 1993. Grammatical traces of some "invisible" semantic constructs. *Language Sciences,* 15(4): 323-355.

Lima, P. 2006. About primary metaphors. *DELTA,* (22): 109-122.

Littlemore, J. & Low, G. 2006. Metaphoric competence, second language learning, and communicative language ability. *Applied Linguistics,* 27(2): 268-294.

Low, G., Todd, Z., Deignan, A., et al. 2010. *Researching and Applying Metaphor in the Real World.* Amsterdam/Philadelphia: John Benjamins.

Mandler, J. 2004. *The Foundations of Mind: Origins of Conceptual Thought.* Oxford: Oxford University Press.

Martinec, R. 1998. Cohesion in action. *Semiotica,* 120(1/2): 161-180.

McGlone, M. 1996. Conceptual metaphors and figurative language interpretation: Food for thought?. *Journal of Memory and Language,* 35(4): 544-565.

McGlone, M. 2007. What is the explanatory value of a conceptual metaphor?. *Language & Communication,* 27(2): 109-126.

McLuhan, M. 1964. *Understanding Media: The Extensions of Man.* London: Routledge.

McMahon, J. 2003. Perceptual constraints and perceptual schemata: The possibility of perceptual style. *Journal of Aesthetics and Art Criticism,* 61(3): 259-273.

Medin, D. & Edelson, S. 1988. Problem structure and the use of base-rate information from experience. *Journal of Experimental Psychology: General*, 117(1): 68-85.

Meier, B. & Robinson, M. 2004. Why the sunny side is up: Associations between affect and vertical position. *Psychological Science*, 15(4): 243-247.

Meier, B., Robinson, M. & Caven, A. 2008. Why a big Mac is a good Mac: Associations between affect and size. *Basic and Applied Social Psychology*, 30(1): 46-55.

Meier, B., Robinson, M. & Clore, G. 2004. Why good guys wear white: Automatic inferences about stimulus valence based on color. *Psychological Science*, 15(2): 82-87.

Miller, S. 2006. *Conversation: A History of a Declining Art*. New Haven: Yale University Press.

Moder, C. 1992. *Productivity and Categorization in Morphological Classes*. Buffalo: New York State University.

Morton, J. 1969. The interaction of information in word recognition. *Psychological Review*, 76(2): 165-178.

Murphy, G. 1996. On metaphoric representation. *Cognition*, 60(2): 173-204.

Murphy, G. 1997. Reasons to doubt the present evidence for metaphoric representation. *Cognition*, 62(1): 99-108.

Musolff, A. 2004. *Metaphor and Political Discourse: Analogical Reasoning in Debates about Europe*. Basingstoke: Palgrave Macmillan.

Musolff, A. 2006. Metaphor scenarios in public discourse. *Metaphor and Symbol*, 21(1): 23-28.

Musolff, A. 2016. *Political Metaphor Analysis: Discourse and Scenarios*. New York: Bloomsbury.

Nippold, M. & Sullivan, M. 1987. Verbal and perceptual analogical reasoning and proportional metaphor comprehension in young children. *Journal of Speech and Hearing Research*, 30(3): 367-376.

Nosofsky, R. 1986. Attention, similarity, and the identification-categorization relationship. *Journal of Experimental Psychology: General*, 115(1): 39-61.

Noveck, I., Bianco, M. & Castry, A. 2001. The costs and benefits of metaphor. *Metaphor and Symbol*, 16(1/2): 109-121.

Núñez, R. & Sweetser, E. 2006. With the future behind them: Convergent evidence from aymara language and gesture in the crosslinguistic comparison of spatial construals of time. *Cognitive Science*, 30(3): 401-450.

O'Donnell, P. 2011. Analogy & metaphor: An idiosyncratic introduction. https://ssrn.com/abstract=18 04987[2021-08-23].

O'Halloran, K. 2004. *Multimodal Discourse Analysis: Systemic-Functional Perspectives*. London: Continuum.

O'Toole, M. 1994. *The Language of Displayed Art*. London: Leicester University Press.

Obert, A., Gierski, F., Calmus, A., et al. 2014. Differential bilateral involvement of the parietal gyrus during predicative metaphor processing: An auditory fMRI study. *Brain and Language*, 137: 112-119.

Panther, K.-U. & Radden, G. 1999. *Metonymy in Language and Thought*. Philadelphia: John Benjamins.

Piaget, J. & Inhelder, B. 1969. *The Psychology of the Child*. New York: Basic books.

Pierrehumbert, J. 1994. Syllable structure and word structure: A study of triconsonantal clusters in English. In P. Keating (Ed.), *Phonological Structure and Phonetic Form: Papers in Laboratory Phonology III* (pp. 168-188). Cambridge: Cambridge University Press.

Pierrehumbert, J. 2001. Exemplar dynamics: Word frequency, lenition and contrast. In J. Bybee & P. Hopper (Eds.), *Frequency and the Emergence of Linguistic Structure* (pp. 137-157). Amsterdam: John Benjamins.

Pilkington, A. 2000. *Poetic Effect: A Relevance Theory Perspective*. Amsterdam: John Benjamins.

Pragglejaz Group. 2007. MIP: A method for identifying metaphorically used words in discourse. *Metaphor and Symbol*, 22(1): 1-39.

Quine, W. 1970. *The Philosophy of Logic*. New York: Prentice Hall.

Rakova, M. 2002. The philosophy of embodied realism: A high price to pay?. *Cognitive Linguistics*, 13(3): 215-244.

Reddy, M. 1979/1993. The conduit metaphor: A case of frame conflict in our language about language. In A. Ortony (Ed.), *Metaphor and Thought* (pp. 164-201). Cambridge: Cambridge University Press.

Refaie, E. 2003. Understanding visual metaphor: The example of newspaper cartoons. *Visual Communication*, 2(1): 75-95.

Rich, A. 2013. *Diving into the Wreck: Poems 1971-1972*. New York: W. W. Norton & Company.

Ritchie, L. 2003. "ARGUMENT IS WAR" — Or is it a game of chess? Multiple meanings in the analysis of implicit metaphors. *Metaphor and Symbol*, 18(2): 125-146.

Ritchie, L. 2004a. Lost in "conceptual space": Metaphors of conceptual integration. *Metaphor and Symbol*, 19(1): 31-50.

Ritchie, L. 2004b. Metaphors in conversational context: Toward a connectivity theory of metaphor interpretation. *Metaphor and Symbol*, 19(4): 265-287.

Ritchie, L. 2006. *Context and Connection in Metaphor*. Basingstoke & New York: Palgrave Macmillan.

Ritchie, L. 2007. Gateshead revisited: Perceptual simulators and fields of meaning in the analysis of metaphors. *Metaphor and Symbol*, 23(1): 24-49.

Ritchie, L. 2008. X IS A JOURNEY: Embodied simulation in metaphor interpretation. *Metaphor and Symbol*, 23(3): 174-199.

Ritchie, L. 2009a. Relevance and simulation in metaphor. *Metaphor and Symbol*, 24(4): 249-262.

Ritchie, L. 2009b. Distributed cognition and play in the quest for the double helix. In H. Pishwa (Ed.), *Language and Social Cognition* (pp. 289-323). Berlin: Mouton de Gruyter.

Ritchie, L. 2009c. Relevance and simulation in metaphor. *Metaphor and Symbol*, 24(4): 249-262.

Ritchie, L. 2010a. "Everybody goes down": Metaphors, stories, and simulations in conversations. *Metaphor and Symbol*, 25(3): 123-143.

Ritchie, L. 2010b. Metaphors and simulations in conversational storytelling. Paper presented at the 8th International Conference on Researching and Applying Metaphor (RaAM), Amsterdam.

Ritchie, L. 2011. Justice is blind — A model for analyzing metaphor transformations and narratives in actual discourse. *Metaphor and the Social World*, 1: 70-89.

Ritchie, L. 2013. *Metaphor*. Cambridge: Cambridge University Press.

Ritchie, L. 2017. Contextual activation of story simulation in metaphor comprehension. In H. Beate (Ed.), *Metaphor: Embodied Cognition and Discourse* (pp. 220-238). Cambridge: Cambridge University Press.

Rosch, E. 1973. Natural categories. *Cognitive Psychology*, 4(3): 328-350.

Rosch, E. 1978. Principles of categorization. In E. Rosch & B. Lloyd (Eds.), *Cognition and Categorization* (pp. 27-48). Hillsdale: Erlbaum.

Rosch, E. & Mervis, C. 1975. Family resemblances: Studies in the internal structure of categories. *Cognitive Psychology*, 7(4): 573-605.

Rubenstein, H., Garfield, L. & Milliken, J. 1970. Homographic entries in the internal lexicon. *Journal of Verbal Learning and Verbal Behavior*, 9(5): 487-494.

Rubio-Fernández P., Wearing, C. & Carston, R. 2015. Metaphor and hyperbole: Testing the continuity hypothesis. *Metaphor and Symbol*, 30(1): 24-40.

Ruiz de Mendoza Ibáñez, F. & Hernández, L. 2011. The contemporary theory of metaphor: Myths, developments and challenges. *Metaphor and Symbol*, 26(3): 161-185.

Rumbo, J. 2002. Consumer resistance in a world of advertising clutter: The case of adbusters. *Psychology & Marketing*, 19(2): 127-148.

Runke, J. 2008. *Towards an Adequate Theory of Scientific Metaphor*. Calgary: University of Calgary.

Sanford, D. 2008a. Discourse and metaphor: A corpus-driven inquiry. *Corpus Linguistics & Linguistic Theory*, 4(2): 209-234.

Sanford, D. 2008b. Metaphor and phonological reduction in English idiomatic expressions. *Cognitive Linguistics*, 19(4): 585-603.

Sanford, D. 2010. *Figuration and Frequency: A Usage-Based Approach to Metaphor*. Albuquerque: University of New Mexico.

Sanford, D. 2012. Metaphors are conceptual schemata that are emergent over tokens of use. *Journal of Cognitive Science*, 13(3): 355-392.

Sanford, D. 2013. Emergent metaphor theory: Frequency, schematic strength, and the processing of metaphorical utterances. *Journal of Cognitive Science*, 14(1): 1-45.

Sanford, D. 2014. Idiom as the intersection of conceptual and syntactic schemas. *Language and Cognition*, 6(4): 492-509.

Santiago, J., Lupiáñez, J., Pérez, E., et al. 2007. Time (also) flies from left to right. *Psychonomic Bulletin & Review*, 14(3): 512-516.

Santiago, J., Román, A. & Ouellet, M. 2011. Flexible foundations of abstract thought: A review and a theory. In T. Schubert & A. Maass (Eds.), *Spatial Dimensions of Social Thought* (pp. 39-108). Berlin: Mouton de Gruyter.

Schubert, T. 2005. Your highness: Vertical positions as perceptual symbols of power. *Journal of Personality and Social Psychology*, 89(1): 1-21.

Schubert, T., Waldzus, S. & Giessner, S. 2009. Control over the association of power and size. *Social Cognition*, 27(1): 1-19.

Searle, J. 1979a. *Expression and Meaning*. Cambridge: Cambridge University Press.

Searle, J. 1979b. Metaphor. In A. Ortony (Ed.), *Metaphor and Thought* (pp. 92-123). Cambridge: Cambridge University Press.

Seitz, J. 2005. The neural, evolutionary, developmental, and bodily basis of metaphor. *New Ideas in Psychology*, 23(2): 74-95.

Semino, E. 2008. *Metaphor in Discourse*. Cambridge: Cambridge University Press.

Sharifian, F. 2011. *Cultural Conceptualizations and Language: Theoretical Framework and Applications*. Amsterdam: John Benjamins.

Sharifian, F. 2015. *The Routledge Handbook of Language and Culture*. Milton Park: Routledge.

Sharifian, F. 2017a. *Advances in Cultural Linguistics*. Singapore: Springer.

Sharifian, F. 2017b. *Cultural Linguistics*. Amsterdam: John Benjamins.

Shen, Y. 1999. Principles of metaphor interpretation and the notion of "domain": A proposal for a hybrid model. *Journal of Pragmatics*, 31(12): 1631-1653.

Shen, Y. & Balaban, N. 1999. Metaphorical (in)coherence in discourse. *Discourse Processes*, 28(2): 139-153.

Smith, D. 2005. Wanted: A new psychology of exemplars. *Canadian Journal of Experimental Psychology*, 59(1): 47-53.

Song, N. 1998. Metaphor and metonymy. In R. Carston & S. Uchida (Eds.), *Relevance Theory: Applications and Implications* (pp. 87-104). Amsterdam: John Benjamins.

Soriano, C. 2003. Some anger metaphors in Spanish and English: A contrastive review. *International Journal of English Studies*, 3(2): 107-122.

Soriano, C. 2005. The conceptualization of anger in English and Spanish: A cognitive approach. Unpublished Ph.D. dissertation, University of Murcia.

Sperber, D. & Wilson, D. 1986. IX — Loose talk. *Proceedings of the Aristotelian Society*, 86(1): 153-172.

Sperber, D. & Wilson, D. 1995. *Relevance: Communication and Cognition*. 2nd edn. Cambridge: Harvard University Press.

Sperber, D. & Wilson, D. 2008. A deflationary account of metaphors. In R. Gibbs, Jr. (Ed.), *The Cambridge Handbook of Metaphor and Thought* (pp. 84-105). Cambridge: Cambridge University Press.

Steen, G. 1994. *Understanding Metaphor in Literature: An Empirical Approach*. London/New York: Longman.

Steen, G. 2011. The contemporary theory of metaphor — Now new and improved!. *Review of Cognitive Linguistics*, 9(1): 26-64.

Steen, G. 2015. Developing, testing and interpreting Deliberate Metaphor Theory. *Journal of Pragmatics*, 90(1): 67-72.

Steen, G., Dorst, A., Herrmann, J., et al. 2010. *A Method for Linguistic Metaphor Identification: From MIP to MIPVU*. Amsterdam: John Benjamins.

Stefanowitsch, A. 2005. The function of metaphor: Developing a corpus-based perspective. *International Journal of Corpus Linguistics*, 10(2): 161-198.

Stefanowitch, A. 2007. Words and their metaphors: A corpus-based approach. In A. Stefanowitch & S.

Th. Gries (Eds.), *Corpus-Based Approaches to Metaphor and Metonymy* (pp. 63-105). Berlin: Mouton de Gruyter.

Sun, Y. & Chen, X. 2018. A diachronic analysis of metaphor clusters in political discourse: A comparative study of Chinese and American presidents' speeches at universities. *Pragmatics and Society*, 9(4): 626-653.

Sun, Y., Yang, Y. & Kirner-Ludwig, M. 2017. A crosslinguistic study into culturally motivated resemblances and variations in transferred epithet metaphors in Chinese and English. *Cognitive Linguistic Studies*, 4(2): 216-248.

Svanlund, J. 2007. Metaphor and convention. *Cognitive Linguistics*, 18(1): 47-89.

Sweetser, E. 1990. *From Etymology to Pragmatics: Metaphorical and Cultural Aspects of Semantic Structure*. Cambridge: Cambridge University Press.

Taverniers, M. 2006. Grammatical metaphor and lexical metaphor: Different perspectives on semantic variation. *Neophilologus*, 90: 321-332.

Taylor, J. 2002. Category extension by metonymy and metaphor. In R. Dirven and R. Pörings (Eds.), *Metaphor and Metonymy in Comparison and Contrast* (pp. 323-334). Berlin and New York: Mouton de Gruyter.

Taylor, J. & MacLaury, R. 1995. *Language and the Cognitive Construal of the World*. Berlin: Mouton de Gruyter.

Tendahl, M. & Gibbs, R. 2008. Complementary perspectives on metaphor: Cognitive linguistics and relevance theory. *Journal of Pragmatics*, 40(11): 1823-1864.

Torralbo, A., Santiago, J & Lupiáñez, J. 2006. Flexible conceptual projection of time onto spatial frames of reference. *Cognitive Science*, 30(4):745-757.

Tourangeau, R. & Rips, L. 1991. Interpreting and evaluating metaphors. *Journal of Memory and Language*, 30(4): 452-472.

Travis, C. 2006. Dizque: A Colombian evidentiality strategy. *Linguistics*, 44(6): 1269-1297.

Tretjakova, J. 2013. An insight into the contemporary theory of metaphor. *LAP LAMBERT Academic*, (1): 1-7.

Turner, M. 1991. *Reading Minds: The Study of English in the Age of Cognitive Science*. Princeton: Princeton University Press.

Turner, M. 1996. *The Literary Mind: The Origins of Thought and Language*. Oxford: Oxford University Press.

Turner, M. & Fauconnier, G. 1995. Concepted integration and formal expression. *Metaphor and Symbolic Activity*, 10(3): 183-204.

Tversky, B., Kugelmass, S. & Winter, A. 1991. Cross-cultural and developmental trends in graphic productions. *Cognitive Psychology*, 23(4): 515-557.

Valenzuela, J. & Soriano, C. 2005. Cognitive metaphor and empirical methods. *BELLS (Barcelona English Language and Literatures)*, (1): 1-19.

Valenzuela, J. & Soriano, C. 2007. Conceptual metaphor and idiom comprehension. In I. Ibarretxe-Antuñano et al. (Eds.), *Language, Mind and the Lexicon* (pp. 281-304). Frankfurt: Peter Lang.

Valenzuela, J. & Soriano, C. 2008. Is "friendship" more important than "money": A psycholinguistic exploration of the IMPORTANT IS BIG metaphor. Paper presented at the Ⅵ AELCO Conference, Castellón.

van Dijk, T. A. 2005. Contextual knowledge management in discourse production: A CDA perspective. In R. Wodak & P. Chilton (Eds.), *A New Agenda in (Critical) Discourse Analysis: Theory, Methodology and Interdisciplinary* (pp. 71-100). Amsterdam/Philadelphia: John Benjamins.

van Leeuwen, T. & Wordak, R. 1999. Legitimizing immigration control: A discourse-historical analysis. *Discourse Studies*, 1(1): 83-118.

Vega-Moreno, R. 2004. Metaphor interpretation and emergence. *UCL Working Papers in Linguistics*, 16: 294-322.

Vervaeke, J. & Kennedy, J. 1996. Metaphors in language and thought: Falsification and multiple meanings. *Metaphor and Symbolic Activity*, 11(4): 273-284.

Walker, A. 1982. Intermodeal perception of expressive behavior by human infants. *Journal of Experimental Child Psychology*, 33(3): 514-535.

Wang, H. & Derwing, B. 1994. Some vowel schemata in three English morphological classes: Experimental evidence. In M. Chen & O. Tzeng (Eds.), *In Honor of Professor William S.-Y. Wang: Interdisciplinary Studies on Language and Language Change* (pp. 561-575). Taipei: Pyramid Press.

Wearing, C. 2010. Autism, metaphor and relevance theory. *Mind and Language*, 25(2):196-216.

White, M. 2003. Metaphor and economics: The case of growth. *English for Specific Purposes*, 22(2):131-151.

Williams, H. 1952. *Your Cheatin' Heart*. Nashville: Fred Rose Music, Inc.

Wilson, D. 2010. Parallels and differences in the treatment of metaphor in relevance theory and cognitive linguistics. *Intercultural Pragmatics*, 8(2): 177-196.

Wilson, D. & Carston, R. 2006. Metaphor, relevance and the "Emergent Property" issue. *Mind and Language*, 21(3): 404-433.

Winter, S. 2002. *A Clearing in the Forest: Law, Life, and Mind*. Chicago: University of Chicago Press.

Wu, K.-M. 2001. *On Metaphoring: A Cultural Hermeneutic*. Leider/Boston/Koln: Brill.

Yu, N. 1998. *The Contemporary Theory of Metaphor: A Perspective from Chinese*. Amsterdam/ Philadelphia: John Benjamins.

Yu, N. 2002. Body and emotion: Body parts in Chinese expression of emotion. *Pragmatics & Cognition*, 101(1): 341-367.

Yu, N. 2003. Chinese metaphors of thinking. *Cognitive Linguistics*, 14(2/3): 141-165.

Yus, F. 2005. Ad hoc concepts and visual metaphor? Towards relevant ad hoc pointers. Paper delivered at the 9th International Pragmatics Conference, Riva del Garda, Italy.

Zbikowski, L. M. 2008. Metaphor and music. In R. W. Gibbs, Jr. (Ed.), *The Cambridge Handbook of Metaphor and Thought* (pp. 502-524). Cambridge: Cambridge University Press.

Zinken, J. 2007. Discourse metaphors: The link between figurative language and habitual analogies. *Cognitive Linguistics*, 18(3): 445-466.

Zwaan, R. 2004. The immersed experiencer: Toward an embodied theory of language comprehension. In B. Ross (Ed.), *The Psychology of Learning and Motivation* (pp. 35-62). New York: Academic Press.

作者学术成果

学术著作：

1. 《当代隐喻学理论流派新发展研究》，科学出版社, 2023。
2. 《汉英认知辞格当代隐喻学一体化研究》，科学出版社, 2021。
3. 《认知隐喻学多维跨域研究》，北京大学出版社, 2013。
4. 《隐喻机制的劝谏性功能——一项基于"CCTV"杯英语演讲比赛演讲辞的研究》，中国社会科学出版社, 2010。
5. 《认知隐喻学经典文献选读》，中国社会科学出版社, 2010。

主要主持课题：

1. 主持 2021 年国家社科基金规划项目(一般项目) "当代隐喻学视域中多语种通用辞格认知研究" (21BYY001)。
2. 主持 2020 年国家教育部哲学社会科学研究后期资助项目 "当代隐喻学视域中汉英认知辞格一体化研究" (20JHQ029)。
3. 主持 2019 年广东普通高校人文社会科学重点项目 "汉语隐喻的形式表征与认知计算研究" (2019WZDXM021)。
4. 主持 2018 年国家社科基金重大项目 "汉语隐喻的逻辑表征与认知计算" 子项目 "面向自然语言处理的汉语隐喻语料库建设" (18ZDA290)。
5. 主持 2015 年国家社科基金规划项目(西部项目) "基于汉英认知辞格及其 ERP 实验的当代隐喻学研究" (15XYY001)。

论文代表作：

英文期刊发表：

The psychological reality of Chinese deliberate metaphors from the reception side: An experimental approach, *Brain Sciences*, 2023, 13(2): 160-171.

From a war of defense to conventional wars: Military metaphors for COVID-19 containment in Chinese documentaries, *Review of Cognitive Linguistics*, 2023, 21(1): 1-25.

Effect of Wuhan's anti-COVID-19 lockdown on its pace of life and metaphorical temporal perspective, *Culture and Brain*, 2022(10): 38-48.

Lockdown in Chinese university dormitories: Significant increase in negative feelings and time perception distortion, *Psychology in the Schools*, 2022(1): 1-21.

Different metaphorical orientations of time succession between traditional Chinese medicine and Western medicine, *Metaphor and Symbol*, 2021, 36(3): 194-206.

"Join the Army. Become the Power of China": Multimodal metaphors in military recruitment advertising — "The Power of China", *Review of Cognitive Linguistics*, 2021, 19(1): 142-171.

A semiotic perspective of metaphor translation: An analysis of political news reported by Hanban for the Confucius Institute, *Chinese Semiotic Studies*, 2020, 16(2): 243-263.

A study of emotional adjectives in teaching Chinese as a foreign language: A perspective of cognitive metaphor theory, *Chinese as a Second Language Research*, 2019(2): 249-274.

A diachronic analysis of metaphor clusters in political discourse — A comparative study of Chinese and American presidents' speeches at universities, *Pragmatics and Society*, 2018, 9(4): 629-656.

The acceptability of American politeness from a native and non-native comparative perspective, *East Asian Pragmatics*, 2018(2): 263-287.

A review of mixing metaphor, *Review of Cognitive Linguistics*, 2018(1): 310-315.

A cognitive account of metaphor translation in two Chinese versions of *The Wind in the Willows*, *Language and Semiotic Studies*, 2018(1): 83-101.

A study of metaphor translation in the commentary of Shaanxi History Museum from the perspective of CMT, *SKASE Journal of Translation and Interpretation*, 2016, 10(2): 69-90.

A review of talking with the president: The pragmatics of presidential language. *Journal of Language and Politics*, 2017, 16(2): 341-344.

中文期刊发表:

孙毅. 英汉情感隐喻视阈中体验哲学与文化特异性的理据探微. 外语教学, 2010, 31(1): 45-48+54.

孙毅. 隐喻学的拓展性新视野——《隐喻学导论》述评. 唐都学刊, 2010, 26(5): 123-126.

孙毅. 通感隐喻微观对比框架中体验哲学与民俗模型性的联合动因考辩. 西北大学学报(哲学社会科学版), 2010, 40(4): 168-170.

孙毅. 汉语"心"义族衍生的隐喻路径求索. 新疆大学学报(哲学·人文社会科学版), 2011, 39(1): 142-146.

孙毅. 基于语料的跨语言核心情感的认知隐喻学发生原理探源. 中国外语, 2011, 8(6): 40-46.

孙毅. 现代汉语"心"隐喻义群网络的中国古典哲学疏解. 西安交通大学学报(社会科学版), 2011, 31(6): 78-83.

孙毅. 多模态话语意义建构——以 2011 西安世界园艺博览会会徽为基点. 外语与外语教学, 2012(1): 44-47.

孙毅. 两代认知科学的分水岭——体验哲学寻绎. 宁夏社会科学, 2012(3): 115-123.

孙毅. 核心情感隐喻的具身性本源. 陕西师范大学学报(哲学社会科学版), 2013, 42(1): 105-111.

孙毅. 论认知隐喻学的文化意蕴维度. 新疆师范大学学报(哲学社会科学版), 2013, 34(1): 91-97.

孙毅. 中国英语专业学生写作能力构念研究: TEM4 受试文本的视角. 外语电化教学, 2013(1): 48-52.

孙毅. 基于语义域的隐喻甄别技术初探——以 Wmatrix 语料库工具为例. 解放军外国语学院学报, 2013, 36(4): 10-16+127.

孙毅. 人体隐喻的多义路向推演——从"头(head)"说起. 东北师大学报(哲学社会科学版), 2013(5): 121-124.

孙毅. 当代隐喻学在中国(1994—2013)——一项基于 CSSCI 外国语言学来源期刊的文献计量研究. 西安外国语大学学报, 2015, 23(3): 17-22.

孙毅. 《高等学校商务英语专业本科教学质量国家标准》的地方性解读: 国标与校标的对照. 外语界, 2016(2): 46-51+87.

孙毅. 国外隐喻翻译研究 40 年嬗进寻迹(1976—2015). 外语教学理论与实践, 2017(3): 80-90.

孙毅. 现代汉语情感动词事件致使一完成结构论数. 西北师大学报(社会科学版), 2018, 55(4): 33-41.

孙毅. 英语专业究竟哪一点对不起良心?. 当代外语研究, 2018(6): 19-24.

孙毅, 贺梦华. 分级显性意义假说视域下经济隐喻的汉译研究. 外语研究, 2019, 36(1): 72-80.

孙毅. 当代隐喻学研究. 浙江外国语学院学报, 2019(2): 38-39.

孙毅. 当代隐喻学的理论范式构念. 海南大学学报(人文社会科学版), 2019, 37(6): 126-134.

孙毅. 概念隐喻理论能解释所有"我们赖以生存的隐喻"吗?——论隐喻类型甄别的维度. 英语研究, 2020(1): 95-106.

孙毅. 跨语言饮食隐喻异同的哲学一文化双轴渊源撼论. 河南师范大学学报(哲学社会科学版), 2020, 47(4): 137-143.

孙毅. 思政语篇的隐喻书写与传播——《了不起的 40 年》中的改革叙事. 东北师大学报(哲学社会科学版), 2020(4): 68-77.

孙毅. 多模态隐喻研究. 浙江外国语学院学报, 2020(5): 30.

孙毅. 涌现隐喻理论学术路向: 基于使用的认知研究新范式. 外语研究, 2021, 38(1): 15-23+112.

孙毅. 外国文学期刊的守正创新——为习近平给《文史哲》编辑部回信振臂高呼. 广东外语外贸大学学报, 2021, 32(5): 13-22.

孙毅. 拓展概念隐喻理论限阈中的视觉隐喻研究. 山西大学学报(哲学社会科学版), 2021, 44(5): 39-46.

孙毅. 当代隐喻学巡礼: 回眸与沉思——写在《我们赖以生存的隐喻》付梓 40 周年之际. 浙江工商大学学报, 2022(4): 5-16.

孙毅. 中国后经典叙事学发展回眸与反思. 吉首大学学报(社会科学版), 2022(4): 1-10.

孙毅. 汉英"血(blood)"隐喻词簇异同及其体认语言学——文化脚本理据阐发. 外国语文, 2023, 39(1): 31-42.

孙毅, 白洋, 卜凤姗, 等. 博物馆介绍词隐喻概念的英译——以《陕博日历》为例. 上海翻译, 2020(3): 34-39.

孙毅, 蔡圣勤. "中国非洲文学学与学术研究的理论创新"笔谈. 外国语文研究, 2022, 8(6): 1-10.

孙毅, 陈朗. 英汉时空概念隐喻系统性对比视阈中的体验哲学管窥. 北京第二外国语学院学报,

2009, 31(6): 43-48+35.

孙毅, 陈朗. 蓄意隐喻理论的学术进路. 现代外语, 2017, 40(5): 715-724+731.

孙毅, 陈朗, 段翠娥. 辅以 ERP 实验技术的隐喻研究: 回眸与前瞻. 外语与外语教学, 2019(2): 63-72+148.

孙毅, 陈雯. 认知语言学界标中委婉语的双轮驱动: 隐喻与转喻. 湖南科技大学学报(社会科学版), 2013, 16(3): 163-166.

孙毅, 陈雯. 中西方禁忌语的隐喻: 转喻双向度耦合述略. 江西社会科学, 2014, 34(7): 97-102.

孙毅, 陈叶. 汉英数字隐喻新视界探幽揽胜. 当代外语研究, 2018(1): 5-12+108.

孙毅, 崔慈行. 汉英"足/脚"隐喻词群的体认—文化双维度考辨. 外国语言与文化, 2021, 5(4): 145-154.

孙毅, 邓巧玲. 济慈"三颂"的认知诗学新诠. 广东外语外贸大学学报, 2022, 33(5): 34-48.

孙毅, 邓婷婷. 人体隐喻词族的多义路向推演——"手(hand)"抉隐索微. 延安大学学报(社会科学版), 2022, 44(6): 79-86+129.

孙毅, 杜亚妮. 汉英双关隐喻畛域中的认知汇通与文化歧异. 外语教学理论与实践, 2013(1): 30-38.

孙毅, 高亚莉. 认知隐喻学视野中的汉英十二生肖语簇对比研究. 广西民族大学学报(哲学社会科学版), 2013, 35(2): 155-160.

孙毅, 郭创. 基于隐喻机制的中美传统节日名称认知新诠. 求索, 2015(2): 178-183.

孙毅, 郭艳红. 语义下行说: 基于对象的隐喻认知研究新范式. 浙江外国语学院学报, 2022(1): 33-42.

孙毅, 呼云婷. 汉英反语的隐喻新释要. 当代修辞学, 2016(2): 69-76.

孙毅, 胡洪江. 概念隐喻理论刍议: 回眸与前瞻. 外文研究, 2022(3): 1-9.

孙毅, 江雪琴. 汉英夸张隐喻构念的双象限认知理据验视. 山西大学学报(哲学社会科学版), 2013, 36(3): 73-79.

孙毅, 李丹阳. 概念整合理论界域中的隐喻机制新探. 外语与翻译, 2022, 29(1): 41-48.

孙毅, 李乐. 现代汉语比拟辞格的认知隐喻学视阈探幽. 西北工业大学学报(社会科学版), 2013, 33(3): 88-95+111.

孙毅, 李玲. 隐喻翻译研究在中国(1995—2018)——一项基于文献统计的考察. 外语与翻译, 2019, 26(2): 7-18+98.

孙毅, 李玲. 中英婚姻隐喻对比坐标中的同异嬗替缕述. 江西师范大学学报(哲学社会科学版), 2018, 51(6): 153-160.

孙毅, 李明明. 中国特色大国外交话语的意图隐喻甄别、理解与翻译. 北京第二外国语学院学报, 2022, 44(6): 32-50.

孙毅, 李全. 政治隐喻与隐喻政治——基于特朗普总统就职演讲的隐喻图景分析. 山东外语教学, 2019, 40(5): 35-47.

孙毅, 李守民. 文化旅游隐喻的话语功能——以文化旅游宣传片《如意甘肃》为例. 外语研究, 2022, 39(3): 15-21.

孙毅, 李学. 基本隐喻理论发端: 肇始与演进. 外文研究, 2021, 9(4): 1-9.

孙毅, 梁晓晶. 崔致远诗歌意蕴的当代隐喻学重构与新释. 东疆学刊, 2020, 37(3): 108-114+128.

孙毅, 孟林林. 认知术语学视角下的外交部网站新闻术语翻译. 上海翻译, 2018(4): 30-38.

孙毅, 彭白羽. 隐喻阐释紧缩论刍议: 理论演进与学术突破. 天津外国语大学学报, 2022, 29(6):

1-15+108.

孙毅, 唐萍. 多模态隐喻研究肇始: 缘由与进路. 天津外国语大学学报, 2021, 28(5): 9-24.

孙毅, 唐萍. 钱钟书隐喻学术思想管锥. 当代修辞学, 2023, 235(1): 51-62.

孙毅, 田良斌, 陈朗. FILMIP: 电影多模态隐喻识别新进路. 北京电影学院学报, 2022, 189(9): 67-77.

孙毅, 王晋秀. 汉英对比视界中矛盾修辞法的哲学底蕴疏议. 外语研究, 2012(2): 41-44.

孙毅, 王黎. 跨语言建筑隐喻异同的体验哲学及文化理据疏议. 外国语言文学, 2018, 35(4): 339-355.

孙毅, 王龙本. 英文旅游新闻蓄意隐喻的理解与汉译研究. 外语教学理论与实践, 2020(2): 72-80.

孙毅, 王薇. 英汉颜色隐喻对比视阈下体验哲学与文化特异性的交互阐释. 大连大学学报, 2009, 30(4): 133-137.

孙毅, 王媛. 隐喻认知的具身性及文化过滤性. 深圳大学学报(人文社会科学版), 2021, 38(3): 136-143.

孙毅, 熊佳腾. 英国脱欧话语的批评隐喻分析. 解放军外国语学院学报, 2022, 45(2): 1-9+137.

孙毅, 杨秋红. 跨语言 "心" (heart)多义图谱的认知功能说略. 外语学刊, 2013(5): 75-79.

孙毅, 杨莞桐. 多模态隐喻理论寰域中广外教师发展中心 LOGO 获奖作品览睽. 外语电化教学, 2016(6): 22-28+89.

孙毅, 杨曦. 认知语言学阙域中仿拟的孳乳理据探赜. 山东外语教学, 2012, 33(5): 26-30.

孙毅, 杨一姝. 汉语移就隐喻的体验—文化双维度生成理据考略. 外国语, 2012, 35(4): 45-51.

孙毅, 翟鹤. 从 CMT 到 CLST 的嬗变——兼议隐喻研究认知转向. 天津外国语大学学报, 2022, 29(1): 31-47.

孙毅, 曾昕. 汉英反复隐喻同异合体的两翼孔见. 东北师大学报(哲学社会科学版), 2017(4): 25-29.

孙毅, 曾昕, 郝学宏. 项目管理模式理论视阈下外交新闻翻译实践述略. 上海翻译, 2016(6): 75-82+94.

孙毅, 张俊龙. 第 31 届奥林匹克运动会 LOGO 多模态话语解析. 西安体育学院学报, 2015, 32(3): 321-325.

孙毅, 张俊龙. 体验—文化双维框限下的汉英共轭隐喻索据. 外国语, 2017, 40(3): 31-42.

孙毅, 张盼莉. 汉英服饰隐喻异同的体验哲学疏议与文化渊源溯追. 解放军外国语学院学报, 2016, 39(1): 45-53+158.

孙毅, 张瑜. 汉英植物隐喻管轨的 "同" 博观与 "异" 微探. 天津外国语大学学报, 2018, 25(4): 31-44+160.

孙毅, 赵静静. 汉英低调陈述认知语言学新索. 当代修辞学, 2019(3): 75-85.

孙毅, 周锦锦. 认知隐喻学畛域中汉英自我概念隐喻意涵重塑. 外语研究, 2020, 37(4): 13-21.

孙毅, 周锦锦. 当代隐喻学视阈下的汉英道德概念对比研究. 海南大学学报(人文社会科学版), 2021, 39(3): 135-141.

孙毅, 周锦锦. 认知转喻能力在对外汉语词汇教学中的效用研究. 华文教学与研究, 2022(3): 87-95.

孙毅, 周婧. 汉英友谊认知隐喻启悟诠索. 江淮论坛, 2015(5): 166-170.

孙毅, 周婧. 世界国旗多模态隐喻要义诠索. 北京科技大学学报(社会科学版), 2016, 32(5): 1-7.

孙毅, 周俊子. 名名复合词语义的认知隐喻理据新释. 当代外语研究, 2021(6): 77-88.

孙毅, 周世清. 跨语言爱情隐喻异同的认知理据与哲学文化渊源考辨. 西北农林科技大学学报 (社会科学版), 2011, 11(2): 125-129.

孙毅, 朱文静. 习语的认知隐喻学机理读释——基于"冷(cold)"语料的汉英对比研究. 外国语 文, 2011, 27(6): 70-74.